창세기는 직설적인 역사인가, 상상에 의한 종교적 허구인가, 아니면 그 중간 어디쯤인가? 근년에 들어와 고고학, 고대 인류학 및 과학의 발전과 함께 창세기의 앞장들, 이른바 창세기의 원역사는 기독교 내외적으로 가장 많은 의심의 해석학에 시달려왔다. 결국 창세기 문제는 해석학의 문제이며 동시에 장르의 문제로 귀착된다. 이 책에는 세 명의 전문 구약학자들이 등장하여 서로 다른 세 가지 의견(역사-신학적 문헌, 고대 역사 편찬 문헌, 원형적 역사 문헌)을 제시하고 열띤 토론을 한다. 각 토론자들의 논지와 과정을 따라가다 보면 고개를 끄덕이거나 갸우뚱하게 된다. 선택은 주의 깊은 독자의 몫이겠지만 동시에 성경에 대한 이해와 질문의 폭은 확연하게 넓어질 것이다. 정교한 논리, 흥미로운 전개, 대조적 개진 등이 이 책의 매력이다. 재미있다. 흥미롭다. 가독성이 높다. 성경학도나 목회자, 사색하는 그리스도인들에게 일독을 권한다.

류호준 백석대학교 신학대학원 은퇴교수

이 책은 창세기 1-11장에 관심을 가지고 있거나 하나님의 창조 사역에 관심이 있는 목회자와 신학도가 꼭 참고해야 할 책이다. 이 책에서 제임스 호프마이어는 창세기 1-11장의 내용을 역사적 사실이자 신학적인 문헌으로 이해하는 반면에, 켄톤 스팍스는 이를 고대 역사 편찬 문헌 또는 역사적 사실이 아닌 신화로 이해하며, 고든 웬함은 둘 사이의 중간 입장을 견지한다. 나는 개인적으로 제임스 호프마이어의 주장이 옳다고 생각한다. 하지만 우리는 다른 사람의 견해가 어떠한지 귀를 기울일 필요가 있다. 그런 점에서 이 책은 나와 다른 견해를 가진 대표적인 학자들의 주장을 이해할 수 있는 기회를 준다. 꼭 읽어보아야 할 책으로 추천한다.

기동연 고려신학대학원 구약학 교수

전문가들이 공통된 주제를 둘러싸고 논쟁을 벌이는 모습을 지켜보는 일은 굉장한 지적 즐거움을 불러일으킨다. 이런 의미에서 이 책은 매우 흥미롭다. 창세기 1-11장의 원역사의 장르와 세 본문에 대한 구체적 견해를 둘러싸고 호프마이어와 웬함, 스팍스 세 석학은 서로 다른 관점에서 자신들의 주장을 펴고, 다른 이의 주장을 논평한다. 물론 세 학자는 이 책에서 웬함이 말하듯, "회의적인 무신론자"도 아니며 "고지식한 근본주의자"도 아니다. 그러므로 이 책에서 독자들이 경험하는 논쟁은 건강한 원역사 이해의 폭을 넓혀주기에 충분하다. 세 학자가 서로 다른 관점에서 바라보고 있더라도, 변하지 않는 결론은 이런 시도를 통해서 하나님의 말씀을 좀 더 올바르게 이해하고자 하는 노력이다. 따라서 원역사에 대해 다소 보수적 견해, 중도적 견해, 다소 진보적 견해, 그리고 그 세 견해 사이에 오가는 토론을 함께 읽으면서 독자들은 창세기 1-11장의 원역사에 대해 편협한 배타주의가 아니라 통합적인 통찰력을 지향할 수 있을 것이다.

김정훈 부산장신대학교 구약학 교수

16세기 루터의 종교개혁이 성취한 위대한 업적은 교황이나 주교들의 회의 결정을 성경의 권위 위에 두는 폐습을 근절하고 성경의 권위를 회복시킨 것이다. 그런데 역설적으로 "오로지 성경만"이라는 종교개혁의 모토 때문에 성경 해석이 교황적 권위를 갖기 시작하고 성경 해석의 차이는 종교개혁의 후예인 개신교를 핵분열시켰다. 교황이라는 인적 권위를 중시한 로마 가톨릭교회는 아직도 통일성을 유지하고 있는 데 반해 개신교는 우울할 정도로 분열되어 있다. 이 책은 성경의 권위를 존중하는 태도가 무엇인지를 가르쳐준다. 성경의 권위를 인정하는 태도는 성경 해석의 차이로 인해 동료 그리스도인들을 적대시하고 무시하는 것이 아니라 자신과 성경 해석을 달리하는 동료 그리스도인들을 자애로운 사랑으로 대하는 것이다. 창세기 1-11장에 대한 해석은 세 가지 입장의 비교에서 드러났듯이 다양한 요인들로 갈라질 수 있다. 인간 관점의 본질적 편향성, 고대와 현대 독자들 사이의 간극에서 오는 해석학적 쟁점, 지금까지 확보한 지식과 정보의 부족 등으로 얼마든지 달라질 수 있다. 그러나 이 단원을 어떻게 해석하든, 디모

딤후서 3:16이 말하는 성경의 영감성 교훈은 창세기 1-11장에서 얼마든지 찾을 수 있다. 죄의 지배 아래 있는 아담의 후손들은 의사소통이 불가능할 정도로 분열되어간다는 사실이다. 형제살해적 죄악 충동, 범주와 규범을 와해시키는 정욕적인 성문란, 지구를 재앙으로 몰아넣는 치명적인 폭력과 타락, 어제까지 소통하던 사람이 갑자기 더 이상 말이 안 통하는 외국인처럼 멀어지는 경험 등등. 창세기 1-11장은 충격적일 정도로 인간지과(人間之過), 곧 인간 관점의 편향성과 오류가능성을 말한다. 따라서 이 책이 권고하는 대로 우리는 성경 해석상의 차이로 교단 분열을 정당화하거나 어제의 형제자매를 악마화하는 교만을 범하지 않도록 각별히 주의해야 할 것이다. 성경 해석상의 차이로 분열과 갈등을 경험한 한국교회에 이 책은 자애로운 충고와 권면을 아끼지 않는다. 참으로 유익한 책이다.

김회권 숭실대학교 기독교학과 교수

창세기가 처음 기록된 때와 오늘날 우리 사이에는 수천 년의 시간적 간극이 존재한다. 저자와 독자의 간격이 이만큼 차이가 나는 문헌이 또 존재할까? 오랜 기간 동안 이 간극을 메우려는 노력들이 시도되어왔다. 특히 창세기 1-11장의 장르 이해와 역사성 이해는 지난 2000여 년 동안 줄곧 연구 대상이 되어왔고, 오늘날까지 논쟁거리로 남아 있다. 이 책은 서로 입장이 다른 세 진영의 대표적인 학자들이 창세기 원역사의 장르와 역사성에 대하여 짤막한 글을 소개하고, 서로 간의 논평을 공개한다. 원역사의 역사성을 고수하는 보수적인 입장(호프마이어)과 원형적인 역사로 보는 절충적인 입장(웬함), 그리고 역사와 무관한 고대 역사 편찬 문헌으로 보는 진보적인 입장(스팍스)이 날카롭게 대립되어 흥미진진한 토론의 장이 생생하게 소개되고 있다. 서로 입장은 다르지만 원역사의 메시지에 대해서는 세 사람이 상당 부분 일치한다는 점은 놀랍다. 창세기 1-11장에 대한 이해는 자신의 성서 해석학의 좌표를 결정한다. 이 시대 최고의 구약학자들이 흥미진진한 주제에 관해 치고받는 고급스러운 토론의 현장에 독자들을 초청하고 싶다.

차준희 한세대학교 구약학 교수

Genesis: History, Fiction, or Neither?

Three Views On The Bible's Earliest Chapters

James K. Hoffmeier/ Gordon J. Wenham/ Kenton L. Sparks

edited by

Charles Halton

Stanley N. Gundry

창세기 원역사 논쟁

창세기 1-11장의 장르에 대한 세 가지 견해

제임스 K. 호프마이어/ 고든 J. 웬함/ 켄톤 L. 스팍스 지음

찰스 할톤/ 스탠리 N. 건드리 편집

주현규 옮김

Holy
WavePlus

► 차례 ◄

새물결플러스를 통해 『창세기 원역사 논쟁』을 한국어로 번역하여 소개할 수 있어 무척 기쁘게 생각합니다. 창세기 1-11장이 역사적 기록인지, 아니면 문학적 양식인지에 관한 물음은 기독교 신앙의 유무를 떠나서 많은 사람들이 알고 싶어하는 매우 흥미로운 주제입니다. 그러나 동시에 진지하게 성경을 읽고자 마음먹은 독자들에게는 꽤나 골치 아픈 문제이기도 합니다. 오늘 우리가 살아가는 최첨단 과학 시대의 다양한 분야에서 쏟아져 나오는 연구 결과물들과, 수천 년 동안 신앙 공동체 형성의 근간이 되어온 성경상의 담론이 서로 충돌한다는 전제 때문에 그렇습니다.

따라서 창세기 1-11장의 장르에 관한 문제는 단순히 문학적인 차원의 문제로 그치지 않고 다양한 신학적인 문제로 확장됩니다. 이 책에 소개된 제임스 호프마이어, 고든 웬함, 켄튼 스파크스가 벌이는 논쟁을 통해서 그 점을 분명히 확인할 수 있을 것입니다. 저는 이 책을 번역한 사람으로서, 그리고 신학대학원 강단에서 구약성경을 가르치는 성경신학자로서, 독자들에게 한 가지 당부하고 싶은 말이 있습니다. 똑같은 신앙고백을 하고 동일한 교리를 표방하는 신앙 공동체에 속한 지체들이라고 할지라도, 창세기 1-11장에 대해서 반드시 한 가지의 동일한 이해와 해석만을 따르지는 않는다는 것입니다.

가령, 호프마이어는 창세기 1-11장이 고대 근동 지역에서 실제로 발생했던 역사적인 사건을 문자 그대로 기록해놓은 것이라고 주장합니다. 이와 반대로, 스팍스는 창세기 1-11장이 고대 근동에서 전승되어온 신화들과 유사한 점이 상당히 많음을 지적하면서, 해당 본문은 역사성을 고려할 수 없는 문학적인 자료에 불과하다는 이해를 폅니다. 웬함은 앞의 두 학자들 사이에서 중도적인 입장을 취합니다. 즉 창세기 1-11장의 역사성을 인정하되, 짙은 안개에 뒤덮여 있는 것처럼 그 역사적인 실재를 문자 그대로 이해하기에는 어려움이 있다는 사실도 부인하지 않습니다. 그래서 웬함은 이 본문을 원형적인 역사로 이해하는 것이 타당하다는 의견을 개진합니다.

물론 이러한 논의들이 무의미한 격론으로 치닫거나, 전문적인 신학 지식이 없는 일반 성도들을 자칫 혼란스럽게 만들 수도 있다는 걱정스러운 시선에 대해 잘 알고 있습니다. 그러나 건전한 신앙생활과 신학적 토대는 "토론"과 "논쟁"의 과정을 통해 입증되고 또 더 견고해지기 마련입니다. 성경 본문에 대한 "나"의 이해와 더불어 다른 이들의 의견에도 겸손한 마음으로 귀를 기울이는 자세를 지닌다면, 창세기 1-11장의 장르뿐만 아니라 성경 본문에 대한 창의적인 해석과 깊은 지식을 습득하는 것은 물론, 더욱 건설적이고 유의미한 논의들을 발견할 수 있을 것입니다. 이 책에서 각기 다른 입장을 취하고 있는 세 학자의 소논문을 책으로 엮어낸 편집자 찰스 할톤 역시 독자들에게 이 점을 당부하고 또 강조하고 있습니다.

이 책의 번역 작업과 관련해서 몇 가지 미리 알려드려야 할 사항이 있습니다. 이 책의 편집자는 물론이고 기고자들 모두 상황에 따라 성경을 지칭하는 단어로 "Bible"과 "(Holy) Scripture" 등을 혼용해서 사용했습니다만, 편의상 "성경"으로 일관되게 번역했습니다. 또 원문에는 하나님을 뜻하는 신성사자(YHWH, *Tetragrammaton*)와 병행하여 "God", "Lord", "Holy One" 등의 다양한 호칭이 사용되었는데, 본문과 논의의 맥락에 맞추어 "하나님" 내지는 "야웨 하나님"이라는 이름으로 번역했습니다(따라서 반드시 필요한 경우를 제외하고는, 문서설이나 자료비평과 관련한 이해를 배제했습니다). 마지막으로, 이 책의 영문판에는 NIV, NRSV, ESV 등 다양한 종류의 성경 역본이 사용되었지만, 이 또한 일관성을 위해 개역개정 본문을 사용했습니다.

다른 책들과 마찬가지로, 이 책 역시 여러분들의 수고와 노력이 있었기에 독자들과 만날 수 있었습니다. 늘 한국 기독교 지성인들에게 새로운 자극과 도움을 주고자 애쓰는 새물결플러스의 김요한 대표님에게 감사한 마음을 전합니다. 이 책을 번역하여 한국 독자들에게 소개하려 한 것은 전적으로 김요한 대표님의 결정이었습니다. 조악한 번역 투와 어눌한 표현들을 하나하나 수정해서 읽기 편안한 책으로 탈바꿈해놓은 것은 전적으로 출판사 직원 분들의 수고 덕분입니다. 그럼에도 불구하고 숨은 오류들이 발견된다면 그것은 전적으로 번역자인 저의 책임입니다. 아무쪼록 이 책을 통하여 창세기 1-11장뿐만 아니라 성경 전체에 대한 한국교회 성도들의 사고와 이해가 더욱 풍성해지기를 바랍니다.

2019년 성탄절에 즈음하여
주현규

약어

ABD   *Anchor Bible Dictionary.* Edited by David Noel Freedman. 6 vols. New York: Doubleday, 1992

AnBib   Analecta biblica

ANET   *Ancient Near Eastern Texts Relating to the Old Testament.* Edited by James B. Pritchard. 3rd. ed. Princeton: Princeton University Press, 1969

ATSHB   *Ancient Texts for the Study of the Hebrew Bible.* Kenton Sparks. Grand Rapids: Baker, 2005

BASOR   *Bulletin of the American Schools of Oriental Research*

BJRL   *Bulletin of the John Rylands University Library of Manchester*

BMes   Bibliotheca Mesopotamica

CHANE   *Culture and History of the Ancient Near East*

COS   *The Context of Scripture.* Edited by William W. Hallo. 3 vols. Leiden: Brill, 1997-2002

JANES   *Journal of the Ancient Near Eastern Society*

JBL   *Journal of Biblical Literature*

JBR   *Journal of Bible and Religion*

JNES   *Journal of Near Eastern Studies*

JSOT   *Journal for the Study of the Old Testament*

JSOTSup Journal for the Study of the Old Testament Supplement Series

JSSEA   *Journal of the Society for the Study of Egyptian Antiquities*

KBL   Koehler, Ludwig, and Walter Baumgartner. *Lexicon in Veteris Testamenti libros.* Translated and updated by M. E. J. Richardson. Leiden, 2001

OBO	Orbis Biblicus et Orientalis
OEANE	*The Oxford Encyclopedia of Archaeology in the Near East.* Edited by Eric M. Meyers. 5 vols. New York: Oxford University Press, 1997
OTS	Old Testament Studies
SAAS	State Archives of Assyrian Studies
SANE	Sources of the Ancient Near East
VT	*Vetus Testamentum*
YNER	Yale Near Eastern Researches
ZAW	*Zeitschrift für die alttestamentliche Wissenschaft*

▶ 서론
▶ 바싹 말라비틀어진 손가락과 장르에 관한 연구
찰스 할톤

맙소사! 아니야. 모험이 우선이야. 그것을 설명해야 하는 끔찍한 시간은 나중에 얼마든지 있어.

_루이스 캐럴, 『이상한 나라의 앨리스 & 거울 나라의 앨리스』

오래된 과거에 대해 공부한다는 것은, 오늘까지 남아 있는 것들만을 가지고 하는 작업이기 때문에 우리는 두말할 필요도 없이 증거가 부족하다는 문제와 씨름해야만 한다.

_안젤라 R. 로스콥, *The Wilderness Itineraries*

사람들은 관 뚜껑을 깨트려 열어 제끼고, 흙먼지가 엉겨 붙고 바싹 말라 버린 유품들을 뒤적거리면서 그것들을 어떻게 꺼내야 할지 이러쿵저러쿵 말이 많았다. 그들은 95년 전 그곳에 구금되다시피 하여 묻힌 갈릴레오 갈릴레이(Galileo Galilei)의 시신을 피렌체에 위치한 영광스러운 산타 크로체 바실리카 예배당 묘지로 옮기던 중이었다. 갈릴레이의 시신이 그곳으로 옮겨진다는 것은 그의 신분상의 변화를 의미했다. 그는 한때 "이단 사상을 열렬히 신봉한 사람"(vehemently suspect of heresy)으로 낙인찍혀 죽은 후 장사지내는 것까지 금지당했던 인물이었다. 그러나 유명을 달리한 후 한참이 지나서야 비로소 해금되어 아버지가 묻혀 있는 무덤 곁에 다시 묻힐 수 있게 되었다. 그런데 그 와중에 그를 추종하던 어떤 사람이 다른 사람들의 눈을 피해 과거 이교도의 시신에서 손가락 몇 개를 부러뜨려 몰래 주머니에 넣어 챙기는 일이 발생하고 말았다. 당시 경건한 기독교인들이 노트르담 성당에 전시된 예수 그리스도의 가시 면류관을 경외하는 눈빛으로 바라보았던 것처럼, 갈릴레이의 손가락은 다소 뻐딱한 성향을 가진 사람들에게 존경과 신망의 대상으로 자리매김했다. 아르노(Arno)강 둔덕에 위치한 갈릴레이 박물관(Museo Galileo)에 안치되기까지, 은을 덧입힌 갈릴레이의 손가락뼈와 말라비틀어진 그 살갗은 몇 번이나 모양을 달리했다. 오늘날 그의 가운뎃손가락만 달걀 모양의 유리관 안에 보관된 채로 전시되어 있는데, 마치 로마 가톨릭교회를 향해 끊임없이 경의를 표하는 것처럼, 그 손가락 끝은 하늘을 가리키고 있다.

지구가 태양의 주위를 돌고 있다는 갈릴레이의 주장은 그의 생전에 매우 심각한 문제를 야기시켰다. 오늘날의 사람이라면 누구나 갈릴레이의 의견에 동의하겠지만, 그와 동시대를 살았던 사람들에게 그 주장은 매우 중대한 사안이었다. 갈릴레이의 주장이 성경에 기록된 몇몇 핵심 구절과 심각한 충돌을 일으켰기 때문이다. 사람들은 갈릴레이를 찾아와 그의 주장과 관련이 있는 여러 성경 구절에 대해 설명해달라고 요청했다. 물론 그중 어떤 사람들은 좋은 의도로 그랬을 것이다. 갈릴레이도 "세계가 굳게 서고 흔들리지 아니하는도다"라고 기록된 역대상 16:30 후반부의 말씀은 땅이 고정되어 있음을 의미한다고 이해했다.[1] 그러나 "때로는 성경 본문이 의미하는 것과 실제로 존재하는 대상들 사이에 상당한 차이가 있

1_ 시 93:1; 96:10; 104:5; 전 1:5도 비슷하다.

을 수 있다"고 덧붙였다. 갈릴레이는 다음과 같이 설명을 이어갔다.

성경을 해석할 때 오로지 문법적인 의미만을 의존하면 오류를 피할 수 없다.
오히려 두 손과 발 그리고 눈 등의 육체적인 부분이나, 분노와 회개, 증오 같
은 인간적인 감정, 때로는 과거에 대한 망각이나 아직 오지 않은 미래에 대해
알 수 없다는 것까지도 하나님[하나님의 성품]을 설명하기 위해 사용할 필
요가 있다. 성경을 기록한 서기관들은 성령이 직접 언급한 이러한 명제들을
예의도 모르고 배우지 못한 지극히 평범한 사람들도 충분히 이해할 수 있게
기록했다.[2]

갈릴레이는 앞서 거론한 성경 구절들을 엄격하게 문법적 의미에 의지하
기보다는, 다른 체계의 법칙들―은유나 상징, 형상화 등 복잡한 의사소
통을 설명해주는 법칙, 그리고 문장보다 더 큰 단위이며 더 높은 차원에
서 실행되는 구문론과 관련 법칙들―에 입각해서 해석해야 한다고 주장
한 것이다. 안타깝게도 당시 감독들은 모두 갈릴레이의 주장에 반대했다.
급기야 그들은 1633년에 그를 고문으로 위협함과 동시에 그의 모든 저서
의 출판과 판매를 금지했을 뿐만 아니라, 남은 생애 동안 자택에 구금된
채 지내게 했다.[3] 그로부터 350년이 흐른 1981년 10월 31일에 로마 가
톨릭교회는 요한 바오로 2세(Pope John Paul II)가 교황청 과학원(Pontifical
Academy of Science)에서 다음과 같이 선언함으로써 갈릴레이에게 유죄를

2_Galileo's "Letter to Madame Christina of Lorraine, Grand Duchess of Tuscany"의 내용을 인용했
음. *Discoveries and Opinions of Galileo* (trans. Stillman Drake; New York: Doubleday, 1957), 181.

3_Noah J. Efron, "Myth 8. That Galileo was Imprisoned and Tortured for Advocating
Copernicanism," *Galileo Goes to Jail and Other Myths about Science and Religion* (ed. Roland L.
Numbers; Cambridge, MA: Harvard University Press, 2009), 68-78.

선고한 판결 배후에 논리상(판결 자체의 논리라기보다는) 오류가 있었음을 인정했다. "천동설을 주장했던 당시 신학자들이 범한 오류는 우주의 실체적인 구조를 이해하기 위해 성경의 문자적인 의미(literal sense)에 집착했기 때문에 생겼다고 보아야 한다."[4]

다른 체계의 법칙들

다행스럽게도 마구잡이식으로 종교 재판에 회부하던 일은 대부분 잠잠해졌으나, 갈릴레이가 겪은 사건의 밑바탕에 깔려 있던 문제는 계속 진행되었다. 종교 재판관들은 갈릴레이가 교만하다고 생각했다. 하지만 갈릴레이에게는 다양한 문학적 장르에 민감하게 반응하면서 성경을 해석하고자 하는 용기가 있었다. 그는 "장르"라는 문학적 용어를 사용하진 않았지만, 우리들이 골똘히 생각하지 않고 사용하는 해석적 기법(interpretive technique)이 무엇인지 깨닫게 해주었다. 우리는 예수님이 요한복음 15:1에서 "나는 참 포도나무요 아버지는 농부라"라고 하신 말씀을 읽으면서, 정말 요양원 한쪽에서 아버지가 주님의 옆구리에 비료 주사를 한 방 놓으시고 그 후 거기서 포도나무 잎이 자라날 것이라고 생각하지 않는다. 주님이 하신 말씀은 문자적인 의미로 기록되지 않았기 때문이다. 우리는 그 말씀이 해당 구절의 문법을 통해 알 수 있는 것 이상으로 무엇인가 다른 어떤 것을 서술하고 있음을 직관적으로 알 수 있다. 그러나 어느 정도까지 그 의미를 해석할 수 있을까? 이런 종류의 성경 구절에는 어떤 것들이

4_교황이 프랑스어로 연설한 내용에 대한 영어 번역은 *L'Osservatore Romano* N. 44 (1264), 4 November 1992에서 찾아볼 수 있다.

있을까? 또 있다면 그 구절들은 어떻게 해석해야 할까? 바로 이런 물음들 때문에 갈릴레이와 같은 피의자들이 고문실로 끌려가야 했지만, 오늘날 성경 본문을 양심적으로 해석하려는 사람들 역시 똑같은 질문과 씨름하고 있다.

성경 본문을 해석하는 사람이 갈릴레이처럼 확고한 의식을 가지고 있든지 그렇지 않든지와는 상관없이, 이러한 물음들이 항상 성경을 해석하는 일 전면에 부각되는 것은 아니다. 성경을 포함하여 어떤 글을 이해하는 과정은 기본적으로 읽기(reading)와 해석(interpreting) 두 부분으로 이루어진다. 읽기는 단어와 단어들 사이의 상호관계성을 파악하는 일이다. 달리 표현하자면, 읽기는 저자가 단어들을 선택하고 문장 형태를 만들되 그 문장 안에 단어들이 나열된 방식에 의해 창출된 의미를 이해하는 행위다. 예를 들어, 영어를 잘 구사할 수 있는 사람이라면 "사과"라는 말이 붉은 사과(Pink Lady 품종과 같은)나 노란 사과(Golden Delicious 품종과 같은)를 뜻할 수는 있지만 솔방울을 뜻할 수는 없다는 사실을 쉽게 알 수 있을 것이다. 또 영어로 쓰인 책을 읽을 줄 아는 사람이라면, 주어가 동사 앞에 오며 그 동사의 행위 주체가 된다는 것이나 -ly(부사형 접미사)로 끝나는 단어가 그 동사의 의미를 수식한다는 것도 별 어려움 없이 이해할 수 있을 것이다. 그리고 독서를 즐기는 사람이라면, 열심히 공부를 했든지 아니면 무의식적으로 받아들였든지에 상관없이, 글쓴이가 문장 안에 여러 개의 단어들을 배치해서 독특한 의미를 창조해내는 법칙을 숙지하기 마련이다. 따라서 "읽기"가 별 어려움 없이 이루어지려면, 저자와 독자 양측은 서로 이해할 수 있는 동일한 의미 창출 가치체계와 기호체계를 공유해야만 한다.[5] 만일 저자가 자신의 생각을 중국어로 기록했는데 독자는 프랑

5_Umberto Eco, "Between and Text," *Interpretation and Overinterpretation* (ed. Stefan Collini;

스어만 구사할 수 있다면 당연히 혼란이 생길 것이다.

읽기라는 행위는 본문을 완전히 이해할 때까지 끝나지 않는다. 일단 본문을 읽고 나면 해석이 시작된다. 비록 독자가 한 문장에 사용된 모든 단어의 뜻과 기능을 전부 다 이해할 수 있다고 하더라도 다음과 같은 질문을 던져야 한다. "과연 이 글은 무엇을 의미할까?" 이 질문에 대답하기 위해서는 여러 가지 요소들을 생각해보아야 하겠지만, 무엇보다도 독자가 읽고 있는 본문이 어떤 종류(type)의 글인지 알아내는 것이 중요하다. 독자는 낭만 소설과 자동차 수리 설명서를 같은 방식으로 읽지 않기 때문이다. 이것은 본문을 파악하는 특별한 요령이 없는 사람에게도 큰 문제가 되지 않는다. 차량 수리 설명서에 기록된 렌치는 문자 그대로 렌치를 지칭하지만, 같은 단어가 낭만 소설에 사용되었다면 완전히 다른 그 무엇을 의미할 수도 있다. 이처럼 독자들은 자신이 읽고 있는 글의 종류에 따라 단어들이 의미하는 정도를 결정하는 기준치를 다르게 조정한다. 달리 말하자면, 지시 사항들로 빼곡한 설명서에 기록된 렌치라는 단어가 가리키는 의미의 범주는 매우 좁고 기술적인 반면에, 낭만 소설에서는 그것이 의미할 수 있는 잠재적인 영역이 상당히 넓기도 하거니와 은유적으로 연계되는 다른 의미들까지 포함할 수도 있다. 제대로 훈련받은 독자라면 이러한 사안을 어려움 없이 이해할 수 있을 것이다.

숙련된 저자들은 관례적으로 수용된 양식을 사용함으로써 그들이 쓰는 글의 종류(type)나 장르(genre)에 대한 정보를 제공한다. 문장 내에 단어들의 위치를 결정하기 위해 구문론적 원리를 적용하는 것과 마찬가지로, 문장과 문장을 연결해서 단락을 형성하거나 한 권의 책을 만들어내는 일에도 원칙이 있다. 예를 들어, "옛날 옛적에"라는 문구로 시작하는 어떤

Cambridge: Cambridge University Press, 1992), 68.

글을 접하게 된다면, 대부분의 독자들은 자신이 어린아이들을 대상으로 한 행복한 결말로 끝나는 동화나 단편 소설을 읽고 있음을 금방 알아차릴 것이다. 이 경우 "옛날 옛적에"라는 짧디짧은 문구가 이처럼 놀라울 정도로 많은 양의 정보를 전달하고 있는 셈이다. 뿐만 아니라 이 문구는 그 글이 어떻게 해석되어야 하는지까지도 친절하게 알려준다. 동화를 읽는 이유는 삶의 교훈이나 재미를 얻으려는 것이지, 역사적인 연대기를 재구성하기 위함이 아니지 않은가?

이것이 바로 갈릴레이가 설명하려고 했던 개념이다. 만일 우리가 성경을 해석하기 위해 잘 준비된 학생들이라면 성경 본문 안에 포함된 문장을 해석해내고 문법적인 의미를 파악하는 것으로 우리의 일을 마무리할 것이 아니라, 해석의 과제와 "나아가 그것이 무엇을 의미할까?"라는 질문을 던지는 데까지 나아가야 한다. 이 질문에 대해 여러 가지 방법으로 대답할 수 있겠지만 거기에는 반드시 우리가 읽고 있는 글의 종류나 유형(type)에 대한 설명이 포함되어야 한다. 갈릴레이가 이미 지적한 것처럼, 성경에는 문법적인 사항이 의미하는 것과는 별도로 다른 해석을 요구하는 구절들이 많다.

어쨌거나 이 모든 과제를 완수하는 일이 그리 어렵게 느껴지지 않을 수도 있다. 교통위반 딱지가 연애편지와 다르다는 것을 누가 모르겠는가? 우리가 이 문제를 해결하는 것을 어렵게 생각하지 않는 이유는 아마도 우리 문화권에 속한 여러 장르에 익숙하기 때문일 것이다. 그러나 우리 문화권에서 벗어나 우리에게 익숙하지 않은 완전히 다른 장르를 대하게 된다면 어떤 일이 벌어질까? 우리가 익히 알고 있는 기존의 장르에 대해 적용할 수 있는 원리들이 없고, 또 그 장르가 우리의 예상 밖에 존재하는 것이라면 말이다. 그러므로 성경 본문을 적절하게 읽어내려면 우리가 직관적으로 인지하고 이해하는 바를 더욱 명확하게 체계적으로 탐구해야만 한다.

장르 연구

성경 해석가들은 늘 장르와 연관된 문제와 씨름해왔다. 하지만 대부분의 경우 장르에 대한 문제를 성경을 해석하는 과정 중에 생기는 부차적인 것으로 여겼기 때문에 그 문제를 제대로 다룬 적이 없었다고 해도 과언이 아니다. 그런 와중에 성경의 내용과 상당히 비슷한 고대 근동의 문헌들이 많이 발굴되면서 장르에 대한 연구는 세상의 주목을 받게 되었다. 19세기에 바빌로니아 창조 기사, 아시리아 예언서, 수메르 열왕들의 목록이 발견되면서 학계에 한바탕 소동이 벌어졌고, 학자들은 즉각적으로 이 문헌들을 성경의 여러 주제 및 형태와 비교하기 시작했다. 그러나 논의를 더 심층적으로 전개해나가기 이전에 먼저 해야 할 이야기가 있다.

앞서 말한 비교 작업을 유의미하게 진행하려면 연구를 위한 두 개의 대상 사이에 어떤 유사한 점이 반드시 존재해야 한다. 권면상(On its face, 문맥에 따라 의미나 표현이 다양하기 때문에 참고자료로만 사용하길 바랄 때 쓰는 법률적인 용어 —역자 주),[6] 바빌로니아 창조 기사와 성경의 율법을 나란히 펼쳐놓고 둘 사이의 차이점을 찾는 것은 타당하지 않다. 이 두 문헌에서 발견되는 차이점이 꼭 그것들이 쓰인 각기 다른 문화적인 전통이나 이념적 환경을 반영한다고는 말할 수 없다. 오히려 그 차이점들은 서로 다른 저

6_ 각기 다른 장르로 쓰인 문헌들을 비교했을 때 매우 놀라운 결과를 얻는 경우도 있기 때문에 권면상이라는 용어를 사용했다. 예를 들어, John Walton은 창 1장과 메소포타미아 성전 노래 사이에 유사점을 발견했다. 『창세기 1장과 고대 근동 우주론』(Genesis One as Ancient Cosmology, 새물결플러스 역간, 2017)과 『창세기 1장의 잃어버린 세계』(The Lost World of Genesis One: Ancient Cosmology and the Origins Debate, 그리심 역간, 2011)를 보라.

작 목적에서 비롯된 것일 수도 있다. 고대 근동 문헌에 기록된 법이나 율법 그리고 창조 기사와 성경의 창조 기사처럼 같은 형태의 문헌들을 함께 다룰 때 비로소 그 비교 작업은 유의미하다고 할 수 있다. 이와 같은 맥락에서, 학자들은 최근에 발견된 고대 근동의 문헌들을 성경과 비교하기 위해 그 문헌들에 포함된 매우 다양한 장르를 밝혀내야만 했다.

헤르만 궁켈(Hermann Gunkel, 1862-1932)은 양식비평(form criticism)이라고도 불리는 장르에 관한 연구와 해당 분야의 학문적인 형성 및 발달에 매우 중요한 역할을 한 학자다. 궁켈은 다음의 세 가지 기준에 입각해서 성경 내에 여러 가지 장르가 사용되었음을 밝혀냈다. (1) 저자의 기풍, 곧 내적 성향(internal disposition), (2) 본문의 구조와 형태, (3) 삶의 정황(학문적인 문헌들에서는 *Sitz-im-Leben*이라는 독일어로 자주 언급된다). 이와 같은 궁켈의 장르에 대한 접근 방식은 엄청난 영향력을 발휘했다. 하지만 궁켈의 이론이 가진 단점과 한계가 알려지는 데는 그리 오랜 시간이 걸리지 않았다.[7]

"하나의 본문은 오직 하나의 장르로 구성되어 있다"고 주장할 정도로 궁켈은 장르에 대해 매우 경직된 사고를 가지고 있었다. 그와 반대로 많은 다른 학자들은 저술 행위에 대해 훨씬 유연하게 이해했다. 예를 들어, 글을 쓰는 이는 여러 종류의 다양한 장르가 갖는 특징을 한 가지 장르 안에 얼마든지 결합해놓을 수 있다. 조너선 스위프트(Jonathan Swift)는 그렇게 『걸리버 여행기』를 썼다. 소인들로 가득하고, 이 섬에서 저 섬으로 날아다니는 내용의 이 작품은 어린아이들을 독자로 염두에 두고 쓴 글이다. 그러나 다른 한편으로 이 소설은 과학만능주의와 인간 본성에 대한 지나

7_Kenton L. Sparks, *Ancient Texts for the Study of the Hebrew Bible: A Guide to the Background Literature* (Peabody, MA: Hendrickson, 2005), 1-24.

친 낙관주의가 함께 손을 잡은 것에 대해 비난을 퍼붓는다. 그렇다면 『걸리버 여행기』는 어린이들을 위한 소설일까, 아니면 어른들을 위한 정치적인 풍자일까? 둘 다 아니라면 종교적 이데올로기에 관한 비평이라고 보아야 할까? 사실 이 세 가지 전부 다 해당된다. 어느 한 가지 장르만으로 이 작품을 적절히 설명할 수 없다. 어떻게 보면 대부분의 글들도 마찬가지라고 할 수 있다. 왜냐하면 글을 쓰고 저작을 만들어내는 행위는 단어들을 새로운 방식으로 조합해서 그 나름의 독특한 장르를 창조해내는 것이기 때문이다.

만약에 토끼가 번식하는 것처럼 장르가 수백만 개의 종잡을 수 없을 만큼 복잡한 자료들을 양산해낸다고 한다면, 장르에 대한 논의는 그냥 골칫거리 정도로 치부할 수도 있을 것이다. 그러나 장르는 그렇게 기능하지 않는다. 모든 개개의 글들은 독특한 정황에서 쓰이지만, 잘 훈련된 저자들은 독자들이 공감할 수 있도록 기존의 문학 구조나 비슷한 맥락 안에서 글을 써 내려감으로써 의미가 통하게 한다. 그렇다면 다른 정황에 처한 독자들은 어떻게 해야 할까? 이 독자들은 동일한 기대치나 해석과 관련한 원리를 공유할 수도 그렇지 않을 수도 있다. 저자와 독자 사이에 시간과 문화적 거리가 크다면 독자는 저자가 남긴 글을 바르게 이해하기 위한 추가적인 노력을 기울여야 한다. 현대 독자들은 고대 저자들과는 완전히 다른 시대에 살고 있다. 오늘날의 독자들은 고대 저자들이 사용했던 장르에 대한 아무런 이해도 없는 상태로 태어났다. 따라서 현대 독자들은 "이 글은 어떤 의미를 지니고 있을까?"라는 물음을 던지기에 앞서 그 글이 어떤 장르인지를 먼저 이해하고, 그 글을 기록한 저자가 처했던 문화적인 환경에서 그 장르가 어떤 방식으로 작용했는지를 자세히 살펴보아야 한다. 창세기 1-11장을 읽을 때 우리도 그런 상황에 처하게 된다. 지금까지 말한 이유들 때문에 창세기 1-11장은 성경에 포함된 많은 부분 중에서도 가장 논쟁적인 본문으로 손꼽혀왔다.

장르와 창세기 1-11장

창세기가 처음 기록된 때와 오늘날 우리 사이에는 수천 년의 시간적 간극
이 존재한다. 우리는 달에 탐사대가 오가며, 자석을 사용하여 사람 몸 내
부의 지도를 그려낼 수 있는 시대에 살아가고 있다. 오늘날 우리는 날씨
를 통제해주는 건물 안에서 잠도 자고, 일도 하며, 비행기를 타고 하늘을
날아다니기도 한다. 또 우리는 금속체와 유리로 만들어진 아주 작은 핸드
폰을 주머니에 쏙 넣고 다니면서 다른 사람들에게 문자 메시지를 보낸다.
하지만 창세기가 기록된 시대는 먼지가 이는 문맹의 세계였다. 그 시대
사람들에게는 배고픔을 해결하고 목숨을 부지하는 데 필요한 안전을 확
보하는 것이 가장 시급하고 중요한 일이었다. 그들은 치통을 해결하기 위
해 무당을 찾아갔고, 선천적 장애를 통해 신이 뜻을 계시하거나 양의 간
(sheep livers) 표면에 그 뜻을 남긴다고 생각했으며, 너른 벌판에서 용변을
보던 시대의 사람들이었다.[8] 창세기를 읽는다는 것은 마치 더블린 다운타

8_ 신 23:12-14은 당시 사람들이 용변을 어떻게 처리했는지 매우 구체적으로 묘사한다. "네 진
   영 밖에 변소를 마련하고 그리로 나가되 네 기구에 작은 삽을 더하여 밖에 나가서 대변을 볼 때
   에 그것으로 땅을 팔 것이요 몸을 돌려 그 배설물을 덮을지니 이는 네 하나님 여호와께서 너를
   구원하시고 적군을 네게 넘기시려고 네 진영 중에 행하심이라. 그러므로 네 진영을 거룩히 하
   라. 그리하면 네게서 불결한 것을 보시지 않으므로 너를 떠나지 아니하시리라." 현대식 화장실
   시설을 갖추고 그것을 사용하는 것이 좋다는 생각에 모든 사람이 동의하는 것은 아니다. 스페
   인의 치즈 제조업자 Ambrosio Molinos는 인생에서 가장 만족스러운 순간 중에 하나가 바로 친
   구들과 함께 용변을 보기 위해 들판에 쪼그려 앉는 것이라고 말한 바 있다(Michael Paterniti,
   The Telling Room: A Tale of Love, Betrayal, Revenge, and the World's Greatest Piece of Cheese [New
   York: Random House, 2013], 43). 고대인들은 인생의 즐거움을 우리보다 더 깊이 이해하지 않
   았을까?

운에서 시골 지역인 앙골라로 여행하는 것과 같다. 저자와 독자의 상황이 이보다 더 현격하게 차이가 날 수는 없을 것이다.

우리가 창세기의 저자들과 문화적인 맥락을 공유할 수 없다는 것은 틀림없는 사실이다. 그러나 우리도 그들처럼 어린 생명의 탄생을 기뻐하고 타인의 죽음을 애도하는 인간됨의 경험을 공유한다. 그들만큼이나 재미있는 이야기를 좋아한다. 우리도 그들처럼 이룰 수 없는 꿈을 꾸고, 어떤 일을 이루었다고 자랑하는가 하면, 마음속으로 고민하기도 한다. 성경을 기록한 저자들과 우리는 아주 큰 차이점을 가진 동시에, 삶의 가장 근본적인 요소들을 함께 공유한다. 이 공유 가능한 경험들을 성경을 기록한 저자들이 사용했던 문학적인 장르에 대한 이해로 어느 정도나 바꿀 수 있을까? 그들과 우리가 소유한 지식의 간극은 도대체 얼마나 될까?

우리 문화에도 창세기 1-11장과 비슷한 장르가 존재할까? 만일 그렇다면, 어떤 장르의 글일까? 또 창세기 1-11장은 실제로 있었던 사실을 기반으로 쓰인 역사인가? 허구적인 이야기인가? 아니면 그 둘 사이에 존재하는 그 무엇을 보아야 하는 것일까? 그리고 그 본문 전체를 아우르는 장르에 대한 이해는 개별 구절들을 해석하는 데 어떤 영향을 끼치는 것일까? 이러한 물음들에 대한 연구가 지난 2000여 년 동안 줄곧 진행되어왔음에도 불구하고 이 물음들은 오늘날까지 여전히 논쟁거리로 남아 있다. 이 책은 이 논쟁적인 문제들을 상세히 탐구하고 성경을 읽는 개인과 성도 모두 이 논쟁의 주된 화제에 주목하여 더 많은 지식을 얻도록 도움을 주려는 목적으로 집필되었다. 이 책에 소개된 세 명의 학자들은 각기 자신들이 옹호하는 입장이 가장 설득력 있고 유익하다고 주장하겠지만, 이 책 자체는 그들의 이론과 학설을 소개만 해줄 뿐 어떤 특정한 입장과 의견을 지지하는 방식으로 결론을 내리진 않는다.

이 책에 자신의 글을 소개한 세 명의 학자인 제임스 호프마이어(James

Hoffmeier), 고든 웬함(Gordon Wenham), 켄톤 스팍스(Kenton Sparks)는 다음 네 가지 질문에 답하는 형식으로 짤막한 글을 각각 작성했다.

첫째, 창세기 1-11장의 장르를 밝혀라.

둘째, 왜 그 장르라고 생각하는지 설명하라.

셋째, 그 장르를 지정함으로써 얻을 수 있는 성경 해석상의 의미를 탐구하라.

넷째, 각자의 장르 연구를 네피림 이야기(6:1-4), 노아의 방주 이야기(6:9-9:26), 바벨탑 사건(11:1-9) 등 특정 부분에 적용하여 해석하라.

호프마이어는 그가 쓴 글인 "역사적이고 신학적인 문헌으로 이해한 창세기 1-11장"에서 창세기 내러티브가 특정 시간과 공간에서 발생한 역사적인 사실들 및 실제 사건들과 관련이 있다고 주장한다. 호프마이어는 고대 독자들을 겨냥한 것으로 보이는 창세기의 지리학적 단서들과 문학적인 요소들, 그리고 역사적인 것으로 해석되어야만 하는 여러 특징을 지목하여 설명을 이어간다. 웬함 역시 호프마이어의 주장에 동의한다. 그러나 웬함은 그의 글 "원형적인 역사로 이해한 창세기 1-11장"에서 창세기 기저에 창세기 1-11장을 전적으로 역사적인 사건으로 이해하는 데 주저하게 만드는 암류(undercurrent)가 깔려 있다고 주장하면서, 이것을 추상화에 비유해서 설명한다. 즉 어떤 그림 자체가 존재하는 것은 확실하지만, 그 그림의 세세한 사항들은 의미나 경계가 분명하지 않다(fuzzy)는 것이다. 웬함은 창세기를 원형적인 역사로 믿는다. 다른 말로 표현하자면, 웬함은 창세기를 과거와 연결된 현재를 위해 역사를 해석해놓은 글이라고 생각한다. 이와 달리, 스팍스는 창세기의 저자들(authors)은 고대에 널리 통용되던 방법대로 창세기를 써 내려갔으며 그들에게는 우리가 생각하는 것처럼 역사를 기록하려는 의도가 전혀 없었다고 주장한다. 스팍스는 그의 논문 "고대 역사 편찬 문헌으로 이해한 창세기 1-11장"에서 창세기에 기록된 대부분의 사건은 창세기 내러티브가 기술하는 것과 달리 실제로 있었던 일이 아니라고 주장한다. 일단 이 세 명의 학자는 각자의 주장을 개진한 글을 다 제시하고 나서 다른 두 학자의 글에 대한 그들 나름의 의견을 다시 간략하게 논평으로 제시할 것이다.

호프마이어, 웬함, 스팍스 이 세 명의 학자가 펼치는 논의는 우리를 흥분시키기에 충분하고 흥미도 자아낼 것이다. 그러나 이 토론의 목적은 세 학자들이 제시하는 각기 다른 주장들의 장점과 단점을 모두 살펴보려는 데 있다. 이 세 명의 학자들은 모두 갈릴레이가 주창한 것처럼 책임감 있게 성경을 해석하기 위해서는 장르에 관한 문제를 사려 깊게 다루어야 한다는 점에 한결같이 동의한다. 그럼에도 불구하고 이 학자들은 창세기 1-11장이 정확히 어떤 장르의 글이며, 또 그것이 어떠한 의미를 갖는지에 대해서는 서로 다른 의견을 제시한다.

우리가 흔히 "읽기"라는 행위가 만족스럽게 이루어졌다고 말할 때 그 읽기 행위는 대개의 경우 저자를 이해하게 된 것만큼이나 우리 자신을 돌아보는 여정도 같이 동반하기 마련이다. 크리스토퍼 월(Christopher Wall)은 "'읽기' 행위는 독자와 본문 사이에 이루어지는 아주 친밀한 컬래버레이션(collaboration)이지만, 그것은 당신이 보는 것(what you see)과 당신이 보기 원하는 것(what you *want* to see) 사이의 차이를 인식할 때 비로소 시작된다"[9]고 말한 바 있다. 우리는 이 대화를 통해 독자들이 그들 자신과 그들이 기대하는 것들―그들이 보기 원하는 것들(what you want to see)―즉

9_ "A Curmudgeon's Guide to Praise." 2013년 10월 12일에 게재되었음. *Los Angels Reiview of Books*. www.lareviewofbooks.org/essay/a-curmudgeons-guide-to-praise (2014년 7월 21일에 접속함)

창세기 1-11장이 어떤 장르의 글인지 추측 가능하게 했던 요인들을 더 깊이 이해할 수 있게 되기를 바란다. 장 칼뱅(Jean Calvin)도, "자아에 대한 지식 없이는 하나님을 아는 지식도 없다"고 말한 적이 있다. 성경의 이해도 마찬가지다.[10] 성경을 통해서 우리가 무엇을 얻고자 하는지를 알지 못한다면, 우리는 그 저자들을 결코 이해할 수 없을 것이다.

10_Jean Calvin, *Institutes of the Christian Religion* (ed. John T. McNeill; trans. Ford Lewis Battles; 2 vols.; Philadelphia: Westminster, 1960), 1.35.

1

역사적이고 신학적인 문헌으로
이해한 창세기 1-11장

제임스 K. 호프마이어

서론

창세기 1-11장은 하나님과 인간 사이의 인격적인 관계 형성,[1] 생명나무에의 접근 가능성, 하나님 임재의 상실 등 구속(redemption)에 관한 이야기로 시작한다. 17세기 존 밀턴(John Milton)의 고전적 시 제목을 빌려서 이야기하자면, "실락원"(Paradise Lost)으로 시작한 이 내러티브는 신약성경에 가서 "복락원"(Paradise Regained)으로 그 대단원의 막을 내린다. 이 주제는 창세기 서론 부분을 구성하는 1-11장에서부터 요한계시록에 이르기까지 성경 전체를 아우른다. 따라서 창세기 1-11장은 더욱 신중하게 접근해야 한다. 21세기에 이르러 많은 독자들은 계몽주의 시대가 발흥한 이후로 합리주의 관점으로 성경을 읽어왔기 때문에 비평학 이전 시대에 사용되던 해석법으로 창세기를 읽고 해석한다는 말을 잘 이해하지 못한다. 오늘날 유행하는 과학주의 세계관은 그리스도인들이 성경 중에서도 특히 창세기 1-11장을 읽는 방법에 큰 영향을 끼쳤다. 이처럼 (인간의 이성을 바탕으로 한 합리주의에 입각한) 해석법은 유럽 성경신학자들의 고

1_ 나는 이 문제에 관하여 Gordon Wenham이 연구한 결과에 전적으로 동의한다. "Sanctuary Symbolism in the Garden of Eden Story," *Proceedings of the Ninth World Congress of Jewish Studies, Division A: The Period of the Bible* (Jerusalem: World Union of Jewish Studies, 1986), 19-25. *I Studied Inscriptions from Before the Flood: Ancient Near Eastern, Literary, and Linguistic Approaches to Genesis 1-11* (eds. R. Hess & D. Tsumura: Winona Lake: Eisenbrauns, 1994), 399-404에 다시 출판되었다.

집스러운 집착을 자극하는 결과를 초래했다. 즉 그들은 "과학적인/학문적인"(*Wissenschaftlich*) 방법론을 사용해서 창세기 배후에 존재하는 자료들(sources)을 분리해냄으로써 모세가 오경을 기록했다는 유대교 및 기독교의 전통적 견해를 반박하는 지경에까지 이르고 말았다.

안타깝게도 창세기의 자료들과 그 기원을 고찰한 연구사처럼 모세 오경에 대한 비평학적 결과들을 이 짧은 글에서 자세히 다룰 수 있을 만큼 시간적 여유가 없다. 그럼에도 불구하고 19세기 중반부터 20세기 후반까지 성경학계에 지대한 영향을 끼친 율리우스 벨하우젠(Julius Wellhausen)의 네 가지 자료에 입각한 가설(four-source hypothesis)은, E. W. 니콜슨(E. W. Nicholson)이 "어떤 이들은 이것[문서설]이 진보된 형태의 사후경직 상태에 처해 있음을 직시하고 인정한다"고 지적한 것처럼,[2] "급격한 쇠퇴"(sharp decline)의 길을 걷고 있음을 잊지 말자. 결과적으로, 바로 그 유럽의 구약성경 신학자들이 비평학적 연구를 통해 "확증적으로 이끌어낼 수 있다고 자신하던 결과물들"(assured results)을 오히려 반박하는 매우 역설적인 상황이 연출되고 있기 때문이다.[3]

이 글은 창세기 1-11장의 문학적 장르와 해당 부분을 구성하는 여러 본문의 해석이 갖는 다양한 의미를 집중적으로 다루는 데 주된 목적이 있다. 그 목적을 성취하기 위해서 나는 창세기 1-11장을 고대 근동에서 발견된 다양한 문헌들과 상호 비교 분석하는 방식으로 설명을 이어가되,

---

2_ E. W. Nicholson, *The Pentateuch in the Twentieth Century: The Legacy of Julius Wellhausen* (Oxford: Clarendon Press, 1988), 96.

3_ Thomas Dozeman과 Konrad Schmid가 최근에 엮어서 출판한 다음의 책들을 보라. *A Farewell to the Yahwist? The Composition of the Pentateuch in Recent European Interpretation* (Atlanta: Society of Biblical Literature, 2006) 그리고 Thomas Dozeman, Thomas Römer, Konrad Schmid (eds.), *Pentateuch, Hexateuch, or Enneateuch? Identifying Literary Words in Genesis through Kings* (Atlanta: Society of Biblical Literature, 2001).

그 둘의 관계를 집중 조명해보도록 하겠다.

창세기: 문학적 개요

창세기 1-11장을 하나의 문학적 단위로 이해하면 천지가 창조된 시점으로부터 노아의 홍수가 있었던 이후까지를 한 시대로 묶어서 그다음에 오는 시대와 구분하기 매우 편리하다. 이는 원시 역사(primeval history)에 속하는 노아의 홍수 사건 이후부터 기원전 2000년대 초를 그 배경으로 삼고 있는 아브라함 내러티브를 염두에 둔 분할 방식인데, 꽤 많은 주석가와 관련 연구들이 이 방식을 따르고 있다.[4] 하지만 창세기 1-11장을 하나의 단위로 묶는 것은 현대 해석가들이 창세기 1-11장을 창세기의 다른 부분들과 구별하기 위해 인위적으로 시도한 분할 방식이지, 창세기 자체가 본래 그렇게 구분되어 있는 것은 아니다. 그래서 데이비드 클라인스(David J. A. Clines)는 창세기 전체의 주제적 개관을 바탕으로 "원시 역사와 족장들의 역사(patriarchal history)를 구분할 분명한 근거가 없다"는 문제를 제기한 바 있다.[5] 실제로 아브라함은 창세기 11:27-32에서 소개되는데, 이 구절을 통해 독자들은 아브라함의 혈통뿐만 아니라 그의 고향이 갈대아 우르였고 그의 아내 사라가 자식이 없었다는 사실, 그리고 그의

4_ 해당 방법을 따르는 창 1-11장에 대한 주석과 연구로는 다음에 포함된 몇 가지 예들이 있다. Robert Davidson, *Genesis 1-11* (Cambridge: Cambridge University Press, 1973); Patrick Miller, *Genesis 1-11: Studies in Structure and Theme* (Sheffield: JSOT Press, 1978); Louis Neveu, *Avant Abraham (Gen. 1-11)* (Angers: Université Catholique de l'Ouest, 1984); Issac Kikiwada, Arthur Quinn, *Before Abraham Was: the Unity of Genesis 1-11* (Nashville: Abingdon, 1985); Claus Westermann, *Genesis 1-11: a Commentary* (Minneapolis: Fortress, 1994); John Rogerson, *Genesis 1-11: A Commentary* (Sheffield: JSOT Press, 1991); Ronald Hendel, *The Text of Genesis 1-11* (New York: Oxford University Press, 1998); Andrew Louth (ed.), *Genesis 1-11, Ancient Christian Commentary on Scripture* (Downers Grove: InterVarsity Press, 2001).

5_ David J. A. Clines, *The Theme of the Pentateuch* (Sheffield: JSOT Press, 1978), 84.

아버지 데라와 가족 모두가 하란에 도착하기까지의 이주 과정을 확인할 수 있다.

이렇게 원시 역사와 족장들의 역사가 서로를 분명하게 나눌 수 없도록 혼재되어 있는 것은 다분히 저자가 그렇게 의도했기 때문인 것 같다. 클라인스는 "모세 오경의 주제"(the theme of the Pentateuch)를 탐구하면서 창세기 12:1-3에서 하나님께서 아브라함에게 (땅과 후손들, 그리고 복으로서 주어지는 하나님과의 관계에 대해) 하신 약속이야말로 그 다섯 권의 책 모두를 하나로 묶는 주제라고 주장한다. 이 약속은 여호수아서에서 이스라엘 백성들이 약속의 땅을 취함으로써 절정에 도달하게 된다. 그러므로 창세기와 그 뒤에 오는 네 권의 책 사이의 균형은 그 약속을 구성하는 세 가지 요소의 성취에 따라 좌우된다.[6] 또 클라인스는 창세기 1-11장에서 "죄-신적 담화(divine speech)-완화-심판"으로 이어지는 패턴을 발견하는데, 이 패턴은 창세기 1-11장이 하나님께서 왜 아브라함과 약속을 맺으셔야 했는지를 설명해주는 일종의 "서문"(prefatory)[7]으로 기능하고 있다는 사실을 독자들이 이해할 수 있게 해준다.

히브리 성경이나 메소포타미아 혹은 이집트에서 기록된 고대 문헌에 포함된 커다란 문학적 문단의 장르를 분석할 때 조심해야 할 일이 몇 가지 있다. 매우 복잡하고 다양한 문학적 유형들(types of literature)로 구성된 작품을 한 가지 단일 범주로 묶으려는 시도를 피해야 한다. 게다가 고대 세계에는 존재하지 않았던 현대의 문학적 범주를 고대 문헌에 억지로 끼워 맞추려는 것 역시 오늘날 학자들이 자주 범하는 오류다. 심지어 창세기를 50개의 장으로 나누는 방식도 후대에 만들어진 것이지 창세기가 본

6_ 앞의 책, 9-65.

7_ 앞의 책, 66-82.

래 그렇게 분할되어 있었던 것은 아니다. 실제로 창세기에는 서기관들이나 해석가들이 후대에 주입한 것이 아닌, 그 자체의 구조가 존재한다. 그러므로 나는 창세기 안에 존재하는 근거들을 사용하여 창세기 본문 자체를 출발점으로 하여 논의를 펴나가고자 한다. 왜냐하면 이 방법이야말로 창세기를 하나의 유기적인 전체로 인식하되, 창세기 1-11장을 전체 창세기를 구성하는 필수적인 부분으로 읽고 이해하는 데 가장 효과적이기 때문이다.

창세기 1-11장의 장르

전설(Legend)

헤르만 궁켈(Hermann Gunkel)은 창세기를 전설로 생각한 이들 중에서도 학계에 가장 큰 영향력을 끼친 학자다. 19세기 후반부터 20세기 초까지 궁켈은 창세기가 영웅에 대한 전설들(sagas)이나 오랫동안 구전으로 내려온 전설적인 이야기들이 문서화된 것이라고 주장했다.[8] 특히 궁켈은 전설이라는 장르의 고유한 특성을 고려하여 "우리는 고대의 환경을 옅은 안개를 통해서 보는 것처럼 분명하게 알 수 없으며", 더구나 전설은 다른 전설들과 결합되거나 여러 가지 다른 특징들을 추가하여 "역사적인 기억들을 시적으로(poetically) 재구성한다"고 보았다.[9] 뿐만 아니라 궁켈은 "그들

8_Hermann Gunkel, *Schöpfung und Chaos in Urzeit un Endzeit* (Göttingen: Vandenhoeck, 1895). Gunkel의 이 주장은 *Genesis* (trans. Mark Biddle; Macon: Mercer University Press, 1997)에서 더욱 발전적으로 제시되었다.

9_Gunkel, *Genesis*, xvi.

(이스라엘 사람들)이 그 주변에 위치한 열방들의 전설들도 수용했기"[10] 때문에 이스라엘의 전설은 그 조상들에 관한 이야기를 넘어선다고 주장했다. 이러한 주장을 통해 궁켈은 고대 근동의 여러 전설과 신화들(myths)이 이스라엘에 유입되었고 창세기 내러티브에도 포함되었다는 결론을 내렸다. 궁켈은 노아의 방주 이야기를 전설로 이해했지만, 그의 "전설"이라는 문학적 장르는 주로 창세기 12-50장에 해당했다. 그러나 앞에서 설명한 것과 달리, 궁켈은 창조 내러티브를 그가 생존했던 당시에 발견되고 번역된 바빌로니아 창조 신화와는 다른 신화로 분류했다.[11] 또한, 바빌로니아 신화가 "[그 신화에 등장하는] 신화적인 인물들을 제거한 채 이스라엘에 수용되어" 결국 "유대화"(Judaicized)되었다고 주장했다.[12]

내가 판단하건대, "전설"이라는 장르를 창세기 전체에 적용하는 것은 타당하지 않다. 아담, 노아, 니므롯, 아브람과 같은 인물들이 실제로 존재했다는 것을 증명하기 어렵다고 해서 그들에 관한 이야기들을 그냥 전설적이라고 간주하는 것은 옳지 않다. 그 이야기들을 구성하는 여러 요소를 입증하거나 앞서 설명한 것처럼 전설로 분류하는 입장을 반박할 만한 문서화 자료가 턱없이 부족한 것은 사실이지만 말이다.

신화(Myth)

신화는 성경신학계에 폭넓게 수용된 문학 장르다.[13] 그러나 문학적인 범

10_ 앞의 책, xlviii.

11_ Gunkel, *Schöpfung und Chaos* = translation in *Creation in the Old Testament* (ed. B. W. Anderson; Philadelphia: Fortress Press, 1984), 25-52.

12_ 앞의 책, 49.

13_ 예를 들어, Bernard Batto, *Slaying the Dragon: Mythmaking in the Biblical Tradition* (Louisville: Westminster/John Knox Press, 1992) 그리고 *In the Beginning: Essays on the Creation Motifs in the Ancient Near East and the Bible* (Winona Lake: Eisenbrauns, 2013)을 보라. Batto 교수는 친

주로 "신화"를 정의(definition)하는 일에는 여러 가지 문제점이 뒤따른다. 사실 신화는 오랫동안 전통적으로 역사와는 반대되는 개념으로 간주되어 왔다. 심지어는 상상력까지 동원하여 만들어낸 허구로 정의되어왔다. 이런 특성들을 고려한다면, 보수적인 성경신학자들이 "신화"라는 용어를 창세기에 적용하는 데 왜 그토록 주저하는지 납득할 수 있을 것이다.

최근에 영국인 아시리아학자 앤드류 조지(Andrew George)는 "무엇이 신화며 무엇이 신화가 아닌지에 대해 학자들 사이에 의견이 일치되지 않는다"고 안타까워했다.[14] 신화에 대한 정의 중 하나는 "시간의 흐름과 상관없는 신들의 세계에서 벌어지는 사건"[15]이다. 이 대답은 고대 근동에서 유행했던 여러 가지 우주생성론을 설명하기에 매우 효과적이다. 이와 관련하여 켄톤 스파크스(Kenton Sparks)는 신화의 심리적·은유적·역사적·심미적 범주에 주목했다.[16] 하지만 훌륭한 종교사학가인 미르체아 엘리아데(Mircea Eliade)는 "신화는 존재론과 아주 밀접한 관계가 있는 장르로서 오직 확연히 나타난 바 있고 실제로 있었던 실체들에 대한 이야기"[17]라는 의견을 피력했다. 또 엘리아데는 "신화는 거룩한 역사에 대해 서술한다"고 주장하면서, 신화를 "'세상의 기원'이 우화적으로 다루어지던 원시 시대

절하게도 새롭게 출간한 책 한 권을 나에게 선물해주었다. 나는 이 점에 대해 그에게 깊이 감사한다.

14_Andrew George, *The Epic of Gilgamesh* (New York: Barnes & Noble, 1999), xxxiii.

15_Donald Redford, *Egypt, Canaan and Israel in Ancient Times* (Princeton: Princeton University Press, 1984), 409.

16_Kenton Sparks, "The Problem of Myth in Ancient Historiography," *Rethinking the Foundations: Historiography in the Ancient World and in the Bible; Essays in Honour of John Van Seters* (eds. S.L. McKenzie & T. Römer; Berlin, de Gruyter, 2000), 271-77.

17_Mircea Eliade, *The Sacred & the Profane* (New York: Harcourt Brace Jovanovich, 1959), 95(Eliade의 강조).

1장_역사적이고 신학적인 문헌으로 이해한 창세기 1-11장　**41**

에 실제로 일어났던 사건들"과 연결시킨다.[18] 여기서 핵심적인 사안은 신화가 "실제로 일어났던" 일들에 관한 것이라는 점이다.

따라서 보다 전문적인 차원에서 이야기하자면, 신화는 허구가 아니라 궁극적인 어떤 실체와 관련이 있다. 비록 이야기나 서사시 형태로 보존되었다고 하더라도 신화는 꾸며낸 이야기가 아니다. 최근에 피터 엔즈(Peter Enns)는 "창세기를 신화와 역사 둘 중 어느 것으로 보아야 하는지의 선택 문제는 얼마나 큰 의미를 갖는가?"[19]라는 매우 시의적절한 질문을 제기했다. 신화는 일종의 문학적인 형태이기 때문에 반드시 역사적인 사료편찬(historiography)처럼 생각할 필요는 없다. 그러니까 신화는 얼마든지 시의 형태로 쓰일 수도 있고, 고도의 상징적인 언어를 사용할 수도 있으며, 실제 사건들에 대해 기록할 수도 있다. 여기에 해당하는 고전적인 예를 노아의 홍수 이야기에서 찾아볼 수 있다. 히브리 성경에 기록된 이 홍수 이야기뿐만 아니라 메소포타미아의 여러 가지 홍수에 관한 전승들까지 우리 손에 놓여 있기 때문이다(자세한 논의를 위해서는 다음 부분을 참고하라).

마지막으로, 성경에 나오는 고대 세계의 역사적인 사건들을 묘사한 연대기적 기록들이 신화적인 심상(mythological images)을 사용했다는 역사가들의 지적에 대해서 몇 가지 언급을 해야 할 필요가 있다. 역사와 신화가 꼭 충돌(conflict)을 일으키지는 않는다는 점을 추가적으로 설명하기 위해서 말이다. 예를 들어, "영웅적인 신과 혼돈의 대결"(Hero-god versus Chaos)이라는 모티프는 기원전 13세기에 있었던 람세스 2세의 가데스 전투에 대한 기록에서도 찾아볼 수 있다.[20] 그리고 산헤립의 연대기에는 기

18_Mircea Eliade, *Myth and Reality* (New York: Harper & Row, 1963), 5(Eliade의 강조).

19_Peter Enns, *Inspiration and Incarnation* (Grand Rapids: Baker, 2005), 49.

20_Redford, *Egypt, Canaan and Israel in Ancient Times*, 409.

원전 701년에 히스기야가 다스리던 유다 지역에 군사적인 원정을 왔다는 기록이 포함되어 있지만, 이 연대기에는 바빌로니아 창조 신화인 에누마 엘리시(*Enuma Elish*)에 묘사된 티아마트(Tiamat, 태고의 바다)와의 우주적인 전쟁도 포함되어 있다.[21]

　　성경 저자들 역시 역사적인 사건과 유명 인물들에 대해 기록할 때 앞에서 살펴본 바와 같이 고대 근동의 신화들과 비슷한 방법으로 신화적인 모티프를 사용했다. 가령, 에스겔은 이집트의 파라오(호프라/아프리스, Hophra/Apries를 지칭하는 것 같다)의 통치를 "바다 가운데 큰 악어"(겔 32:2)에 비유했다. 여기서 히브리 단어 *tannîn*은 우가리트 문헌에 자주 등장하는 바다 괴물을 지칭하는데, 구약성경에 하나님께 패하고 다스림을 받는 것으로 묘사된 바다 괴물로 소개된다(특히, 사 27:1; 51:9; 욥 3:8; 41:1; 시 74:14; 104:26을 보라). 즉 에스겔은 당대의 역사적인 사건을 기술하기 위해 아무런 거리낌 없이 신화적인 모티프를 적절하게 사용했던 것이다.

　　결과적으로, 창세기 1-11장이 신화적인 언어를 사용하는 것은 사실이지만, 신화적인 언어를 사용했다고 해서 그 내용까지 허구적으로 만드는 것은 아니라는 매우 합리적인 결론에 도달하게 된다. 내가 여러 곳에서 주장한 바 있듯이, 창세기 1장과 2장에 반영된 고대 근동의 다양한 창조 모티프들은 대부분의 경우 고대 이스라엘 사회에 지대한 영향을 끼쳤던 메소포타미아와 가나안, 그리고 이집트에서 유행했던 세계관에 대항하기 위한 변증적인 목적으로 사용되었을 가능성이 크다.[22] 이와 같은 맥

21_ K. Lawson Younger, "Assyrian Involvement in the Southern Levant at the End of the 8th century B.C.E.," *Jerusalem in Bible and Archaeology: the First Temple Period* (eds. A. Vaughn & A.E. Killebrew; Atlanta: Society of Biblical Literature, 1993), 254-55.

22_ James K. Hoffmeier, "Genesis 1 & 2 and Egyptian Cosmology," *Journal of the Ancient Near Eastern Society* 15 (1983): 39-49.

락으로 리처드 에이버벡(Richard Averbeck)은 창세기에서, 특히 "역사와 실제에 대한 유추적인 사고"(analogical thinking about history and reality)[23]를 바탕으로 창조 사건을 다루는 부분에서, 고대 근동의 신화가 다르게 사용된 예를 제시한 바 있다.

가문의 역사(Family Histories)

창세기 1-11장을 한 덩어리로 잘 짜인 문학적 단위라고 전제하고 본격적으로 자세히 읽어나가기에 앞서 잠시 멈춰 서서 창세기 전체 구조를 살펴보도록 하자. 창세기에는 "이것이 ~의 계보니라" 내지는 "이것은 ~의 내력이니라"라는 구문이 반복적으로 나타난다. 이 구문이 창세기 전체 구조를 파악하는 데 결정적인 역할을 한다는 것은 이미 오래전에 입증된 사실이다. 뿐만 아니라 이 구문은 창세기의 장르를 이해하는 데에도 결정적인 역할을 한다. 이 구문은 히브리 핵심 단어 "톨레도트"(tôlĕdôt)와 함께 창세기에 열한 번이나 등장한다(창 2:4; 5:2; 6:9a; 10:1; 11:10a, 27a; 25:12, 19a; 36:1, 9; 37:2). 프란츠 델리취(Franz Delitzsch)는 1852년에 출판한 자신의 창세기 주석에서 이 구문이 창세기의 유기적인 구조를 형성한다는 사실을 간파했다.[24] 그 후 델리취는 C. F. 카일(C. F. Keil)과 함께 펴낸 주석에서 tôlĕdôt 구문을 바탕으로 창세기 전체의 구조 분석을 다음과 같이 제시했다.[25]

23_ Richard Averbeck, "Ancient Near Eastern Mythography as It Relates to Historiography in the Hebrew Bible: Genesis 3 and the Cosmic Battle," *The Future of Biblical Archaeology* (eds. J. Hoffmeier & A. Millard; Grand Rapids: Eerdmans, 2004), 328-56, esp. 355.

24_ Franz Delitzsch, *A New Commentary on Genesis* (revised edition, Edinburgh: T&T Clark, 1888), 60ff.

25_ Franz Delizsch, C. F. Keil, *Commentary on the Old Testament. Volume 1, The Pentateuch* (Edinburgh: T&T Clark, 1885), Eerdmans에서 다시 출판됨, 5-6.

하늘과 땅의 역사(2:4b-4:26)

아담의 역사(5:1-6:8)

노아의 역사(6:9-9:26)

노아의 아들들의 역사(10:1-11:9)

셈의 역사(11:10-26)

데라의 역사(11:27-25:11)

이스마엘의 역사(25:12-18)

이삭의 역사(25:19-35:29)

에서의 역사(36:1-8과 36:9-42)[26]

야곱의 역사(37:1-50:26)

하지만 이 *tôlĕdôt* 구문은 창세기를 제외한 다른 책들에서는 매우 제한적으로 사용된다(민 3:1; 룻 4:18; 대상 1:29). 그럼에도 불구하고 이 구문은 구약성경 전체에서 족보나 계보 및 가문의 역사를 다룰 때 일관되게 사용된다. 즉 이 구문은 창세기가 창조 이야기로 시작해서 이집트에서 죽은 요셉의 이야기를 끝으로 세계 역사를 확장시키는 것처럼, 보다 작은 (문학적인) 단락들을 더 큰 (문학적인) 단위 안에 배치시키기 위해 사용된 것이 확실하다.[27]

다른 학자들과 마찬가지로 S. R. 드라이버(S. R. Driver)는 창세기를 하나의 통합체로 조직하는 "설계"(plan) 도면처럼 기능하는 톨레도트 구문

26_ 이 구문은 에서와 야곱의 장남과 관련하여 36:1, 9에 두 번 나타난다. 이 가문의 역사가 왜 두 부분으로 나뉘었는지에 대해서는 그저 추측만 가능할 뿐이다.

27_ 창세기의 구성원리로서 *tôlĕdôt*에 대한 최근 연구를 위해서는 Mathieu Richelle, "La structure littéraire de l'Histoire Primitive (Genèse 1,1-11,26) en son état final," *Biblische Notizen* 151 (2011): 3-22를 보라.

을 "과거에 존재했던 자료들을 자신의 저작에 포함시킨" 제사장문서 저자(Priestly Writer)와 (기원전 5-6세기의) 편집자의 작품으로 간주했다.[28] 더구나 게르하르트 폰 라트(Gerhard von Rad)는 톨레도트 구문을 "본래 제사장 내러티브의 뼈대를 구축한 실체"로 파악했다.[29] 20세기 초반까지 여전히 문서설을 지지하던 학자들도 (톨레도트 구문의 이해를 기초로 한 창세기의 구조에 대한) 이러한 의견에 동의한다.[30]

역사비평적인 주해적 방법론을 사용하는 학자들이나 신문학비평 방법론(newer literary approaches)을 구사하는 학자들 역시 톨레도트의 중요성을 높이 평가한다.[31] 최근에 에이버벡은 창세기의 "족보/계보에 따른 구성적 체계"에 관한 글에서, 톨레도트 구문이 창세기의 구조(shape)를 결정할 뿐만 아니라 창세기를 하나로 통합한다"고 주장했다.[32]

한편, 계보나 족보를 포함한 고대 근동의 문헌을 연구하는 학자들은 그 문헌들의 고유한 특성을 매우 중요하게 살핀다. 즉 그 계보나 족보의 일부 목록이 잘려나갔거나 선별적으로 기록된 경우에도 그것을 가상적으로 꾸며낸 이야기나 허구로 생각하고 함부로 묵살하지 않는다는 뜻

28_S. R. Driver, *The Book of Genesis* (London: Methuen & Co., 1909, 2nd ed.), ii-iv.

29_Gerhard von Rad, *Genesis, A Commentary*. Old Testament Library (Philadelphia: Westminster Press, 1972), 126.

30_E. S. Speiser, *Genesis*. The Anchor Bible (Garden City, NY: Doubleday, 1964), xxiv-xxvi; Coats, *Genesis with an Introduction to Narrative Literature* (Grand Rapids: Eerdmans, 1983), 19-21.

31_R. K. Harrison의 제자인 나는 *tôlĕdôt*의 배경이 되는 토판 이론(tablet theory)을 배울 기회가 있었다. 이 이론은 P. J. Wiseman의 *Creation Revealed in Six Days* (Edinburgh: Morgan and Scott, 1948), 34ff에 보다 발전된 형태로 설명되어 있다. 그의 아들 Donald Wiseman은 저명한 아시리아학자이며 구약신학자인데, 그의 아버지가 창세기에 사용된 *tôlĕdôt*에 대해 제시한 이론이 갖는 여러 가지 장점을 재확인했다(나중에 다시 출판된 P. J. Wiseman의 초기 연구 *Clues to Creation in Genesis* [London: Marshall, Morgan & Scott, 1977]의 서문[v-vii]을 보라). 또 R. K. Harrison의 *Introduction to the Old Testament* (Grand Rapids: Eerdmans, 1969), 548-51도 보라.

32_Averbeck, "Ancient Near Eastern Mythology as It Relates to Historiography in the Hebrew Bible: Genesis 3 and the Cosmic Battle," 343.

이다.[33] 실례로, 도널드 레드포드(Donald Redford)는 이집트의 계보들이 매우 "조심스럽게 보존되었다"고 주장한다.[34] 이러한 전통적인 관례를 입증할 수 있는 증거로 제사장 바사(Basa)의 비문을 들 수 있다. 이 비문에서 바사는 자신의 제사장 계보를 기원전 9세기부터 기원전 15세기 초반 내지는 중반까지 역으로 추적한다.[35] 아시리아 왕의 목록(Assyrian King List)에는 살만에셀 5세가 통치했던 시기(기원전 726-722)부터 "장막에서 살던"[36] 아시리아 통치자들이 활약한 기원전 2000년까지 훨씬 더 오랜 기간을 아우르는 계보가 실려 있다.[37] 개인의 족보와 왕의 목록은 우리가 식별할 수 있는 한계 내에서 가문과 왕조의 역사를 정확히 기술하는 방식으로 기록되었다. 제사장들의 계보는 제사장의 직무를 개인에게 부여한다는 데 그 중요성이 있는 반면에, 왕의 목록은 백성들을 향한 기능이 포함되어 있기 때문에 중요하다. 알란 밀라드(Allan Millard)는 이 목록들이 그렇게 정확하게 작성될 수밖에 없었던 이유를 일일이 조사했다. 왜냐하면 이 목록들을 참고하여 어떤 왕이 행한 행동들을 법적으로 판결하고, 또 "왕들로 하여금 현재 재건하고자 하는 신전들이나 궁전들을 선대 왕들이

33_ COS 1:68에 있는 왕의 목록에 대해 내가 설명한 부분을 참고하라.

34_ Donald Redford, *Pharaonic King-list, Annals and Day-books* (Missisauga: Benben, 1986), 62, n. 226.

35_ Robert Ritner, "Dendernite Temple Hierarch and the Family of Nefwenenef," *For His Ka: Essays Offered in Memory of Klaus Baer* (ed. D. Silverman; Chicago: The Oriental Institute), 205-26.

36_ 왕의 목록에는 가문들 사이에 혈통적인 관련성이 존재할 수 있다. 그러나 그렇다 하더라도 후대에 이어지는 왕조는 다르다. 이집트의 역사가들이 왕조의 숫자를 세는 방식은 마네토 (Manetho, 프톨레마이오스 왕조 시대의 제사장 겸 역사가)가 고안한 것인데, 투린 왕의 목록 (Turin King List)에서 볼 수 있듯이 훨씬 이른 전통을 기원으로 하고 있는 것 같다. 경우에 따라 4왕조와 5왕조처럼 왕가 사이에 혈통적인 연결이 있을 수 있는데, 17왕조와 18왕조는 확실히 그렇다.

37_ Alan Millard, "Assyrian King Lists," *COS* 1:463-65.

언제 건축했는지를 확인할 수 있게 해주었기 때문이다."[38]

　리처드 헤스(Richard Hess)는 창세기에 기록된 족보들이 고대 근동의 계보들과 빈틈없이 딱 들어맞게 평행을 이루는 것은 아니라고 옳게 지적했다.[39] 하지만 헤스는 둘의 형태가 다른 것은 둘의 기능이 서로 달랐기 때문이라고 주장했다. 헤스의 지적은 맞는 말이다. 그러나 창세기에 기록된 족보들과 고대 근동 문헌에 실린 계보들에 기능상 차이가 있다는 말은 창세기가 아브라함의 조상들의 목록을 정확하게 그리고 순서대로 기록하는 데 관심이 없었음을 의미하는 것은 아니다. 목록의 길이를 축소하거나 간단히 요약해서 정리했을 수는 있지만, 그 목록에 나오는 이름들은 허구적인 인물이 아니라 실제로 존재했던 사람들의 이름이다. 이 점은 우리가 진행하고 있는 이 토론과 관련하여 시사하는 바가 아주 크다.

　이 토론의 주제에서 다소 벗어난 감이 없지 않지만, 추가적인 설명을 통해 말하고자 하는 핵심적인 사안이 있다. 즉 족보나 계보를 수록한 목록들(창세기를 포함한)과 역사(특별히 가문의 역사들)는 매우 밀접한 관계를 가지고 있다는 사실이다. 이것 때문에 우리는 톨레도트라는 단어를 다시 조심스럽게 살펴보아야 한다. 어떤 학자들은 족보나 계보가 갖는 역사적인 특성을 고려하면서 이 핵심 단어를 "기록"[40]이나 "역사"[41]로 번역한다. 나는 웬함이 톨레도트를 "이것은 X의 가족 역사다"[42]라고 해석함으로써

38_ 앞의 책, 461.

39_Richard Hess, "The Genealogies of Genesis 1-11 and Comparative Literature," *Biblica* 70 (1989): 241-54.

40_Speiser, *Genesis*, 39.

41_KBL 1700; Umberto Cassuto, *A Commentary of the Book of Genesis* (2 vols.: trans. Israel Abrahams; Jerusalem: Magnes Press, 1961), 1:273; Gordon Wenham, *Genesis 1-15*, Word Biblical Commentary (Waco: Word, 1987), 4, 16.

42_Wenham, *Genesis 1-15*, 119, 149, 209 등등.

톨레도트의 본질적 의미를 잘 포착했다고 생각한다.

결국 창세기의 저자나 편집자는 "이것은 가문의 역사다"라는 구문을 사용해 창세기 1-11장을 포함한 창세기 전체가 어떤 장르의 책인지를 알리고 있는 셈이다. 훨씬 더 이른 시기에 존재했던 기록들이 사용되었다는 것을 인정한다고 하더라도, "가문의 역사"가 창세기 전체의 뼈대를 형성한다는 사실은, 인류의 첫 부부이며 시조인 아담과 하와까지 거슬러 올라가는 이스라엘의 기원에 초점을 맞춘 창세기 내러티브를 역사적으로 읽어야 한다는 것을 의미한다. 또 이처럼 족보를 바탕으로 한 역사적 뼈대가 전체 창세기 구조의 근간을 이룬다는 점은 독자들이 창세기를 통째로 읽어야 한다는 것을 가리킨다. 즉 창세기 1-11장을 포함한 창세기 전체를 역사적 인물과 실제 사건에 대한 내러티브로 읽어야 한다는 것이다.

지금까지 우리는 장르에 관한 질문들을 폭넓게 따져보았다. 그러나 이제부터는 몇 개의 특정 본문을 집중적으로 살펴볼 것이다. 그 본문들이 어떤 방식으로 실제 역사를 묘사하는지, 다시 말해 최종적으로 기록되기 수백 년 전 혹은 수천 년 전에 있었던 사건들이나 그 사건들에 관한 기억들을 어떤 방식으로 보여주고 있는지를 자세히 검토해볼 것이다.

사례 연구

에덴동산

앞으로 우리는 네피림 내러티브와 노아 홍수 내러티브 그리고 바벨탑 사건에 대한 내러티브를 주로 탐구할 것이다. 이 탐구를 위해 필요한 기초를 다지기 위해서는, 이 세 개의 내러티브보다 앞에 오는 에덴동산 내러티브를 먼저 살펴보아야 한다. 이 에덴동산 내러티브 뒤에 소개되는 에피소드를 해석하는 데 유용한 근거를 얻을 수 있기 때문이다. 성경에서 "신화"로 불릴 만한 본문을 찾는다면 단연코 창세기 2:8-3:24을 꼽을 수 있다. 왜냐하면 이 본문에는 하나님이 아담의 갈빗대로 하와를 창조하신 내용과, 에덴동산에 생명나무와 말하는 뱀이 존재했다는 기록, 하나님과 사람이 얼굴과 얼굴을 대하듯이 직접적으로 대화를 나누었다는 기록, 그리고 천사들(그룹들)이 에덴동산의 동쪽 출입구를 지켰다는 기록이 포함되어 있기 때문이다.

앞에 열거한 모든 사항을 함께 고려해야 하지만, 이 내러티브를 기록한 저자는 에덴동산을 상상력을 동원해서 만든 신화나 나니아 연대기에서 볼 수 있는 그런 동화의 나라가 아니라, 고대 근동에 널리 알려진 곳에 위치시키기 위해 상당한 분량을 할애하고 있다. 폰 라트는 창세기 2:10-14을 다루면서, "우리는 역사적이고 지리적인 세계에서 우리 자신을 발견하게 된다"[43]고 주장했으며, 스파이저(E. A. Speiser) 역시 에덴동산의 "구체적인 배경을 순전히 상상력에 의한 산물이라고 대수롭지 않게 무시할 수는 없다"[44]고 선언하며 폰 라트와 비슷한 의견을 제시한 바 있다. 창세기 2:10-14에 기록된 아래의 설명을 듣거나 읽은 옛 시대의 청자들이나 독자들은 에덴동산이 메소포타미아의 특정 지역에 위치해 있다는 생각을 쉽게 떠올렸을 것이다.

강이 에덴에서 흘러나와 동산을 적시고 거기서부터 갈라져 네 근원이 되었으니 첫째의 이름은 비손이라. 금이 있는 하윌라 온 땅을 둘렀으며 그 땅의 금은 순금이요 그곳에는 베델리엄과 호마노도 있으며 둘째 강의 이름은 기

43_von Rad, *Genesis*, 79.

44_E. A. Speiser, "The Rivers of Paradise," *Festschrift Johannes Friedrich zum 65. Geburstag am 27. August 1958 gewidment* (ed. A. Moortgat et al.; Heidelberg: Carl Winter, 1959), 473.

혼이라. 구스 온 땅을 둘렀고 셋째 강의 이름은 힛데겔이라. 앗수르 동쪽으로 흘렀으며 넷째 강은 유브라데더라.

에덴동산은 실제 이름을 갖고 있던 네 개의 강이 합류하는 곳에 확실히 위치해 있었다. 창세기 2:10-14에 거론된 세 강의 경우 위치와 물이 흐르는 경로를 알 수 있는 지리적인 정보가 추가적으로 제공된다. 세 번째와 네 번째 강은 그런 추가적인 정보는 주어지지 않지만 위치는 얼마든지 추적이 가능하다. 유프라테스(그리스어 번역)를 지칭하는 히브리어 *pĕrāt*은 오래전의 아카드식 이름 *purattu*에서 파생됐다.[45] 특히 이 강이 어디에 있었는지에 대해서 아무런 설명이 없다는 점을 주목할 필요가 있다. 아무도 그 필요성을 느끼지 못했음을 의미하기 때문이다. 세 번째 강의 이름은 티그리스다. 네 번째 강의 경우처럼 그 이름과 위치는 지금도 추적할 수 있다. *ḥideqel*은 (*I*)*dig/lat*으로 아카드어에 유입된 수메르식 이름 *Idigna/gin*에서 파생됐다.[46] 창세기는 이 강이 "앗수르 동쪽으로 흘렀다"고만 기록하고 있다. 고대 메소포타미아의 북부 지역을 차지했던 앗수르 혹은 아시리아는 오늘날 이라크에 해당한다.

　나머지 두 개의 강이 실제로 어떤 강이었는지는 확실하지 않다. 이 두 강이 어떤 강이었는지 알 수 없다는 사실은 그 위치에 대한 지리적인 정보보다 더 구체적이고 큰 의미를 갖는다. "하윌라"라는 지명은 19세기까지 황금을 캐던 곳이었는데 구약성경에서는 유향(frankincense)[47]으로 유명했던 아라비아 지역을 지칭할 때 사용되었다.[48]

45_KBL 2:978-79.

46_KBL 1:293.

47_W.W. Müller, "Frankincense," *ABD* II, 854.

48_Müller, "Havilah," *ABD* III, 82.

비손이라는 이름은 "뛰어오르다 혹은 깡충 뛰어넘다"[49]는 뜻이 있다. 이는 기혼과 마찬가지로 그 강의 어떤 특징적인 면을 설명해주는 식의 이름일 것이다. 지금은 현존하지 않지만 위성 사진을 찍어 비손강이 있었던 곳으로 추정되는 후보 지역을 발견했는데, 사우디아라비아 헤자즈(Hijaz)의 산간 지역에서 동쪽으로 물이 흘러 내렸다는 것은 틀림없는 사실이다. 보스턴 대학교의 지질학자이며 원격탐사 센터장이었던 파루크 엘-바스(Farouk el-Baz) 박사는 우주왕복선에서 지표 투과 레이더(ground penetrating radar)를 사용하여 촬영한 사진들을 종합해서 모래 밑바닥에 물이 흘렀던 경로를 추적해내는 데 성공했다.[50] 이 강이 (티그리스와 유프라테스 강이 페르시아만으로 유입되는) 쿠웨이트를 향해 동쪽으로 흘렀기 때문에 엘-바스 박사는 이 강을 "쿠웨이트강"이라고 명명했다. 제임스 사우어(James Sauer)는 곧바로 고대에 실제로 있었던 이 강과 창세기 2장에 나오는 비손강에 관하여 묘사된 내용을 비교 연구하여 지리학적인 연관성을 발견해냈다.[51] "쿠웨이트강"은 이미 기원전 3000년대 즈음에 말라버린 것으로 추정되는데, 창세기 2장이 이 강에 대해 알고 있다는 사실은 상당히 고무적이다.

"구스 온 땅을 둘러" 흘렀다고 기록된 기혼강이 도대체 어떤 강이었는지에 대해서는 아직도 오리무중이다. 성경에서 구스(Cush 혹은 Kush)는 여러 곳을 지칭한다. 그중에서도 가장 많이 알려진 곳은 이집트와 수단 남쪽에 위치한 누비아(Nubia) 지역이다(왕하 19:9; 사 18:1; 20:3; 겔 29:10; 에 1:1). 또 다른 위치는 다른 (세 개의) 강들과 에덴동산의 메소포타미아 배

49_ Müller, "Pishon," *ABD* V, 374.

50_ Farouk El-Baz, "A River in the Desert," *Discover*, July 1993.

51_ James A. Sauer, "The River Runs Dry," *Biblical Archaeology Review* 22, No. 4 (1996): 52-54, 57, 64.

경과 더욱 잘 들어맞는 곳, 즉 바빌로니아(이라크 중앙 지역)다. 이 사실은 기원전 1600년경에 함무라비 왕조가 몰락한 이후 바빌로니아를 지배했던 정체 모를 어떤 민족이 *kuššu*라는 단어에서 비롯된 "카사이트"라고 불렸다는 것과 무관하지 않다.[52] 바빌로니아에서 발흥한 "카사이트 왕조"는 기원전 15세기부터 12세기까지 지속되었는데, 이 기간 동안의 메소포타미아 중앙 지역이 바로 고대 근동 사회나 성경 저자에게 구스(Cush 혹은 Kush)로 알려진 지역이다.

"기혼"은 "거품이 일어나는 물" 그리고 "앞으로 솟구치다"라는 뜻이 있다. 즉 이 강의 (물살이 빠르게 흐르는?) 특징을 묘사한 것이다.[53] 거품이 이는 예루살렘 우물의 이름 역시 기혼이다(참조. 왕상 1:33, 38, 45; 대하 32:30).

앞에서 설명한 논의의 핵심은 이렇다. 즉 창세기 자체가 에덴동산이 고대 메소포타미아의 특정 지역에 역사적으로 위치해 있었다고 서술하고 있으며, 창세기를 읽는 독자들이 그 위치를 찾을 수 있도록 좌표를 제공한다는 것이다. 결코 에덴동산 내러티브는 신들의 세계를 배경으로 "시간의 제약을 받지 않는 사건"[54]을 다루는 것처럼 보이지 않는다. 결과적으로, 에덴동산 이야기는 신화적인 요소들을 포함하고 있긴 하지만 단순히 신화 자체로 보기 어려운 "역사적으로나 지리적으로 설명 가능한 세계"[55]를 그 배경으로 삼고 있다는 것이다.

하나님의 아들들과 사람의 딸들(창 6:1-4)

이 내러티브의 장르와 해석에 관한 논의를 펴나가기 위해서는 먼저 문

52_Diana Stein, "Kassites," *OEANE* 3, 271-75. Speiser, "The River of Paradise," 475.

53_KBL 189.

54_Redford, *Egypt, Canaan and Israel in Ancient Times*, 409.

55_von Rad, *Genesis*, 79.

학적 맥락을 검토해보아야 한다. 일반적으로 비평학자들은 이 에피소드와 이 에피소드 바로 앞의 창세기 5장에 기록된 족보 사이에 아무런 연관성이 없다고 생각한다. 왜냐하면 이 에피소드 앞에는 제사장문서(P)가 배치되어 있는 반면에, 창세기 6:1-8부터는 4:26에서 중단된 야웨문서(J source)가 다시 시작되기 때문이다.[56]

그러나 최근 들어 매우 흥미롭게도, 창세기 본문을 난도질하듯 잘라내서 아주 작은 인위적인 단위로 나누려는 과거의 자료비평 접근법과는 반대로, 창세기를 하나의 완성된 문학작품으로 이해하려는 문학적 방법론들이 다양하게 시도되고 있다. 1960년대에 제임스 뮬렌버그(James Muilenburg)가 저술한 "양식비평 그리고 그것을 넘어서서"(Form Criticism and Beyond)[57]라는 짧은 논문을 발판 삼아 시작된 이 새로운 움직임은, 릴랜드 라이켄(Leland Ryken),[58] 케네스 그로스 루이스(Kenneth Gros Louis),[59] 로버트 알터(Robert Alter)[60]를 비롯한 많은 학자들이 과거와 구별되는 중요한 연구를 진행하도록 하는 촉진제가 되었다. 이 문학적/수사학적 접근법(literary or rhetorical approaches)은 역사비평학적 접근법과는 다르게 단순히 직조물의 실 가닥을 하나하나 풀어헤치기보다는 더욱 넓은 관점에서 그 직조물 자체를 조망하는 것처럼 성경 본문을 연구하는 방법론이다.

창세기 1-11장을 여러 가지 자료들(sources)이 엉성하게 짜깁기된 것

56_ Driver, *The Book of Genesis*, 82; von Rad, *Genesis*, 113; George Coats, *Genesis with an Introduction to Narrative Literature*, 84-86.

57_ *JBL* 88(1969): 1-18

58_ 나는 Leland Ryken이 1973년 봄에 강의했던 문학으로서의 성경(the Bible as Literature) 수업을 듣는 특권을 누렸다. 이것은 그의 첫 강의였다. 다음의 책은 이 수업을 토대로 출간되었다. *The Literature of the Bible* (Grand Rapids: Zondervan, 1974).

59_ Kenneth Gros Louis, *Literary Interpretations of Biblical Narrative* (Nashville: Abingdon Press, 1974).

60_ Robert Alter, *The Art of Biblical Narrative* (New York: Basic Books, 1981).

으로 이해하던 고전적인 자료비평 접근법들에 대응하여, 잭 새슨(Jack Sasson)은 "문서나 자료들을 분리해내는 일에 그토록 지나치게 의존하지 않고, 문학적으로 세심하게 편집 작업을 수행한 최종 편집자들이 기여한 바를 중요하게 평가할 수 있는 대안을 찾는 것은 매우 가치 있는 일이다"[61]라고 말하며 자료비평에 대한 반대 의견을 폈다. 또한 새슨은 창세기 1:1-6:8을 여섯 개의 문학적인 단락으로 나눴다. 이 구조 분석에 의하면, 창세기 1:1-6:8은 같은 주제에 의해 6개의 부분으로 나뉘는 창세기 6:9-11:9과 평행을 이룬다. 여기서 멈추지 않고 새슨은 이 평행을 이루는 문학적인 단락들이 창조에서 노아까지 10세대, 그리고 (노아의) 홍수에서 아브람까지 10세대로 구성되는 방식으로, 서로 균형을 유지하고 있다는 사실도 포착했다.[62]

창조(들) (창 1:1–2:14)	홍수와 그 여파(창 6:9–9:2)
(하나님의) 경고의 말씀, 인류와 맺으신 언약(2:15–24)	(하나님의) 경고의 말씀, 인류와 맺으신 언약(9:3–17)
타락(3장)	상응하는 부분이 없음
가인과 아벨(4:1–16)	가나안을 향한 저주(9:18–27)
인류의 조상들(4:17–5:32)	열방 나라들(10장)
네피림(6:1–8)	바벨탑(11:1–9)

위의 문학적인 분석에 따르면, 네피림 에피소드는 바벨탑 이야기의 반

61_Jack Sasson, "The 'Tower of Babel' as a Clue to the Redactional Structuring of the Primeval Structuring of the Primeval History (Genesis 1:1-11:9)," *The Bible World: Essays in Honor of Cyrus H. Gordon* (ed. G. Rendsburg, et al; New York: KTAV, 1980), 211.

62_Sasson, "The 'Tower of Babel' as a Clue to the Redactional Structuring of the Primeval Structuring of the Primeval History (Genesis 1:1-11:9)," 214-19. Sasson의 글이 출간되기 수 년 전에 Bernard Anderson 역시 비슷한 결론을 제시했다. "From Analysis to Synthesis: The Interpretation of Genesis 1-11," *JBL* 97 (1978): 23-39을 보라.

대편에 위치하며, 두 내러티브 모두 하나님의 심판으로 귀결되는 인간의 교만을 다룬다. 창세기 1-11장에 대한 새슨의 분석을 참고하면, 창세기 6:1-8은 그 족보상 첫 번째 10세대 안에 포함된다. 여기에 내 의견을 추가하자면, 이 부분은 두 번째 톨레도트 단락에 속하고, 세 번째 톨레도트 단락은 6:9부터 시작된다.

개리 렌즈버그(Gary Rendsburd)는 새슨의 결론에 동의하면서, 이 평행을 이루는 두 부분에서 찾아볼 수 있는 주요 핵심 단어들과 구문들을 자세히 조명함으로써 새슨의 결론을 한층 더 발전시켰다.[63] 이 두 개의 에피소드는 그 주제상 정반대 방향으로 내달린다. 렌즈버그가 지적했듯이, "창세기 6장에서는 하나님의 아들들(the gods)이 인간의 영역으로 내려오지만, 바벨탑 이야기에서는 인간들이 신적인 영역으로 올라가려고 한다."[64] 또 두 이야기 모두 "이름"이나 등장하는 인물들이 유명해지려는 것과 관련이 있는데, 창세기 6:1-4에서 네피림은 "명성이 있는 사람들"(문자적으로는 "이름 있는 사람들", 'anšê hāšēm)이며, 바벨탑 이야기에서는 "우리의 이름을 내자"는 것이 그 탑을 건설하려는 동기로 제시된다.

문학적인 차원에서 이 두 이야기는 각각의 내러티브를 구성하는 사건들의 흐름상 똑같은 위치에 배치되어 있다. 즉 보다 크고 긴 내러티브 단락의 맨 마지막 부분에 놓여 있다. 따라서 네피림 이야기는, 에덴동산에서 비롯되어 이제 그 절정에 도달한, 하나님을 향한 인류의 반역을 묘사하는 것이다. 이 반역의 이야기들은, 가인이 아벨을 죽이고(창 4:8), 이어서 라멕은 소년을 죽였듯이(4:23-24), 하나님이 인류를 쓸어버리기로 작정하시기까지 (6:5-8) 그 끝을 향해 치닫는다. 그러므로 창세기 6:1-8은 [첫 번째 부분인

63_ Gary Rendsburg, *The Redaction of Genesis* (Winona Lake: Eisenbrauns, 1986), 7-26, 특히 20-21
　　을 보라.

64_ 앞의 책, 21.

1:1-5:32과] 노아 홍수 이야기와 문학적으로 잘 결속된 두 번째 부분(6:9-11:9)을 이어주는 교량적 역할을 하고 있는 셈이다.[65] 더구나 노아의 톨레도트는 뒤에 오는 새로운 이야기의 시작을 알린다(6:9). 바벨탑을 쌓는 것은 온 인류가 지면에 흩어지는 결과를 초래했지만, 하나님의 아들들과 사람의 딸들이 행한 "악"(evil)의 결과는 홍수로 이어졌다. 악이 세상을 통제력을 잃고 혼란에 빠지게 한 것(6:5-6)과 반대로, 노아의 삶은 세상에 본보기가 되었다. 하나님은 "노아를 의인이요, 당대에 완전한 자"로 여기셨고 "노아는 하나님과 동행했다"(6:9). 하나님께서는 인류를 회복시키기 위해서 노아를 통해 역사하셨다. 이와 마찬가지로, 바벨탑 사건이 초래한 결과대로 인류는 지면에 흩어졌지만(11:1-9), 하나님은 새로운 사람 즉 아브람을 통해 인류에게 복을 주시려 한다는 이야기가 뒤따라 소개된다(11:26-32). 그리고 하나님은 노아와 아브람 두 사람과 각각 언약을 맺으신다.

창세기 1-11장의 구조와, "하나님의 아들들과 사람의 딸들"에 관한 에피소드 그리고 바벨탑 사건을 다룬 에피소드 사이에 문학적으로나 언어학적으로 연결된 사항들을 기억하자. 그러나 지금부터는 "모세 오경 중에서도 가장 이해하기 힘든 본문 중의 하나"[66]로 악명이 높은, 노아 홍수 내러티브 앞에 그것도 매우 중요한 위치에 놓인, 창세기 6:1-4에 우리의 관심을 더욱 집중하도록 하자. 궁켈,[67] 스파이저,[68] 브루그만,[69] 코우츠[70]에

65_ 창 6:1-4이 앞부분의 결론인 동시에 뒤에 새롭게 시작하는 부분의 서론 격으로 이중적인 기능을 담당한다는 사실에 동의하는 다수의 학자들이 있는데, Victor Hamilton을 그 예로 들 수 있다. Victor Hamilton, *The Book of Genesis 1-17* (Grand Rapids: Eerdmans, 1990), 261.

66_ Cassuto, *A Commentary of the Book of Genesis*, 1:291.

67_ Gunkel, *Genesis*, 56-57.

68_ Speiser, *Genesis*, 45.

69_ Walter Brueggemann, *Genesis, A Commentary for Teaching and Preaching* (Atlanta: John Knox Press, 1982), 70-71.

70_ Coats, *Genesis with an Introduction to Narrative Literature*, 84-86.

이르기까지 많은 학자들에 의해 지난 한 세기 동안 진행된 창세기 6:1-4에 대한 연구는 이 이야기를 신화로 간주한다.

여기서 문제의 핵심은 "하나님의 아들들"(bĕnê ha'ĕlōhîm)이 누구인지를 파악하는 일이다. 만일 그들이 전통적인 해석처럼 신적인 존재이거나 천사라면, 우리는 이 이야기를 신과 인간이 뒤섞여 반신반인의 초자연적인 사람들을 낳았다는 식의 고전적이고 신화적인 모티프로 이해해야 한다. 히브리 단어 네피림(nĕpilîm)은 "떨어지다"라는 뜻의 어근 npl에서 파생되었다.[71] 따라서 해당 단어의 의미는 네피림이 (어디에서) 떨어진 존재들, 즉 (하늘에서) 떨어진 천사들이라는 해석을 지지하는 것처럼 보인다(이어지는 논의를 보라). 그러나 네피림의 문법적인 형태는 수동형이 아니기 때문에 "떨어진 존재들"로 번역할 수 없다. 창세기 6:4은 네피림들을 하나님(또는 신들)의 아들들과 사람의 딸들 사이에서 태어난 자식들로 묘사한다. 이와 달리 70인역은 네피림(hannĕpilîm)을 "거인들"(giants)로 해석하는데, 이것은 헬레니즘의 영향을 받은 유대인 서기관들이 민수기 13:33을 토대로 이 단어를 해석했기 때문이다. 그런데 이러한 해석은 해당 단어의 본래 뜻과는 아무런 상관이 없다.

모세가 보낸 정탐꾼들이 가나안 땅에 들어가 네피림(hannĕpilîm)을 보았다는 민수기 13장의 기록은 어딘가 부자연스럽다. 왜냐하면 흔히들 네피림은 노아 홍수가 있었던 때에 모두 사라졌다고 생각하기 때문이다. 이에 대해 나훔 사르나(Nahum Sarna)는 네피림(hannĕpilîm)이 민수기 13장에 사용된 것은 "두 번의 세계대전이 일어났던 당시에 독일인들을 '훈족'으로 불렀던 것과 같은 구변적인 효과(oratorical effect)를 노린 것"이라는 꽤

71_KBL 1:709.

그럴듯한 의견을 제시한다.[72] 달리 말하자면, 민수기 13장은 이스라엘 정탐꾼들이 가나안 땅에서 네피림 같은(Nephilim-like) 사람들을 보았음을 의미한다.

네피림에 대해서 확실히 말할 수 있는 것은 그들이 "고대에 명성이 있는 용사들"(ESV) 혹은 "고대에 명성이 있는 영웅들"(NIV)이었다는 것이다. "용사들"(gibbōrîm)은 전쟁에 나서는 장수와 관련이 있는데, 다윗(삼상 16:18)과, 용맹한 전사로 사사 역할을 감당했던 입다(삿 11:1), 심지어 골리앗(삼상 17:51)조차도 그렇게 불린 적이 있다. 창세기 6:4은 이 용사들 또는 영웅들을 mēʿôlām으로 표현한다. 문자적으로는 "옛적부터" 혹은 "고대"라는 뜻인데, 저자의 관점이 반영된 연대기적 표지(chronological marker)로 사용된 듯하다.

우리는 수메르의 길가메시 서사시에서 "영웅적인 용모와…큰 키에 아름다운 형색을 가지고 있으며, 두려움을 자아내는…3분의 2는 신의 모습을, 3분의 1은 사람의 모습을 지닌"[73] 전설적인 인물을 만나게 된다. (기원전 10세기 이후의) 신-아시리아 유적지에서 발굴되어 지금까지 현존하는 거대한 길가메시 조각상은 용맹한 전사가 팔에 마치 고양이를 안듯이 사자 한 마리를 품고 있다. 이렇게 보통 사람보다 큰 풍채에다가 부분적으로는 신의 모습을 지녔다고 묘사된 길가메시는, 수메르의 첫 번째 왕조였던 우루크(Uruk) 왕조의 계보에 다섯 번째로 이름을 올린 전설적인 왕을 가리키는 듯하다. 이는 그가 실제로 존재했던 왕, 즉 기원전 2750년경에 수메르의 왕이었던 역사적인 인물이었음을 시사하는 대목이다.[74] 그러므

72_Nahum Sarna, *Genesis: The JPS Torah Commentary* (Philadelphia: Jewish Publication Society, 1989), 46.

73_George, *The Epic of Gilgamesh*, 2.

74_ 앞의 책, xxxi.

로 실존 인물을 바탕으로 한 것처럼 보이지 않는 민간에서 전승된 폴 번연(Paul Bunyan)의 이야기들과 달리 길가메시에 관한 전설적인 이야기들은 역사적인 인물을 기초로 한 것이다.

"하나님(신들)의 아들들"이 천사들이었다는 식의 해석을 모든 학자들이 받아들이는 것은 아니다. 예를 들어, 12세기에 유대인 지혜 선생 이븐 에즈라(Ibn Ezra)는 이 문구에 왕의 아들들이나 판관들을 지칭하려는 의도가 깔려 있다고 생각했다.[75] 중세의 위대한 랍비 라쉬(Rashi)는 이 수수께끼 같은 문구를 "귀족의 아들들"로 번역했다.[76] 이들보다 최근에 카수토(Umberto Cassuto)는 천사들도 여러 범주가 있지만 일반적으로 *mal'ākîm*으로 알려진 하나님의 사자(messenger)는 늘 존귀하고 영광스러운 하나님의 종이라고 주장했다.[77] 다시 말해서, 창세기 6장에 나오는 "하나님(신들)의 아들들"이라는 문구를 신적인 천사들로 혼동해서는 안 된다는 것이다. 오히려 카수토는 그들이 천상의 신적 어전회의에서 온 악령들이라고 주장했다(참고. 삼상 16:14; 왕상 22:22).[78] 실제로 욥기 1:6에서 사탄은 *běnê hā'ĕlōhîm*(하나님[신들]의 아들들)의 무리에 속해 있었다.

초기 기독교 해석가들도 이 구절과 씨름했는데, 이들이 *běnê hā'ĕlōhîm*을 "하나님의 천사들"로 번역한 70인역의 영향을 받았다는 것은 의심할 여지가 없는 사실이다. 대부분의 초기 기독교 주석가들은 *běnê hā'ĕlōhîm*을 "타락한" 천사들로 이해했다. 알렉산드리아의 클레멘스와 많은 주석가

75_Abraham ben Meir Ibn Ezra, *Commentary on the Pentateuch: Bereshit* (trans. H. N. Strickman & A. M. Silver; New York: Menorah Publishing, 1988), 93.

76_www.chabad.org에서 가져옴.

77_Cassuto, *A Commentary of the Book of Genesis*, 1:290-94.

78_앞의 책, 294.

들도 이와 같은 해석을 따랐다.[79] 그러나 칼뱅은 신적인 존재들(무슨 범주에 속하고 어떤 유형이든 상관없이)이 인간들과 자식을 낳았다는 발상 자체를 터무니없는 생각이라고 반박하며 그러한 해석 일체를 거부했다.[80] 오히려 칼뱅은 "하나님의 아들들"을 거룩하게 입양된 아들들로서, 비록 종국에는 하나님을 떠나 여자에게 강한 욕망을 느꼈지만, 하나님과 관계가 있었던 이들을 가리킨다는 식의 해석을 더 선호했다. 하지만 이 해석 역시 영적으로 반역을 도모한 이들이 어떻게 용맹한 네피림의 아비가 될 수 있었는지를 충분히 밝히지 못한다는 문제가 있다.

칼뱅의 해석과 병행하여, 몇몇 초기 기독교 지도자들은 이 창세기 이야기가 경건했던 셋(Seth) 계열과 그렇지 못했던 가인(Cain) 계열 사이의 혼인과 관련이 있다고 추측하기도 했다. 이는 4세기의 시리아 사람인 에프렘(Ephrem)의 해석이었으며, 이 해석을 가장 열렬히 지지한 사람은 바로 아우구스티누스(Augustine)였다.[81] 놀랍게도 이러한 초기 기독교 및 유대교 주석가들의 다양한 의견은 현대 학자들의 논의에 그대로 반영되었다.[82]

좀 더 최근의 해석가들은 창세기 6장의 신화적인 면모를 어떻게 설명해야 하는지에 대해서 상당히 고심했다. 사르나가 인정한 것처럼, 신과 같은 존재들이 인간 여성들과 혼인하여 아들들을 낳았다는 이야기는 "언뜻 보기에" 고대 신화처럼 느껴진다. 그러나 창세기 6장은 "고도로 압축된 역사적인 이야기"가 오늘날까지 보존된 것으로서 당시 "다신론적 신화에

79_ Louth (ed.), *Genesis 1-11*, 123-24.

80_ John Calvin, *Commentary on Genesis* (Christian Classic Ethereal Library: www.ccel.org).

81_ Louth (ed.), *Genesis 1-11*, 123-24.

82_ 예를 들어, Delitzsch, *A New Commentary on Genesis*, 222. Hamilton은 그의 창세기 주석(*The Book of Genesis 1-17*, 265)에서 이 해석의 가능성을 고려한다.

대항하는 기능"을 담당했다고 보는 것이 더 적절하다.[83] 이와 같은 맥락에서 사르나는 다음과 같은 결론을 내린다.[84]

천상의 존재들과 땅의 여인들의 결혼을 묘사하는 듯한 이 대목은 분명 신화적이다. 하지만 유일신 사상의 경계선을 넘어서지는 않는다. 판결하시고 결정을 내리시는 이는 오직 하나님 한 분뿐이시다. 비정상적인 결혼을 통해 태어난 자손들은 영웅적인 신장과 용모를 가졌을 수는 있지만, 신과 같은 특성을 소유하진 않았다. 그들은 모든 인간처럼 피와 살을 지닌 존재들이었다.

카수토도 고대 근동의 "개념들"(concepts)과 신화들의 영향을 익히 잘 알고 있었다. 그래서 그는 토라(Torah)가 이스라엘 민족의 여러 계층에 깊숙이 파고 들어온 특정 사상들과 충돌을 일으켰다고 생각했다.[85] 또 웬함은 네피림 이야기가 포함된 본문은 구약성경의 그 어떤 부분보다도 신화와 비슷하지만, 지극히 짧은 분량으로 기록되어 있기 때문에(사르나의 주장과 마찬가지로) 매우 효과적으로 비신화화되었다고 주장한다.[86] 이 의견에 덧붙이고 싶은 말이 있다. 즉 토라는 신화에 대해 반감을 드러낸다는 점이다. 앞에서 살펴보았듯이, 창세기는 한편으로는 공공연하게 또 다른 한편으로는 매우 치밀한 방식으로 고대 근동의 신화들과 충돌을 빚고 있다. 셈어를 사용하던 세계에서 히브리 단어 šemeš와 yārēaḥ를 각각 해와 달의 신으로 생각했던 것을 고려한다면, 예측 가능한 이름 대신에 해

83_Nahum Sarna, *Genesis: The JPS Torah Commentary* (Philadelphia: Jewish Publication Society, 1989), 45.

84_ 앞의 책, 같은 부분.

85_Cassuto, *A Commentary of the Book of Genesis*, 1:7.

86_Wenham, *Genesis 1-15*, 138.

와 달을 "큰 광명체"와 "작은 광명체"로 일컫는 창세기 1:16은 충분히 그러한 반감(antipathy)의 예로 볼 수 있다. 그래서 클라우스 베스터만(Claus Westermann)은 창세기 2:15에서 하나님이 아담에게 에덴동산을 "경작하고 지키게 하신" 명령을 다루면서, 이 창세기 2:15이 "신들의 영역과 연결된 모든 신화적인 고리를 완전히 끊어버리는 결과를 가져온다"고 해석했다.[87]

그렇다면 (고대 근동의 다신적인 가정들을 받아들이는) 신화에 반대하는 (anti-myth) 경향 덕분에, 우리 손에 놓인 고대의 기록("고대로부터"라는 구문 *mēʿôlām*이 의미하는 것과 같이)인 동시에 하나님의 말씀으로서 권위를 갖는 창세기 6장이, 시간이 흘러가면서 신화화되었고 또 고대 근동 사람들의 과거에 대한 기억을 공유했던 부분이 이스라엘 청중들에 의해서 비신화화되었다(demythologized)고 볼 수 있을까? 결론적으로 나는 우리가 이 짧은 에피소드를 완전히 이해할 수 없을지라도, 이 본문은 초기 인간 역사 기간 동안에 있었던 일들에 대한 순전한 기억을 우리에게 다시금 떠올리게 한다고 주장하고 싶다. 그 이유는 하나님께서 창조세계를 심판하시기로 작정하신 결정타(final straw)가 바로 이 구절에 포함되어 있기 때문이다. "여호와께서 사람의 죄악이 세상에 가득함과 그의 마음으로 생각하는 모든 계획이 항상 악할 뿐임을 보시고", "내가 창조한 사람을 내가 지면에서 쓸어버리되"(창 6:5, 7). 재판관이신 하나님께서 당신이 스스로 창조하신 창조세계를 파괴하겠다는 판결을 내리셨고, 또 두 번째 아담과 하와인 노아와 그의 아내(그리고 그의 가족)를 통해 창조 사역을 새롭게 다시 시작하실 것을 확정하셨다.[88] 하나님이 지면에서 인간을 쓸어버리기로 작

87_ Westermann, *Genesis 1-11*, 222.

88_ 아담과 하와 그리고 노아와 그의 아내 사이의 문학적인 연결 사항들에 관해서는 Rendsburg의 *The Redaction of Genesis*, 9-13을 보라.

정하신 것은 상상력을 동원해 꾸며낸 어떤 이야기의 결말이 결코 아니다!

홍수 이야기와 전승

메소포타미아 전승

너무나 잘 알려진 성경 이야기(노아 홍수 이야기)를 소재로 2014년에 제작된 〈노아〉라는 영화는 러셀 크로우(Russell Crowe)가 주연을 맡고 대런 아로노프스키(Darren Aronofsky) 감독이 메가폰을 잡은 작품이다. 이 영화의 제작과 상영은 자연스럽게 창세기의 역사성에 대한 대중들의 관심을 고조시켰다. 19세기 후반 이후로 구약성경 신학자들은 노아 홍수 이야기와 메소포타미아의 홍수 전승들이 서로 비슷한 부분을 상당히 많이 공유한다는 사실에 대해서 어떤 식으로든 설명을 해야만 했는데, 이러한 상황은 창세기에 나오는 홍수 이야기에 관한 연구를 더욱 흥미로운 분야로 자리매김하도록 하기에 충분했다.

고대의 홍수 이야기는 명성이 자자했던 니느웨의 아슈르바니팔(기원전 668-631) 도서관에서 1872년에 처음 발견되었다. 그 홍수 이야기는 고대 메소포타미아 사람들이 가장 즐겨 부른 문학작품인 길가메시 서사시 안에 들어 있다. 70개가 넘는 본문이 아직까지 보존되어 있는데 그중에 몇 개의 사본은 히타이트의 옛 수도 하투샤(Ḫattuša, 터키 중부)에서 발견되었고, 히타이트어와 후르리어(시리아 북쪽 미탄니 왕국에서 쓰이던 언어)로 번역되기도 했다. 아카드어 사본들도 발견되었는데, 에마르(Emar, 오늘날의 시리아), 우가리트, 가나안의 므깃도에서 발굴된 토판들에 남아 있던 것으로서 모두 기원전 14세기에 기록된 것으로 추정된다.[89] 이 홍수 서사시는 바빌로니아어나 아카드어가 국제 언어로 통용되던 기원전 제2천년기에 서기

89_ George, *The Epic of Gilgamesh*, xxvi-xxvii 그리고 132-140.

관들을 훈련하는 교육 내용 중 하나였다. 따라서 서기관들은 틀림없이 이 서사시를 읽고 연구했을 것이다.

고대 근동의 왕들이 활동하던 시대와 상응하게, 이집트에는 상형문자(hieroglyphics)와 신관문자(hieratic, 상형문자의 축약형)로 기록된 문헌과 문학작품을 생산해낸 자랑할 만한 오래된 전통이 있었다. 특히 이들이 쐐기문자(cuneiform)를 기록하던 토판 위에 그 문헌들을 기록했다는 사실이, 중기 이집트의 파라오 아크나톤(Akhenaten)이 통치하던 수도 텔 엘-아마르나(Tell el-Amarna)에서 약 400여 개에 달하는 토판과 파편이 발굴되면서 입증되었다.[90] 이 자료들 대부분은 고대 근동에 위치한 국가들이 이집트에 보낸 외교 성명서(diplomatic communiqués)였다. 게다가 아마르나 문서 보관소에서도 아다파 신화(Adapa Myth)나 네르갈과 에레쉬키갈(Nergal and Erishkigal) 신화를 포함한 많은 문학적인 문헌을 기록해내고 또 양산해냈다. 비교적 덜 알려진 문학작품들마저도 문서로 기록되었다는 점을 고려한다면, 당시 이집트 사람들이 길가메시 서사시를 알지 못했다는 것은 상상하기 어려운 일이다. 즉 국제 교류와 관련한 업무를 담당했던 이집트의 서기관들은 아카드어로 기록된 문헌들까지 두루두루 깊이 연구했을 것이다.

이집트에서 발견된 메소포타미아의 문헌들(그리고 현존하지 않거나 아직까지 발견되지 않은 다른 문서 보관소에 남아 있는 문헌들)과 길가메시 서사시(혹은 그 일부)가 (후기 청동기 시대인 기원전 1450-1200년경 이집트가 다스리던) 므깃도에서 발견된 사실을 감안한다고 하더라도, 이집트 고유의 홍수 이야기가 현재 우리에게 전해지지 않았다는 대목은 눈여겨볼 필요가 있다. 이

90_ 아마르나 은닉처(Amarna cache)에 관한 일반적인 연구와 번역을 위해서는 William Moran의 *The Amarna Letters* (Baltimore: Johns Hopkins University, 1992)를 참고하라.

집트에 홍수 이야기가 없다는 사실은, 메소포타미아의 이야기와 신화나 전설 등에 관한 지식들을 접할 수 있었다고 해서 그것을 수용한 국가나 민족이 꼭 그 특정한 전승을 빌려오거나 각색 또는 변형했음을 의미하는 것은 아님을 잘 보여준다! 이 점은 고대 근동의 여러 문화권 안에서—특별히 이스라엘과 주변 국가들(가나안과 메소포타미아) 사이에—문학적인 차용과 수용이 빈번하게 발생했다고 주장하는 이들이 주의해야 할 대목이기도 하다.

이집트의 "하늘 소에 관한 책"(The Book of the Cow of Heaven)은 이집트에서 기록된 많은 전승 중에서도 신이 직접 주도해서 인류를 멸망시킨 이른바 "인류의 멸망"(Destruction of Mankind)을 다룬 전승에 가장 가까운 문헌이다.[91] 이 문헌은 늙은 태양신 라(Re)가 인류가 꾸민 반역적인 음모를 경험한다는 구성(plot)으로 전개된다. 태양신 라는 자신에 대한 반역을 시도한 대가로 인류를 향한 복수를 계획하는데, 사자처럼 용맹스러운 여신 세크메트(Sakhmet)를 불러 인류를 멸망시키라고 명령한다. 하지만 인류를 혹독하게 벌한 후에 마음을 돌이키고 그들 중 몇 사람을 파멸시키지 않은 채 남겨둔다. 통제력을 잃어버린 세크메트의 분노를 누그러뜨리기 위해서 약간의 속임수가 필요하긴 했지만, 인류는 그렇게 멸절당할 뻔했던 위기에서 벗어난다. 기원전 1327부터 1136년까지 이집트를 통치했던 왕들의 무덤에서 이 이야기의 사본들이 발견되었는데,[92] 이 이야기에는 홍수에 관한 기록이나 의로운 인간 영웅, 방주에 대한 언급은 없으며, 재앙이 다 끝난 후 감사제를 드렸다는 설명도 나오지 않는다.

이집트에는 홍수 이야기나 "방주" 전승이 존재하지 않는다. 그럼에도

91_ Miriam Lichtheim, "The Destruction of Mankind," *COS* 1:36.

92_ 앞의 책, 36.

불구하고 히브리의 홍수 이야기는 그토록 중요한 "방주"라는 이집트식 단어를 선택해서 창세기 6-9장에 사용했을 가능성이 매우 높다. 어떤 학자들은 노아 이야기에 무려 23번이나 사용된 이 히브리어 단어 tēbāh는 tbt를 어근으로 하는 이집트 단어에서 차용된 것으로서, 궤,[93] 상자, 또는 석관(직사각형 모양의 상자)을 뜻한다고 주장한다. 이 tēbāh는 구약성경에서 (이집트를 배경으로) 어린 모세가 들어 있던 갈대 상자(tēbāh)가 나일강에 버려진 이야기(출 2:3, 5)에 한 차례 더 사용된다. 이 두 이야기는 모두 한 명의 영웅적인 인물을 통해 많은 사람이 구원을 얻게 된다는 점에서 서로 상징적인 연결성이 있는 것 같다.[94]

우리가 이 토론을 진행할 때 책 한 권이 출간되었는데,[95] 그 책에서 대영박물관의 아시리아학자 어빙 핀켈(Irving Finkel)은 창세기에 사용된 tēbāh의 기원을 설명하기 위해서 아카드 어원설(Akkadian etymology)을 제기한다. 핀켈은 tēbāh가 바빌로니아의 tubbû라는 단어와 어떤 연관성이 있다고 추측한다. 이 바빌로니아 단어는 기원전 500년에 만들어진 것으로 추정되는 토판에 단 두 번 사용되었는데, 그 의미상 배와 관련이 있는 것이 확실하지만 그 뜻은 분명하지 않다. 그런데 이 tubbû라는 단어는 아트라하시스(Atrahasis) 서사시에서 아카드어 eleppu("방주"를 뜻하는 단어)와

93_KBL 2:1678. Cassuto, *A Commentary of the Book of Genesis*, 59. *Tēbāh*와 관련하여 더 자세한 설명이 필요하면, 내 저서인 *Israel in Egypt* (New York: Oxford University Press, 1997), 138을 보라. 출애굽기에 사용된 *tēbāh*에 대해서는 Cornelius Houtman의 *Exodus: Historical Commentary on the Old Testament 1* (Kampen: Kok, 1993), 275를 보라. Chayim Cohen은 *tēbāh*에 해당하는 이집트식 단어에 "배"(boat)라는 뜻이 없기 때문에 이 두 단어 사이의 연관성에 대해 의문을 제기했다("Hebrew *tbh*: Proposed Etymologies," *JANES* 4 [1972], 37-51을 보라). 나는 창세기에 사용된 *tēbāh*라는 단어가 *ṣi*나 *'ŏnîyāh*의 용례처럼 단순히 배를 언급하고 있지 않다는 입장에는 동의하지만, 이 *tēbāh*라는 단어가 사용된 것은 모세 이야기와 상징적인 연관성이 있다고 본다.

94_Sarna, *Genesis*, 52.

95_Irving Finkel, *The Ark Before Noah* (New York/London: Doubleday, 2014), 147-48.

나란히 사용되었다.[96] 언뜻 보기에 이 두 단어는 하나의 짝을 이루는 것 같지만, 바빌로니아 단어는 *tet*로 시작하는 반면, 히브리 단어는 *taw*라는 자음으로 시작한다. 따라서 이 두 단어는 언어학적으로 서로 아무런 상관이 없다. 핀켈도 이 언어학적 문제점을 인정한다. 그럼에도 불구하고 핀켈은 해당 바빌로니아 단어가 "히브리어화되었다"(Hebraized)[97]는 가설을 전제로 여전히 자신의 이론을 펼치고 있다. 최근에 W. G. 램버트(Lambert)와 함께 아트라하시스 서사시(the Epic of Atrahasis)를 출판한 아시리아학자 알란 밀라드(Alan Millard)는 "의미가 불분명한 히브리 단어를 그 뜻을 더욱 알 수 없는 바빌로니아 단어로 설명하려 한다"[98]는 투로 핀켈의 주장을 비판했다.

현재로서는 히브리 단어 *tēbāh*의 기원에 대해서 명확히 알 수 있는 바가 거의 없다. 다만, 나는 더 설득력 있는 의견이 제기되기 전까지는 이 단어가 이집트에서 기원했다는 입장에 동의하는 것이 적절하다고 생각한다.

위에서 우리는 길가메시의 홍수 이야기가 메소포타미아를 제외한 타 지역에서도 발견되었다는 사실과 메소포타미아 문헌들이 이집트에 어떤 영향을 끼쳤는지를 살펴보았다. 이를 바탕으로 이제부터는 여타의 메소포타미아 홍수 전승들을 검토해보도록 하자. 먼저 홍수와 관련 있는 영웅 지우수드라(Ziusudra)가 등장하는 수메르식의 홍수 이야기가 있다.[99] 이 이야기는 기원전 제2천년기 중반에 기록되었지만, 메소포타미아에서 수메

96_W. G. Lambert, A. R. Millard, *Atra-Ḫasis: The Babylonian Story of the Flood* (Oxford: Oxford University Press, 1969), 178.

97_Finkel, *The Ark Before Noah*, 149.

98_*Evangelicals Now* (April, 2014), 14에 실린 A. R. Millard의 *The Ark Before Noah*에 대한 서평.

99_M. Civil, "The Sumerian Flood Story," Lambert and Millard, *Atra-Ḫasis*," 138-45.

르어가 주로 사용되었던 훨씬 더 이른 시기(대략 기원전 2000년 이전)에 기원된 것이 확실하다. 상당히 파편적이긴 하지만, 이 문헌에는 신들이 땅 위에 홍수를 내리기로 결정했다는 기록이 남아 있다. 그러나 그 이유는 설명되어 있지 않다. 아무튼 경건한 왕으로 등장하는 지우수드라는 머지 않아 닥칠 대홍수를 준비하라는 지시를 받는다(ll. 140-160).[100] 지우수드라가 배를 만드는 내용은 없지만, 폭풍우가 7일 밤낮 동안 지속된다는 이야기로 시작하며(ll. 201-205), 해가 떠오른 후 "지우수드라가 거대한 배의 입구를 만든다"(ll. 206)는 내용이 나온다. 마침내 영웅이며 의인인 지우수드라는 태양신에게 경배하고 영원한 생명을 하사받는다.

길가메시 서사시와 창세기에서 발견되는 유사한 부분들은 훨씬 더 놀랍다. 길가메시 서사시에 등장하는 영웅은 그의 친구이자 함께 모험을 즐기던 동료 엔키두(Enkidu)가 죽은 후 영생의 비밀을 찾고자 머나먼 여행길에 오른다.[101] 그는 여정 중에 노아와 비슷한 인물로 보이는[102] 우트나피쉬팀(Utnapishtim)을 찾아가 영생을 얻는 방법을 알게 된다. 우리는 이 대목에서 하늘신 아누(Anu)가 좌장인 천상회의에서 (그 이유에 대해선 알 수 없지만) 땅에 홍수를 내리기로 결정하는 장면과 맞닥뜨리게 된다. 그러나 다른 신들과 생각이 달랐던 신 에아(Ea)가 오두막의 벽을 통해 우트나피쉬팀에게 그 계획을 미리 누설한다(꿈속에서 분명하게).[103] "슈루팍 사람(Man of Shuruppak)이여! 우바루투투의 아들(Ubarututu)이여! 이 집을 허물고 배를 만들지어다. 모든 소유를 버리고 생명을 찾으라. 방주를 만들어 목숨

100_ Civil이 행을 가리키기 위해 사용한 숫자다.

101_ George, *The Epic of Gilgamesh*, 1-131.

102_ 길가메시 서사시의 홍수 부분에 대한 다른 번역을 위해서는 *COS* 1:458-60에 첨부된 Benjamin Foster의 "Gilgamesh"를 참고하라.

103_ 앞의 책, 460.

을 구하라."[104] 그러고 나서 신 에아는 7층(seven decks) 높이에 전체적으로 정육면체 모양의 방주를 만드는 방법을 그에게 알려준다. 우트나피쉬팀은 방주 안으로 물이 들어오는 것을 막기 위해서 구멍과 틈새를 모두 메꿔야 했다. 방주를 만드는 일을 끝낸 우트나피쉬팀은 사나운 폭풍우가 불어오기 전에 그의 가족들과 친족들뿐만 아니라 (방주를 제작한) 기술자들과 짐승들을 함께 배에 승선시킨다. 억수와 같이 퍼붓는 폭우는 신들마저 아연실색게 할 정도로 엄청났다! "신들이 개처럼 두려워 떨며 밖에 쪼그려 앉아 있었고, 이슈타르(Ishtar)마저도 아이를 낳는 여인처럼 비명을 질러댔다."[105] 7일 밤낮 동안 계속되던 폭풍우가 그치고 나서야 우트나피쉬팀이 탄 방주는 니무쉬(Nimush) 또는 니시르(Nisir, 티크리스강 동편 자그로스 산맥에 위치한 구티움 땅)에 닿는다.[106] 창세기에서 나오는 노아와 마찬가지로 (8:6-12), 우트나피쉬팀은 물이 충분히 빠졌는지 알아보기 위해 비둘기 한 마리를 풀어준다. 그러고 나서 또 제비 한 마리를 풀어주고, 마지막으로 까마귀를 날려 보낸다. 구약성경의 내용과 같이, 앞서 날려 보낸 두 종류의 새(비둘기와 제비)는 모두 돌아왔으나 세 번째로 날려 보냈던 새(까마귀)는 돌아오지 않는다. 이는 사람과 짐승이 다시 땅에 발을 디딜 수 있게 되었음을 의미했다. 방주에서 내린 우트나피쉬팀은 번제를 올려드렸고 (두 주 동안 음식을 먹지 못했던) 신들은 그 "향기로운 냄새를 맡고", "제사를 드리는 자 주위에 파리 떼처럼 몰려들었다."[107]

아시리아학자들은 시의 형태로 기록된 이 홍수 서사시를 줄곧 "신화"로 이해했다. 그러나 우리는 우트나피쉬팀이 수메르의 도시 슈루팍 출신

104_ 앞의 책, 458.
105_ 앞의 책, 459.
106_ 앞의 책, 460, 각주 5.
107_ 앞의 책, 460.

이며, 수메르 왕들의 이름이 적힌 목록이 말해주는 것처럼, 홍수가 있기 전에 슈루팍의 마지막 왕이었던 우바루투투의 아들과 동일인이라는 사실에 주목해야 한다.[108] 슈루팍은 바그다드 남쪽 파라(Fara) 지역으로 확인되었는데, 이곳에서 기원전 제4천년기 후반에 만들어진 것으로 추정되는 유물들이 발굴되었다.[109] 그리고 이미 앞에서 살펴본 것처럼, 몇몇 학자들은 길가메시 역시 기원전 2750년경에 우루크 지역을 다스린 역사적으로 실존했던 왕이라고 주장했다. 게다가 노아 홍수 이야기와 더불어 이 길가메시 서사시에는 신화적인 요소들이 포함되어 있고 전설적인 영웅들의 이야기를 다루고 있는 것이 사실이지만, 그 안에 묘사된 사건들은 티그리스-유프라테스 협곡(이곳의 바깥 북동쪽 인근 지역이 바로 방주가 닿은 곳이다)을 배경으로 한다.

다음으로 검토해보아야 할 메소포타미아 홍수 전승은 바빌로니아의 아트라하시스 서사시다. 가장 완성도 높은 아트라하시스 서사시의 아카드어 판을 출판한 밀라드(A. R. Millard)와 램버트(W. G. Lambert)는, 길가메시 서사시에 나오는 홍수 이야기는 본래 아트라하시스 서사시에서 기원했다고 주장한다.[110] 두 문헌에 등장하는 홍수와 배, 동물들 등에 관한 자세한 사항이 거의 다 일치하기 때문이다. 다만 아트라하시스가 홍수 이전의 역사(pre-history)에 대해서 언급한다는 점이 좀 특별하긴 하지만 말이다.[111] 어쨌든 이 서사시는, 운하를 파는 작업처럼 자신들이 감당해야할 일과 수고를 인간들에게 떠넘기고 싶어 하던 신들의 열망 때문에 인류

108_ Samuel Noah Kramer, *The Sumerians* (Chicago: University of Chicago, 1963), 328.

109_ Harriet Martin, "Fara," *OEANE* 2, 301-3.

110_ Lambert, Millard, *Atra-Ḫasis*, 11.

111_ Lambert, Millard, *Atra-Ḫasis*, 42-125와 Benjamin Foster, "*Atra-Ḫasis*," *COS* 1:450-53의 번역들.

를 창조하게 되었다는 이야기로 시작한다. 신들은 자신들의 요구사항을
더 상위의 신들에게 알린다.[112]

> 출산의 여신이 자녀를 창조하시기를 원합니다(?).
> 사람으로 하여금 신들의 노고를 지게 하시고…
> 사람으로 하여금 엔릴(Enlil)이 우리에게 맡긴 굴레를 지게 하옵소서.
> 사람으로 하여금 신들의 수고를 감당케 하시고…
> 그로 하여금 나에게 진흙을 주게 하시고 내가 사람을 만들도록 허락해주소서.

그러나 1200여 년이 채 지나기도 전에 사람의 수가 크게 증가했고 그 인
간 무리들은 더 많은 소동과 소란을 피웠다.[113]

> 신들은 [인간들의 소동] 때문에 괴로워했고
> 엔릴 역시 그들의 소란을 듣고
> 가장 위대한 신에게 [간청했다].
> "인류의 소란 때문에 [나의 고통이 극심하고],
> [그들의 소란으로 인해] 내가 도무지 잠을 이룰 수 없나이다."

급기야 신들은 이 시끄러운 인류를 제거하기 위해 땅에 홍수를 일으키기
로 결정한다. 길가메시 서사시의 홍수 이야기와 같이, 엔키(Enki)가 다른
신들을 배신하고 자기를 숭배하고 정기적으로 기도를 올리던 아트라하시

112_ Lambert, Millard, *Atra-Ḥasis*, 57.
113_ 앞의 책, 67.

스에게 그 계획을 미리 알려준다.[114]

이 서사시의 세 번째 토판(Tablet III)에는 배를 어떻게 만들어야 하는지에 관한 설명이 기록되어 있는데, 이는 길가메시 서사시에 기록된 부분과 매우 유사하다. 단지 아트라하시스 서사시에는 인류의 창조와, 그들이 어떻게 신들을 분노하게 만들었으며, 또 신들이 골칫거리를 제거하기 위해 어떻게 홍수를 계획했는지에 대한 기록이 추가적으로 포함되어 있다. 길가메시 서사시에 나오는 홍수 이야기가 아트라하시스의 홍수 이야기에서 소재를 빌려왔을 수도 있기 때문에, 홍수와 관련된 자세한 내용이나 결과가 비슷하다는 사실에 그리 놀랄 필요는 없다. 아무튼 이 두 개의 홍수 이야기에 묘사된 신들은 비슷한 방식으로 홍수가 일어나게 된 것을 기뻐하고 홍수 후에 드려진 제물을 맘껏 즐긴다. 길가메시 서사시의 홍수 이야기에 묘사되어 있는 것처럼, 아트라하시스 홍수 이야기에서도 신들이 "파리 떼처럼 제물 주위로 몰려든다."

새로운 "방주 토판"

어빙 핀켈(Irving Finkel)은 1985년에 어떤 사람이 개인적으로 소장하고 있던 쐐기문자로 기록된 토판을 연구하고 그것을 2014년에 책으로 펴냈다.[115] 그 개인 소장가가 2009년 한 해 동안 이 토판을 충분히 살펴볼 수 있도록 허락해준 덕분에 핀켈은 그것을 "방주 토판"이라고 부르고 해독 및 번역해낼 수 있었다. 핀켈에 의하면, 그 방주 토판은 기원전 1900년에서 1700년 사이에 아카드어로 기록된 것으로서 더 길고 오래된 어떤 전승을 필사한 것이다. 이 토판은 신(엔키?)이 아트라하시스에게 갈대

114_ 앞의 책, 67-69.

115_ Finkel, *The Ark Before Noah*, 106.

로 지은 집을 허물어버리고 빨리 방주를 만들라고 한 명령과 함께 시작한다.[116] 그 배를 타원형으로 만들어야 했다는 점에서 세부적인 사항이 다른 전승들과는 확연히 구별된다. 아트라하시스와 그 가족이 방주에 올라탄 후에 문이 닫히고 물이 들어오지 못하도록 구멍과 틈을 메꾸는 내용으로 이 이야기는 끝이 난다. 이 내용 앞과 뒤에 다른 어떤 이야기들이 존재했던 것은 확실하다. 그러나 그 이야기들은 아직까지 발견되지 않았다.

갈대로 만든 둥근 배(웨일즈의 코러클과 유사한)가 메소포타미아에서 아주 오래전부터 최근 얼마 전까지 사용되었다는 핀켈의 연구는 대단히 흥미롭다.[117] 그럼에도 불구하고 방주 토판에 기록된 이 새로운 문헌을 창세기에 나오는 노아 홍수 이야기 그리고 바빌로니아 홍수 이야기와 함께 다루려고 시도했던 핀켈의 연구는 설득력이 부족하다(다음 부분을 보라).

히브리(성경) 전승(창 6:9-17)

궁켈은 "이스라엘의 홍수 전승 자체는 매우 오래된 것"이지만 "현재 성경에는 전설에 가까운 형태로 기록되어 있기 때문에 그 역사가 비교적 짧다"고 주장했다.[118] 또 그는 홍수 전승의 바빌로니아 기원설을 주장했다(길가메시 서사시에 포함된 홍수 이야기는 궁켈이 쓴 책보다 약 30년 먼저 출판되었다). 이처럼 대체로 19세기 후반과 20세기 초반에 활약한 구약성경 학자들은 이스라엘이 고대 근동에서 홍수 이야기를 빌려왔다고 생각했다. 그래서 드라이버는 "성경에 기록된 홍수 내러티브가 바빌로니아 홍수 이야기에서 비롯되었다는 것은 의심할 여지가 없다"고 확신했다.[119] 결론적

116_ 이 문헌 전체의 번역을 위해서는 앞의 책, 107-10을 보라.

117_ 앞의 책, 119-55.

118_Gunkel, *Genesis*, 67.

119_Driver, *The Book of Genesis*, 103.

으로 드라이버와 몇몇 자료비평 학자들은 히브리 (홍수) 내러티브를 야웨 문서(J)와 제사장문서(P) 두 가지의 문학적인 전승(literary traditions)을 함께 섞어 만들어낸 창의적이면서도 복합적인 내러티브(composite narrative)로 간주했다.[120]

핀켈은 최근 다양한 홍수 전승을 연구하면서 19세기 문서설과 관련한 이론을 동원하여 히브리 홍수 이야기에서 발견할 수 있는 모순들을 지적했다. 또 핀켈은 문서설을 "성경학계에서 오랫동안 아무런 논란 없이 자리를 잡은 분야"[121]로 설명하기도 했다. 그러나 유감스럽게도 핀켈은 지난 30여 년 동안 오경에 관한 연구가 어떤 양상으로 발전해왔는지 제대로 인식하지 못하고 있는 듯하다. 구약성경을 문서설로 다루는 방법론과 그 연구 결과에 대해 약 24년 전부터 지속한 로버트 알터의 정확하고 면밀한 비판은 오히려 기존의 문서설을 향한 학자들의 의존과 신뢰를 불식시킬 정도로 많은 논쟁을 일으켜왔다. 알터는 이 문제에 대해 다음과 같이 평한다.[122]

사실 문서설의 세세한 사항들은 끊임없이 그리고 자주 격렬한 논쟁의 대상이 되어왔다.…[문서설을 지지하는 학자들은] 하나의 자료 또는 문서 사이에 정확한 경계를 포착하기 위해 엄청난 노력을 퍼부었으나…대체 무엇이 얼마나 유효한지 알 수 없지만, 문서설 자체의 효용성을 체감하는 것과 관련하여

120_ 이러한 주장을 지지하는 최근 학자들의 입장에 대해서는 John Van Seters, *Prologue to History: The Yahwist as Historian in Genesis* (Louisville: Westminster/John Knox Press, 1992), 160-65; Richard Elliott Friedman, *Who Wrote the Bible?* (New York: HarperCollins, 1997), 53-60; Westermann, *Genesis 1-11*, 412-13을 보라.

121_ Finkel, *The Ark Before Noah*, 194.

122_ Robert Alter, *Genesis: Translation and Commentary* (New York: W.W. Norton & Co., 1996), xi.

한계에 도달한 것은 전혀 이상한 일이 아니다. 많은 젊은 학자들은 문서비평에 대해 지친 기색을 보이면서 성경에 대한 문학적·인류학적·사회학적인 여타의 방법론을 모색하고 있다.

핀켈은 더 나아가, 히브리 성경을 구성하는 세 영역(Hebrew tradents)이 서로 다른 홍수 전승의 영향을 받았기 때문에 창세기에 기록된 야웨문서 홍수 내러티브와 제사장문서 홍수 내러티브 사이에 다른 부분들이 존재하게 되었다는 가설을 내세웠다.[123] 이와 같은 가설을 발판 삼아 히브리 전승을 설명하려 한 핀켈의 시도는 실로 기발하다. 그러나 그의 가설과 주장은 설득력이 부족하다.

자, 이제부터는 성경(창세기)에 홍수 내러티브가 어떻게 기록되어 있는지를 살펴보도록 하자. 이 홍수 이야기 전체는 창세기의 세 번째 톨레도트 문단에 포함된다(6:9-9:28). 나는 이미 앞에서 톨레도트 구문을 하나의 장르로 다룬 바 있다. 이 점은 내 논지를 계속 펴나가는 일과 관련하여 너무나 중요하다. 내가 이 문단(6:9-9:28)의 핵심 문제를 파악하는 데 도움이 되는 (6:9의 톨레도트 구문을) "이것은 노아의 역사다"(카수토)[124] 또는 "이것은 노아 가문의 역사다"(웬함)[125]라고 번역하는 것에 동의하는 이유도 바로 이 때문이다.

(창세기에 기록된) 홍수 이야기를 문학적인 구성이라고 생각하는 전통적인 입장이 이미 있긴 하지만, 최근의 연구들은 이 내러티브를 일관

123_ Finkel, *The Ark Before Noah*, 222-23.

124_ Cassuto, *A Commentary of the Book of Genesis*, 2:47.

125_ Wenham, *Genesis 1-15*, 169. Wenham의 구조적 분석에 대한 비평은 J. A. Emerton, "An Examination of Some Attempts to Defend the Unity of the Flood Narrative in Genesis," *VT* 37 no. 4, part 1 (1988): 401-20, 그리고 "An Examination of Some Attempts to Defend the Unity of the Flood Narrative in Genesis," *VT* 38 no. 1, part 2 (1987): 1-21을 보라.

성과 통일성을 두루 갖춘 이야기로 높이 평가한다. 특히 후대 학자들에게 많은 영향을 준 웬함은 이 내러티브가 교차 대구적(paliostrophically or chiastically)으로 배열되어 있음을 증명해 보였다. 즉 동사의 형태에 따라 각 단락이 배열되어 있으며 그 전환점(turning point) 또는 정점(apex)을 향하여("하나님이…노아를 기억하사", 창 8:1) 내러티브가 진행되는데, 전반부(6:10-7:24)의 특정 위치에서 중요한 기능을 담당하는 핵심 단어들과 숫자들이 이 부분과 상응하는 후반부(8:2-19)에서도 동일한 위치에서 똑같은 기능을 담당하며 결론에 도달한다.[126]

A. 노아(6:10a)

  B. 셈, 함, 야벳(10b)

    C. 방주를 건립(14-16)

      D. 홍수 선언(17)

        E. 노아와 언약(18-20)

          F. 방주 안의 양식(21)

            G. 방주에 승선하라는 명령(7:1-3)

              H. 홍수를 7일간 기다림(4-5)

                I. 홍수를 7일간 기다림(7-10)

                  J. 방주에 들어감(11-15)

                    K. 야웨가 노아를 방주에 집어넣음(16)

                      L. 40일간 홍수(17a)

                        M. 물이 불어남(17b-18)

126_Gordon Wenham, "The Coherence of the Flood Narrative," *VT* 28 (1978): 336-48; Wenham, *Genesis 1-15*, 155-208.

N. 산들이 물에 덮임(19-20)

   O. 150일 동안 물이 있음(21-24)

     P. 하나님이 노아를 기억하심(8:1)

   O′. 150일 동안 물이 줄어듦(3)

  N′. 산꼭대기가 보이기 시작함(4-5)

 M′. 물이 줄어듦(5)

L′. 40일간 마침(6a)

 K′. 노아가 방주 창문을 열다(6b)

  J′. 까마귀와 비둘기가 방주를 떠남(7-9)

   I′. 물이 줄어들기까지 7일간 기다림(10-11)

    H′. 물이 줄어들기까지 7일간 기다림(12-13)

   G′. 방주에서 하선하라는 명령(15-16[22])

  F′. 방주 바깥에서의 양식(9:1-4)

 E′. 모든 육체와 언약을 맺다(8-10)

D′. 미래에는 홍수가 없다(11-17)

 C′. 방주(18a)

B′. 셈, 함, 야벳(18b)

A′. 노아(19)

창세기 독자들은 웬함이 제시한 이 구조 분석을 통해 숫자 7, 40, 150이 다른 주요 핵심 단어들과 함께 얼마나 예술적으로 배열되어 있는지를 금방 알아차릴 수 있을 것이다. 이처럼 이 내러티브가 "믿기 어려울 정도로 일관성 있는 통합체"[127]라는 말에 걸맞게 아주 잘 짜여 있기 때문에 두 개

127_Wenham, "The Coherence of the Flood Narrative," 348.

의 문서에 의해 조합되었다는 문서비평 학자들이 주장하는 가설이 그럴 듯하게 보일 수 있을는지는 몰라도, 웬함은 이 홍수 내러티브 배후에 오직 한 가지 자료밖에 존재하지 않는다고 주장한다. 문서비평 학자들이 자신들의 주장을 지지하기 위해 사용하는 또 하나의 근거는 소위 J와 P 두 문서와 메소포타미아 홍수 내러티브들을 함께 배열했을 때에 이 내러티브들 사이에 주제상의 유사점을 가장 잘 포착할 수 있다는 점이다. 그러나 문서비평 학자들이 내세우는 이 증거에 대하여 웬함은 "고대 이스라엘에 퍼져 있던 서로 다른 J와 P 홍수 이야기들을 하나로 조합해야만 오늘 우리에게 전승된 창세기의 홍수 이야기와, 여타의 추측 가능한 자료보다도 길가메시 홍수 이야기 사이에 더 많은 유사점을 찾을 수 있다는 식의 논리는 너무나 비합리적이다"라고 지적한다.[128]

메소포타미아 홍수 전승들을 구성하는 일련의 사건들은 창세기 1-11 장에서도 (약간의 유사성이 있긴 하지만) 발견된다. 케네스 키친(Kenneth Kitchen)은 40여 년 전에 이 전승들 사이에서 서로 상응하는 모티프들을 발견했는데 그 주요 사항은 다음과 같다.[129]

아트라하시스	창세기 1-11장
(창조 그리고) 인간	인간을 포함한 창조
내러티브: 소외(alienation)	내러티브: 소외, 족보
홍수, 새로운 시작, 인류	홍수, 새로운 시작, 인류, 족보

아이작 키키와다(Issac Kikiwada)와 아서 퀸(Arthur Quinn)은 웬함의 교차

128_ 앞의 글, 347.

129_ Kenneth Kitchen, *The Bible in Its World* (Exeter: Paternoster Press, 1977), 31-34. *The Reliability of the Old Testament* (Grand Rapids: Eerdmans, 2003), 422-28에 개정 증보되었다.

대구적인 분석을 수용하되 그것을 더욱 발전시킴으로써 창세기 1-11장의 구조적 통일성을 주장했다(이것은 앞에서 언급한 렌즈버그의 논문을 예견케 한 것이기도 하다).[130] 키키와다와 퀸은 창세기 1-11장의 구조가, 키친이 앞서 발견했던 것처럼 아트라하시스 홍수 이야기의 구성 순서(plot sequence)의 패턴을 투영한 것이라고 생각했다.[131] 아래 도표는 이 두 학자가 제안한 대로 아트라하시스 홍수 이야기와 창세기 1-11장을 비교 분석한 것이다.[132]

아트라하시스	창세기 1-11장
A. 창조	A. 창조(창 1:1-2:3)
신들의 창조 행위에 대한 간략한 요약 인간 창조	하나님의 행적에 대한 간략한 요약 인간 창조
B. 첫 번째 위험	B. 첫 번째 위험(창 2:4-3:24)
인류의 수적인 증가 재앙, 엔키(Enki)의 도움	하늘과 땅의 내력, 아담과 하와
C. 두 번째 위험	C. 두 번째 위험(창 4:1-26)
인류의 수적인 증가 가뭄, 수적인 증가 가뭄이 더욱 심화됨 엔키의 도움	가인과 아벨 가인과 아벨의 계보 라멕의 비아냥(계보 내에서)
D. 최종 위험	D. 최종 위험(창 5:2-9:29)
수적인 증가 아트라하시스의 홍수 배를 타고 구원 얻음	계보 노아의 홍수 방주를 타고 구원 얻음
E. 해결	E. 해결
수적인 증가 절충 엔릴(Enlil)과 엔키, "출생 제한"(birth control)	계보 바벨탑과 가계 흩어버림 아브람이 우르를 떠남

130_Isaac Kikiwada, Arthur Quinn의 *Before Abraham Was: A Provocative Challenge to the Documentary Hypothesis* (Nashville: Abingdon, 1985), 45-52와 54-138을 보라.

131_ 이 저자들은 Kitchen과는 독립적으로 유사한 결론에 도달했음을 시사하면서 1977년에 시행된 Kitchen의 연구를 언급하지 않는다.

132_Kikiwada, Quinn, *Before Abraham Was*, 47-48.

이 두 전승이 구성 방식과 사건의 배열 순서가 서로 비슷한 것은 어떤 이들(가장 최근에는 핀켈)이 주장한 것처럼 노아 홍수 이야기가 아트라하시스 홍수 이야기를 그대로 빌려왔기 때문이 아니라, 두 이야기 모두 하나의 동일한 사건에 대한 기억을 반영했기 때문이다. 또 나는 창세기 본문이 당시에 팽배하던 메소포타미아 세계관에 대항하기 위해 아주 효과적인 방식으로 기록되었다고 생각한다. 키키와다와 퀸 역시 "창세기 1-11장이 메소포타미아의 아트라하시스 전승들과 대립되는 세계관을 제시하기 위해 쓰였다"고 제안한 바 있다.[133]

물론 노아의 이야기에는 에덴동산 내러티브와 달리 지리와 관련한 자세한 정보들이 나오지 않는다. 그러나 노아가 살았던 "에덴동산 동쪽"(창 3:24; 4:16), 즉 그 기본적인 공간 배경 안에 어떤 변화가 있었던 것은 아닌 것 같다. 노아의 방주는 "아라랏산에" 닻을 내렸다. 히브리 성경이 지칭하는 아라랏은 바로 우라르투(Urartu)인데, 기원전 13세기 아시리아 문헌에서 발견되는 지명 중 하나다.[134] 우라르투는 고대 아시리아 북쪽의 카프카스 산맥까지 이어지는 산악 지대다. 그러니까 노아의 방주는 위치를 확인할 수 있는 메소포타미아 북쪽 어딘가에 닻을 내렸다는 이야기가 된다. 게다가 창세기 10장에는 이른바 "열방들의 명단"(Table of Nations)이 기록되어 있는데, 이 열방들의 명단에는 노아의 자손들에 대한 족보("노아의 아들 셈과 함과 야벳의 족보는 이러하니라", 창 10:1)뿐만 아니라 그들이 정착한 장소 그리고 그들이 세운 도시들까지 소개된다. 노아의 자손들이 정착한 장소는 고대 근동과 레반트(Levant), 아나톨리아(Anatolia), 북아프리카까지

133_ 앞의 책, 52.

134_ Paul Zimasnky, "Urartu," *OEANE* 5, 291-94.

널리 분포되어 있었지만,[135] 시날(Shinar) 땅(10:10)에 위치한 바벨, 에렉(우루크), 갈레(Calneh)[136] 등의 지명은 후기 홍수 전승에서 티그리스-유프라테스 협곡을 그 사건이 발생한 중요 장소로 지정하고 있다.

홍수 이야기들에 대한 결론적인 생각

우리는 성경 저자들이 메소포타미아의 홍수 전승들을 읽거나 들으면서 박장대소하는 장면을 머릿속에 떠올리게 된다. 이스라엘 사람들이 믿는 하나님은 졸지도 주무시지도 않는데(시 121:4), 고대 근동의 홍수 전승에 나오는 바빌로니아 신들은 인간들이 떠드는 소리 때문에 잠을 잘 수 없어서 고통스러워한다고 하니까 한 말이다. 그 신들끼리 모여 논쟁과 다툼을 벌이는 장면은 히브리 성경 저자들과 청중들에게 틀림없이 큰 충격으로 다가왔을 것이다. 게다가 그 바빌로니아 신들은 자기들이 이 세상에 내리기로 작정했던 그 홍수 때문에 되레 겁을 집어먹는다. 이 신들은 정말이지 너무나 무능력하고 어리석어 보인다. 바빌로니아 신들을 히브리 민족의 야웨 하나님과 한번 비교해보라. 그 하나님은 창조세계를 직접 다스리시고, 계획하신 대로 이 땅에 홍수가 임하게 하시며, 강한 바람을 (또는 그의 영, *rûaḥ*) 불게 하셔서 물이 줄어들고 땅이 마르게 하시는 분이다(창 8:1). 메소포타미아의 홍수 이야기 속에 등장하는 영웅적인 인물들처럼, 노아도 방주를 [아라랏산에] 정박시키고 나서 하나님께 번제를 올려드렸고

135_ J. Simons, "The 'Table of Nations': Its General Structural Meaning," *Oudtestamentische Studiën* 10 (1954): 155-84, Hess & Tsumura, *I Studied Inscriptions from Before the Flood*, 234-53에 다시 게재되었다; D. J. Wiseman, "Genesis 10: Some Archeological Considerations," *Faith and Thought* 87 (1955): 14-24, Hess & Tsumura, *I Studied Inscriptions from Before the Flood*, 254-69에 다시 실렸다.

136_ 이 이름은 지명이 아니라, (시날 땅에 있는) 그들 모두로 읽혀야 한다. Sarna, *Genesis*, 74와 Speiser, *Genesis*, 67도 이러한 해석을 지지한다.

"여호와께서는 그 향기를 받으셨다"(8:21). 하지만 노아의 홍수 이야기는 하나님이 인간처럼 배고파하거나 목말라한다든지, 배가 너무나 고픈 나머지 파리 떼처럼 제물 근처에 윙윙거리며 몰려든 바빌로니아 신들처럼 하나님을 우스꽝스럽게 묘사하지 않는다!

히브리와 메소포타미아 전승들이 하나님과 바빌로니아 신들을 이처럼 다르게 묘사하고 있다는 것보다 더 충격적인 사실은 아마 없을 것이다. 추측건대 창세기의 저자는 바빌로니아 홍수 전승들을 잘 알고 있었을 것이다. 창세기 역시 온 세상을 뒤덮을 만한 홍수가 일어났고 방주와 생존자가 있었다고 동일하게 말한다. 그러나 창세기의 신학적인 관점은 메소포타미아의 홍수 전승들과 완전히 다르며, 바빌로니아의 세계관을 반박하려는 목적을 의도적으로 드러낸다.

기원전 6세기 바빌로니아 포로기 시절에 성경 저자(들)가 바빌로니아 홍수 이야기를 차용하여 적절하게 수정했다는 식의 이해를 바탕으로 큰 인기를 끌고 있는 가설(최근 핀켈에 의해 새롭게 제기된 바 있다)[137]은 앞뒤가 맞지 않는다. 혹자는 바빌로니아에서 다음과 같이 탄식했던 유대인 시편 저자의 말을 쉽게 떠올릴 수 있을 것이다. "우리가 바벨론의 여러 강변 거기에 앉아서 시온을 기억하며 울었도다", "우리가 이방 땅에서 어찌 여호와의 노래를 부를까?"(시 137:1, 4) 이 시편을 고려한다면, 바빌로니아에서 시온을 갈망하고 이방 땅에 머무르게 된 것을 수치스럽게 느꼈던 유대인 제사장들과 예언자들이 바빌로니아에서 접한 이교도 신화를 그처럼 순식간에 받아들이고 또 토라에 포함시켰다는 말은 도무지 납득이 되지 않는다!

또 다른 예를 생각해보자. 기원전 605년에 바빌로니아로 끌려간(단

137_Finkel, *The Ark Before Noah*, 224-60.

1:1-6) 다니엘과 그의 동료들은 "갈대아 사람의 학문과 언어"(4절)를 배웠으며 틀림없이 위에서 살펴본 여러 가지 메소포타미아 홍수 이야기들을 접했을 것이다. 그러나 다니엘은 "왕의 음식과 그가 마시는 포도주로 자기를 더럽히지 아니하리라 하고"(8절) 결심한 인물이었다. 그리고 3:18에서 확인할 수 있는 것처럼, 이 히브리 청년들은 다음과 같이 선포하며 느부갓네살 왕의 금 신상에 절하는 것을 단호히 거절했다. "왕이여, 우리가 왕의 신들을 섬기지도 아니하고 왕이 세우신 금 신상에게 절하지도 아니할 줄을 아옵소서!" 그러면 우리는 다니엘, 하나냐, 미사엘, 아사랴(그리고 그들과 같은 처지에 있던 다른 이스라엘 백성들까지)가 율법에 어긋나는 음식을 거절하고 바빌로니아 신들을 숭배하기 거부하면서, "바빌로니아의 문헌들"을 읽고 또 그 이교도 문헌들을 자신들의 이야기(토라를 뜻함) 안에 포함시켰다고 믿어야 한단 말인가?

지금 우리가 검토하고 있는 노아 홍수 내러티브는 아마도 바빌로니아 포로기 동안 바빌로니아와 히브리 문학 전승들 사이에 그 차이점을 강조하는 방향으로 수정 변경되었을 가능성은 있다. 하지만 유대인들이 자신들의 역사와 전승을 기록하고 정경화할 당시 이 홍수 이야기를 차용했다는 말은 단순히 이교도의 신화를 빌려왔다는 의미가 결코 아니다.

마지막으로, 이스라엘 백성들이 바빌로니아 포로기 시절에 다신교적인 전통에 맞서서 유대인 공동체 내에 유일신 신앙을 고수했다는 것은 벨하우젠이 활약하던 시대(19세기 말)부터 오늘날까지 대부분의 성경신학자들이 동의해온 견해다.[138] 즉 이스라엘의 유일신 신앙은 하나의 축을 형성하는 시대(Axial Age theory)라고 알려진 기원전 6세기와 5세기 사이에 그

138_Julius Wellhausen, *Israelitische und Jüdische Geschichte* (9th ed.; Berlin: de Gruyter, 1958), 29-30. Stephen Cook, *The Social Root of Biblical Yahwism* (Atlanta: Society of Biblical Literature, 2004), 4.

시대의 보편 정신과 조화를 이루며 발전했던 것이다.[139] 핀켈이 주장한 것처럼,[140] 바빌로니아 포로기 당시 유일신 신앙을 향한 이러한 움직임이 있었다면, 다신교적인 특성으로 가득한 바빌로니아 신화 같은 문헌들을 취해서 히브리 민족의 유일신 신앙을 담고 있는 기록물에 포함시킨다는 것은 그냥 생각해도 말이 안 되는(counterintuitive) 소리다!

아브라함과 그의 조상들이 메소포타미아 출신이라는 점을 생각해 본다면(창 10장; 11:10-32), 우리는 홍수에 관한 이야기가 이스라엘 백성들과 바빌로니아 사람들이 함께 공유했던 어떤 기억의 한 부분이라는 것에 대해서 그토록 놀랄 필요는 없을 것이다.

바벨탑 이야기(창 11:1-9)

창세기 10장에 나오는 열방들의 명단에 포함된 노아의 자손들인 셈, 함, 야벳의 아들들은 창세기 10장에서 세 번이나 사용된 "이들은 X의 자손이라. 각기 족속과 언어와 지방과 나라대로였더라"(창 10:4, 20, 31)라는 구문과 함께 소개된다. 이 구문은 과연 언제부터 인류가 다른 언어를 사용하기 시작했는가에 대한 호기심 어린 질문으로 이어진다. 이 질문에 대한 해답을 제공하는 바벨탑 내러티브가 바로 창세기 10장 뒤에 소개된다(창 11장은 10:1과 함께 시작되는 네 번째 톨레도트 단락 안에 놓여 있다).

어떤 관습이나 제도의 기원을 설명해주는 이야기를 흔히 원인론(etiologies)이라고 일컫는다. 그런데 원인론이 꼭 허구적으로 지어낸 이야기라고 생각할 필요는 없다. 밀라드는 역사적인 사건을 바탕으로 한 원인

139_ Karl Woschitz, "Axial Age," *Religion Past and Present*, Vol. 1 (ed. H.D. Betz, et al.; Leiden: Brill, 2007), 531; Jan Assmann, *Of God and Gods: Egypt, Israel, and the Rise of Monotheism* (Madison: University of Wisconsin, 2008), 76-78.

140_ Finkel, *The Ark Before Noah*, 239-46.

론적 이야기들과 역사적인 실재와 상관없는 원인론적 이야기들을 함께 비교하여, 원인론은 "서술적"(descriptive)이면서, 역사적일 수도 그렇지 않을 수도 있다는 결론을 내렸다.[141] 창세기 11장을 인류가 어떻게 각기 다른 언어들을 사용하게 되었는지를 설명해주는 원인론적인 이야기로 이해한다는 말은, 이 (바벨탑 사건에 관한) 이야기가 인간의 상상력에 의해 만들어졌다는 뜻이 아니다. 원인론은 이 이야기의 문학적 형태보다는 그 이야기가 어떤 기능을 갖는지에 대해 더 많은 것들을 설명해준다.

카수토가 이 바벨탑 이야기를 본래 원인론적인 형태로 기원했으나 토라(모세 오경) 안에서 신학적으로 사용되었다고 생각한 것과 달리,[142] 궁켈은 이 이야기를 다양한 언어의 기원을 설명해주는 전설(legend)로 보았으며,[143] 조지 코우츠(George Coats)는 이 바벨탑 내러티브를 "짧은 내러티브"(short narrative) 형태의 "[소설 같은/동화 같은] 이야기"(tale)로 간주했다.[144]

이 이야기 역시 바빌로니아를 배경으로 삼고 있다는 사실은 그리 놀랄 일이 아니다. 이 이야기에서 탑을 쌓아 올린 이들은 메소포타미아 중앙 지역, 특별히 시날(Shinar) 땅으로 이주해온 사람들이었다. 만약에 이 내러티브가 창세기 9장의 노아 홍수 이야기와 연결되어 있다면, 창세기 11:2에 기록되어 있고 사르나(Sarna)도 제안한 바 있듯이,[145] 이 사람들은

141_A. R. Millard, "Story, History and Theology," *Faith, Tradition and History: Old Testament Historiography in Its Near Eastern Context* (eds. A. R. Millard, J. K. Hoffmeier & D. W. Baker; Winona Lake: Eisenbrauns, 1994), 40-42.

142_Cassuto, *Genesis*, 2:225.

143_Gunkel, *Genesis*, 99.

144_Coats, *Genesis*, 94-95. 소설 같은/동화 같은 이야기(tale)가 정확히 무엇을 뜻하는지에 대해서는 이 책의 7-8을 보라.

145_Sarna, *Genesis*, 81.

아라랏(우라르투) 지역에서 시날 땅으로 이주해왔을 가능성이 높다. 이 시나리오가 맞다면, 사람들은 홍수가 있기 전에 고향 땅으로 돌아온 셈이다. 왜 이들이 흩어지는 것을 그토록 무서워했는지에 대해서는 본문에 이렇다 할 설명이 분명하게 제시되어 있지 않다. 또 탑을 쌓는 것이 어떻게 그들을 흩어지지 않게 해주는지에 대해서도 알 수 있는 것이 전혀 없다. 다만 그렇게 흩어지는 것을 염려하게 만들었던 홍수 사건에 관한 이 사람들의 기억은 그들이 살던 시대로부터 그리 먼 과거에 있었던 일은 아닌 것 같다.

한편, 시날의 지명에 관한 어원 연구(etymology)는 여전히 풀기 어려운 문제다. 꽤 일찍부터 학자들은 이 지명과 수메르어와의 연결성에 대해 연구해왔다.[146] 한스 귀터복(Hans Güterbock)은 히브리 단어 *šin'ār*가 해당 수메르 단어를 기록하는 후르리(시리아어)식 철자법에서 비롯되었다는 의견을 제시했다.[147] 이와 달리 이 히브리 단어 *šin'ār*의 배후에 쐐기문자 *samḫarû*가 있으며, 카시트 부족(Kassite tribe)의 이름이었다는 의견도 있다.[148] 이 단어의 기원과 상관없이 창세기 10:10에 확실히 기록되어 있는 것처럼, 시날은 이라크 중앙의 어떤 지역을 가리킨다. 사실상 바벨(바빌론), 에렉(우루크), 아카드(아가데), 칼네(즉 이 모든 지역)를 모두 아우르는 시날 땅은 니므롯 제국의 심장부였다.

"혼잡하게 하다"(창 11:7, 9)는 뜻의 *bālal*이라는 히브리 단어는,[149] *bābel*과 발음이 유사하기 때문에, *bābel*과 상당히 훌륭한 언어유희(wordplay)를

146_Delitzch, *Genesis*, 348; Driver, *Genesis*, 121.

147_Hans Güterbock, "Sargon of Akkad mentioned by Ḫattušili of Hatti," *Journal of Cuneiform Studies* 18 (1964): 1-6, 특히 3.

148_Ron Zadok, "The Origins of the Name of Shinar," *Zeitschrift Assyriologie* 74 (1984): 240-44.

149_KBL 1:134.

만들어낸다. 또 이 단어를 바벨(Babel)이라고 번역하는 배경에는 "하나님의 문"(gate of God)이라는 뜻의 아카드식 이름 *bāb-ili*가 있다.[150] 이러한 문헌상의 근거들을 면밀히 살펴보면, 비록 바빌론이라는 도시는 아모리 시대(기원전 2000년 이후)에 괄목할 만하게 성장했고, (기원전 18세기에) 함무라비 대제의 통치 아래 지배적인 도시로 자리매김했지만, 바빌론이라는 이름이 기원된 때는 기원전 23세기까지 거슬러 올라간다.[151]

바빌론은 "고개를 쳐든 구조"라는 뜻이 있으며 수메르어로 "에사길라"(*esagila*)라고 불리던 마르두크 신전으로 유명했다.[152] 여러 세대에 걸쳐 학자들은 이 바빌론에서 발견된 지구라트(ziggurat)를 근거로 피라미드처럼 생긴 성전과 히브리 전승에 나오는 탑 사이에 반드시 어떤 연관성이 존재한다고 주장해왔다. 창세기 내러티브에서 "탑"으로 번역되는 히브리 단어는 *migdāl*이다. 그런데 일반적으로 이 단어는 군사적인 방어를 위한 구조물이나 초소를 지칭한다.[153] 따라서 이 단어는 성전과는 아무런 상관이 없으며, 창세기 11장에 나오는 탑 역시 성전이나 바빌론의 지구라트와 연관되었을 가능성이 그다지 크지 않다.

야생 짐승과 전갈이 살지 않았으며, 사람들은 "구음이 조화로운 수메르어"[154] 하나만을 사용했다는 "황금" 시대를 떠올리게 하는 수메르 전승이 있다. 이 전승은 설명되지 않은 어떤 이유 때문에 지혜의 신(god of wisdom) 엔키(Enki)가 "이전까지 한 가지 언어만 사용하던 사람들의 구음

150_ Evelyn Klengel-Brandt, "Babylon," *OEANE* 1, 251.

151_ 앞의 글, 251, 254.

152_ Speiser, *Genesis*, 75-76.

153_ KBL 1:543-44. 이 단어가 군사적인 방어라는 의미로 레반트 지역의 여러 지명과 상관이 있었다는 사실을 확인하려면, Aaron Burke, "Magdluma, Migdalîm, and Majdil: The Historical Geography and Archaeology of the Magdalua (Migdol)," *BASOR* 346 (2007): 29-57을 보라.

154_ Samuel Noah Kramer, "The 'Babel of Tongues': A Sumerian Version," *JAOS* 88 (1968): 109.

을 바꾸어 언쟁을 벌이게 만들었다"고 말한다.[155] 수메르학자 사무엘 크레이머(Samuel Noah Kramer)는 이 문헌을 번역하면서(1968년이 돼서야 출판되었다), 수메르 사람들이 모든 인류가 한 가지 언어만을 사용하던 시절이 있었다고 믿었다는 것은 분명한 사실이라고 매우 긍정적으로 평가했다.[156] 일부 아시리아학자들은 이 문헌이 지상낙원과 같이 아무것도 부족한 것이 없는 어떤 과거의 상태를 회상한 것이라며 크레이머의 의견에 의문을 던지기도 하지만, 실제로 이 전승은 장차 다가올 미래 시대를 예견하고 있다.[157]

만일 우리가 "엔메르카르와 아라타의 주인"(Enmerkar and the Lord of Aratta)이라는 문헌을, 신이 인간 세상에 개입해서 구음을 혼란하게 만들기 전까지 인류가 한 가지 언어를 똑같이 사용했던 과거에 대한 기억을 반영한 것(탑을 쌓아 올리는 이야기도 포함되어 있지 않고, 신과 관련이 있는 어떤 성전을 건축하는 일에 대해서도 아무런 언급이 없지만)으로 이해한다면, 수메르 사람들과 창세기 11장은 구음이 같은 한 가지 언어만 사용하던 어떤 통합된 세계에 대한 공통된 기억을 보존하고 있다고 제안하는 것도 충분히 가능한 일이다.

155_ 앞의 글, 111.

156_ 앞의 글.

157_ B. Alster, "An Aspect of 'Enmerkar and the Lord of Aratta'," *Revue d'Assyriologie* 67 (1973): 101-9. 그러나 이 문헌을 번역(*COS* 1:547-48)한 Thorkild Jacobsen은 이 구음상의 혼란을 과거의 사건으로 취급한다.

결론적인 생각

나는 지금까지 위에서 창세기 1-11장에 나오는 세 개의 주요 에피소드를 살펴보면서, "이것이 X의 내력이니라"라는 구문을 제목으로 하는 창세기에서 발견되는 11개의 톨레도트 단락을 근거로 이 에피소드들이 어떤 문학적인 장르에 잘 들어맞는다고 주장했다. 물론 이 단락들 안에는 서로 다른 이질적인 장르가 사용되었을 수도 있다. 그러나 그 장르가 무엇이든 상관없이 창세기의 저작 목적은, 특히 창세기 1-11장의 저작 목적은 실제로 있었던 사건을 묘사하는 데 있다. 그러나 창세기 1-11장처럼 과거에 발생했던 역사적인 사건을 다룬 고대 문헌들은, 현대 역사학자나 신문기자처럼 역사적인 사료편찬의 정확성(historiographical precision)을 바탕으로 사건을 기록한 것이 아니다. 그럼에도 불구하고 창세기 1-11장에 나오는 지리적인 증거는 그 사건들이 아주 오랜 과거에 티그리스-유프라테스 협곡이라는 실존 공간에서, 그리고 이 내러티브를 접하는 고대의 독자들이나 청자들이 인식할 수 있었던 세계에서, 역사적으로 발생했었음을 의미한다. 톨레도트 구문들이 둘러싸고 있는 창세기 전체의 틀을, 고대 독자들이 네피림 에피소드, 홍수 내러티브, 바벨탑 내러티브를 실제로 발생했던 역사적인 사건으로 이해하도록 도와준 특정 지역에 대한 지리적인 배경에 입각해서 자세히 검토하면, 21세기 오늘날에도 이 이야기들을 여전히 같은 방식으로 읽어야 할 타당한 이유를 발견하게 된다.

이처럼 근거가 충분한 가정(assumption)을 기초로 할 때 성경신학은 비로소 그 역할을 제대로 감당할 수 있다. 옛적 시편 저자들이 노래한 것과 같이, 기독교 신학은 하나님의 "영예와…그가 행하신 기이한 사적"(시 78:4) 위에 세워져야 하며, 우리는 우리의 "소망을 하나님께 두며 하나님께서 행하신 일을 잊지 않"(시 78:7)아야 한다. 만일 누구든지 창세기

1-11장을 인간의 상상력이 만들어낸 허구적인 이야기나 신화로 축소해 버린다면, 하나님의 구속사(the history of salvation)는 존재의 이유(*raison d'être*)를 상실할 수밖에 없을 것이다. 다행히도, 성경에 헌신된 그리스도인 이 창세기 1-11장에 기록된 사건들의 역사성을 수용하는 것을 지적 자살 이라고 치부할 이유는 없다. 왜냐하면 창세기 1-11장을 제외한 창세기의 나머지 부분도 이러한 의견을 지지하고 강조하는 방식으로 기록되어 있 기 때문이다.

논평

고든 J. 웬함

이 시리즈는 토론자들(호프마이어, 스팍스, 웬함) 각자의 의견을 상세히 설명하고 나서 다른 토론자들의 관점을 평가하는 형식으로 구성되어 있다. 이러한 토론 진행 방식은 불가피하게 토론자들의 공통된 논점보다는 차이점을 부각시키게 된다. 그렇기 때문에 나는 이 토론에 함께 참여한 동료 토론자들의 주장을 면밀히 살펴보면서, 창세기 1-11장의 메시지에 대한 우리의 이해가 상당 부분 일치한다는 점을 먼저 밝히고 난 다음에 본격적으로 내 입장을 제시하는 것이 더 유익하다는 생각이 든다. 물론 우리가 토론을 벌이며 제시하는 여러 가지 의견 중에 어떤 것이 더 바람직한지를 따지는 것이 중요하지 않다는 말은 아니다. 그러나 우리 모두는 창세기 1-11장이 묘사하는 하나님의 모습, 그리고 하나님과 그분이 창조하신 피조물들과의 관계에 대해 같은 이해를 갖고 있다. 한편 우리 토론자들 중 어느 누구도 창세기 1장에 나오는 "날"이 24시간으로 이루어져 있다는 식으로 간주하지 않는다. 즉 우리 토론자들 모두는 유대교 전통이나 어셔 주교(Archbishop Ussher)가 창조 시기를 산정하기 위해 족장들의 시대를 활용했던 방법과 같은 극단적인 문자주의 입장을 따르지 않는다. 또 우리는 창세기 1-11장을 고대의 어떤 이스라엘 사람이 상상해서 만들어낸 허구적인 이야기라고 생각하지 않는다. 우리의 입장은 이 두 가지 의견 사이 어딘가에 위치해 있다. 우리 모두는 이 내러티브가 실제적인 사건을 반영하고 있다고 믿는다. 그러나 동시에 마치 이 내러티브를 21세기 현대의 어떤 역사가나 기자가 기록한 것처럼 해석하는 것도 바람직하지 않다고 믿는다. 오히려 우리는 저자에게 친숙했던 문화 안에 이 기록들을 위치시킴으로써 이 고대 저자의 의식 구조를 회복하는 일이 필요하다고 생각한다.

창세기 내에 존재하는 서로 유사한 부분뿐만 아니라 다른 자료들을 참조한 부분의 상호 관련성에 대한 자세한 설명으로 가득 찬 그의 글이 잘 보여주고 있듯이, 이집트학자로 정평이 나 있는 제임스 호프마이어는 켄톤 스팍스나 나보다 고대 근동 문화에 대해 훨씬 많이 알고 있다. 호프마이어는 "창세기를 누가 기록했는가"라는 문제와 관련해서 그가 주장하려는 바와 몇 가지 이론을 함께 검토한다. 그러고 나서 역사적으로 존재했다고 추측할 수 있는 인물들과 사건들이 족보/계보에 이름이나 기록을 남겼다고 전제하면서 그 족보/계보의 역사적 타당성을 관찰하고 동시에 고대 근동 사회에서 족보/계보가 갖는 중요성에 대해 논한다. 이어서 호프마이어는 티그리스와 유프라테스를 포함해 에덴에서 흘러나가는 강들의 이름이 기록된 창세기 2:10-14에 상세히 언급된 지리적인 정보에 주목한다. 이 정보들은 창세기 저자에게 에덴이 그저 천국과 같은 환상의 세계가 아니라 실제로 존재했던 공간이었음을 입증해주기 때문이다. 게다가 신적인 존재와 인간의 혼혈 결합, 즉 네피림에 관해 기술한 창세기 6:1-4과, 흔히 보통 사람들과는 다른 혈통을 지녔다고 회자되는 역사적으로 존재했던 영웅적인 왕들에 관한 기록은 고대 사람들의 생각을 고스란히 담고 있다. 그렇다면 고대인들은 적어도 창세기 6:1-4을 단순히 "허구"라고 치부해버리지는 않았으리라고 충분히 짐작해볼 수 있다. 홍수 이야기 역시 고대 근동 지역에 널리 퍼져 있던 이야기였다. 지금까지 발견된 사본들이 거의 대부분 단편적인 조각들에 지나지 않는다는 점을 고려할 때, 창세기에 기록된 여러 가지 이야기 중에 홍수 이야기가 포함되어 있다는 사실은 전혀 놀라운 일이 아니다. 호프마이어는 어떤 사본에 홍수 사건과 연관이 있는 한 영웅적 인물이 어느 유명한 왕의 아들이었고, 그가 탔던 방주가 당시의 독자들이 잘 알고 있는 어떤 산에 닻을 내린 것으로 묘사되어 있다고 말한 바 있다. 다시 말하자면, 이 홍수 이야기는 고대 근동 지역에 널리 알려진 어떤 특정 장소와 연관이 있으며, 이 연관성을 토대로 당시에 여러 가지 이야기를 전하던 사람들과 그 이야기에 귀를 기울이던 청중들을 하나로 묶어준다. 마지막으로, 바벨탑 이야기는 고대 수메르 이야기와 관련이 있는데 이 이야기는 세상 모든 사람이 구음이 같은 하나의 언어를 사용했다고 말한다. 따라서 호프마이어는 "특히 창세기 1-11장은 실제로 존재했던 역사적인 사건을 기술하려는 저자의 의도가 반영되어 있다"고 결론을 내린다.

지금까지 설명한 부분에 대해서는 나 역시 별다른 이견이 없다. 그리고 호프마이어의 결론에 대해서도 기본적으로 동의한다. 그럼에도 불구하고 호프마이어가 자신의 결론을 도출해내기 위해 제시한 몇 가지 근거에 대해서는 여전히 의구심을 거둘 수가 없다. 나중에 소개될 스팍스도 마찬가지지만, 호프마이어는 창세기 1-11장에 관한 주요 비평학적인 이론들을 다루는 데 너무 많은 시간을 소비한다. 호프마이어는 그 이론들을 반박하기 위해서라지만, 스팍스는 자신이 만든 용어(J = 고고학적 저자[antiquarian], P = 변증가[apologist], R = 편집자/선집자[anthologist])들을 사용해 여러 가상적인 저자를 설정하여 비평학 이론을 여과 없이 받아들인다. 나역시 오랫동안 비평학 이론들을 연구해왔다. 우리가 다루고 있는 사안과 관련해서 내 의견은 스팍스보다는 호프마이어가 이해하고 있는 바에 더가깝다. 전통적인 문서설(JEDP)은 너무 복잡해서 그것을 수용하고 신뢰하기 어렵다. 사실 창세기에 기록된 홍수 이야기는 문서설에 입각한 연구들이 그 연구를 위한 근거로 자주 사용하는 본문이다. 하지만 나는 이미 오래전부터 성경 본문을 통합적으로 읽는(unitary reading) 것이 더욱 타당하다고 주장해왔다.[1] 더구나 나는 벨하우젠이 활약하기 이전부터 많은 학자들이 동의했던 것처럼 훨씬 더 단순한 문서설이 바로 이 입장을 지지한다고도 제안한 바 있다.[2]

그러나 나는 "위의 두 가지 문서설 중에 어떤 것이 더욱 타당한가"라는 문제와는 별개로, "창세기 1-11장은 어떻게 구성되어 있는가?"라는 물음은 현재 우리 앞에 놓여 있는 창세기 1-11장의 장르를 결정하는 것과는 아무런 상관이 없다고 생각한다. 예술작품이나 어떤 저작의 경우를 따져보아도 그렇다. 화가가 만들어낸 최종적인 작품이 초상화인지 아니면 정물화인지는 그 화가가 사용한 팔레트에 의해 결정되는 것이 아니다. 또 어떤 작가가 쓴 책이 낭만소설인지 아니면 탐정소설인지를 결정하는 일은, 그 작가가 고전 작품들로부터 아이디어를 빌려왔는지 아니면 자신의 경험을 바탕으로 창작했는지를 따져보는 것과도 아무런 상관이 없다. 이 두 가지 경우에서 알 수 있듯이, 우리가 어떤 그림이 초상화인지 정물화인지 또는 어떤 글이 낭만소설인지 탐정소설인지를 결정하는 기준은 바로 그 내용들이 배열되고 구성된 최종 결과물(작품) 그 자체다.

창세기 1-11장의 경우도 그렇다. 고대 이스라엘 사람들이 정말 바빌로니아 사람들이나 페니키아 사람들을 통해 홍수에 관한 정보를 얻었던 것일까? 우르(Ur)에서 성장한 아브라함은 이 홍수 사건에 대해 익히 알고 있지 않았을까? 또 모세는 이집트 궁정에서 홍수에 관한 이야기들을 접했

1_Gordon J. Wenham, "The Coherence of the Flood Narrative," *VT* 28 (1978): 336-48; "Method in Pentateuchal Source Criticism," *VT* 41 (1991): 84-109.

2_Gordon J. Wenham, "The Priority of P," *VT* 49 (1999): 240-58.

을 수도 있지 않을까? 이런 질문들은 우리가 얻고자 하는 대답과는 별로 상관이 없다. 또 이 홍수 이야기가 언제 성경에 포함되었는지(기원전 제2천년기 초기[호프마이어] 혹은 기원전 5세기[스팍스])에 대한 물음도 엉뚱한 질문이기는 매한가지다. 저작 시기에 대한 두 가지 입장 중에서 어떤 것을 취하더라도 성경 본문의 메시지는 변함이 없기 때문이다. 내가 보기에는 호프마이어와 스팍스 두 사람 모두 창세기 1-11장 본문 자체에 대해서는 너무나 간단히 다룬 반면에 그 구성 요소를 검토하는 데는 지나치게 많은 시간을 허비한다. 렘브란트와 같은 시대에 살았던 사람들이 오늘날 우리에게 그의 작품들을 더 잘 이해하도록 도와줄 수 있는 것처럼, 창세기 1-11장과 어느 정도 비슷한 부분을 포함한 고대 근동의 문헌들이 우리가 고대 근동의 문헌들과 달리 창세기가 두드러지게 강조하는 바를 이해하는 데 도움을 준다. 그럼에도 불구하고 궁극적으로 [성경과 고대 근동의 문헌들이 제시하는] 각각의 그림은 그 그림 자체의 기준에 의해 평가되어야 한다!

우리는 이와 같은 방식으로 창세기 1-11장을 들여다보아야 한다. 먼 과거에 관한 바빌로니아의 여러 가지 기록과 창세기 1-11장을 비교해봄으로써 인류를 보살피시는 창조주의 모습을 더욱 분명하게 살펴볼 수 있다. 이 사실은 굳이 창세기 1-11장이 고대 근동의 문헌들과 평행을 이룬다는 사실을 언급하지 않아도 될 만큼 너무나 명백하다. 예를 들어, 하나님의 주권은 "빛이 있으라"는 첫 번째 명령과 함께 드러난다. 그러나 하나님의 주권을 믿는 믿음은, 신들이 음식을 얻기 위해 인간에게 의지하고, 자기들끼리 암투를 벌이는가 하면, 머지않아 닥칠 홍수 때문에 개처럼 겁에 질린 모습으로 묘사된 고대 근동의 문화권 내에서 더 큰 영향력을 발휘했을 것이다. 고대 근동의 문헌들이 성경의 일부 내용과 비슷하다는 사실은 고려해볼 만한 가치가 있다. 그럼에도 불구하고 그 사실이 무엇을 의미하는지를 이해하기 위해서는 반드시 본문의 최종적인 형태 전체를 면밀히 검토해야만 한다.

내가 이해하건대, 창세기는 핵심 에피소드들과 주요 인물들에 초점을 맞추면서 그 이야기 안에 이탈(digressions)과 확장(expansions)을 동반하는 일종의 족보/계보(genealogy)다. 이 책을 구성하는 주요 하위 문단 내지 단락들은 각각 "이것은 (족장의 이름)의 내력이니라"라는 문구와 함께 시작된다. 때로는 아주 짧은 계보가 뒤따라오기도 하고(5:1; 25:12; 36:1), 또 어느 한 족장의 가족을 소개하는 긴 설명이 추가되기도 한다(2:4, 아담의 후손들; 6:9, 노아의 가족). 메이르 스턴버그(Meir Sternberg)는 어떤 이야기가 역사적인지 아니면 허구적인지를 결정하는 것은 형태(form)가 아니라 바로 저자의 의도(intention of the author)라고 지적한 바 있다.[3] 욥기나 요나서에 관한 논쟁을 생각해보라. 요나서는 우화인가 아니면 역사적인 보고서인가? 이 물음은 "하나님의 자비가 역사적인가? 아니면 그저 우화적인가?"라는 질문과 같은 논리로 우리를 혼란스럽게 만든다. 만일 어떤 본문이 부정확한 부분들(inaccuracies)을 포함하고 있다면 그것은 잘못된 역사(bad history)라고 말할 수는 있지만, 역사적이지 않다(unhistorical)고 말할 수는 없다고 스턴버그는 주장한다. 어떤 본문을 역사로 간주해야 하는지, 아니면 역사가 아닌 다른 그 무엇으로 간주해야 하는지를 결정하는 문제는 전적으로 저자의 의도에 달려 있다는 것이다. 다윗에게 우화로 이야기한 나단 예언자나 예수님이 말씀하신 많은 비유에서 볼 수 있듯이, 요나서에 등장하는 예언자 요나나 예수님이 말씀하신 선한 사마리아인은 실제로 존재했던 인물일까, 아니면 가상의 인물일까?

3_Meir Sternberg, *The Poetics of Biblical Narrative* (Bloomington: Indiana University Press, 1985), 23-34.

호프마이어는 창세기 저자가 1-11장을 기록한 목적과 관련하여 이러한 기준을 적용한다. 그리고 해당 저자가 역사적 사실에 관심을 갖고 있었음을 명백히 보여주는 톨레도트 문구("이것은 ~의 내력이니라")와 더불어 몇 가지 특징적인 부분에 주목한다. 그러나 나중에 소개될 내 글에서, 창세기 1-11장을 "원형적 역사"(protohistory)라고 명명한 것처럼 창세기의 특성을 좀 더 효과적으로 부각시킬 수 있는 장르가 필요하긴 하다. 그렇지 않으면 창세기가 역사와 관련해서 어떤 이야기를 하려고 하긴 했지만 그 목적을 성공적으로 성취하진 못했다는 식의 꽤 부정적인 결론으로 우리의 토론을 마무리해야 할지도 모르기 때문이다.

논평

켄톤 L. 스팍스

창세기 서두 부분(1-11장)에 대한 복음주의 성경신학자들의 보수적인 입장을 대변하는 호프마이어 박사의 글은 서로 다른 "세 가지 관점"을 제시하려는 이 책의 목적에 부합할 뿐만 아니라 기여하는 바도 크다. 그는 창세기 1-11장의 저작과 장르에 관해 대부분의 비평학자들이 동의하는 것들에 대해서, 우리 세 명의 토론 참여자 중에 나와 웬함 박사보다는 훨씬 더 제한된 부분만 받아들인다. 나와 웬함의 의견 사이에 얼마나 많은 간극이 존재하는지가 항상 분명히 드러나는 것은 아니지만, 우리 셋 중에서 내가 비평학적 의견을 가장 많이 수용하는 사람이라는 평가는 맞다. 이 문제에 대해서는 호프마이어의 주장에 대해 대답할 기회가 있을 때에 다시 구체적으로 다루도록 하겠다.

나는 호프마이어 박사가 앞에 소개한 글에서 부분적으로 발전시킨 여러 가지 이론과 관련하여 그 이론들이 본래 의미하는 바에 대해 논하거나 대답하는 방식으로 이 토론을 이어가고자 한다. 그가 주장하는 기본적인 논점들은 하나하나 따로 논의되지 않는다. 따라서 내가 제시할 논의들은 그가 쓴 글의 순서와 정확히 일치하진 않는다. 이 논의를 전개해나가면서 호프마이어 박사가 제시한 관점이 공정하게 다루어지길 바라지만, 혹시라도 잘못 이해한 부분이 있다면 미리 양해를 구한다.

호프마이어의 첫째 논점: 신화는 전문적인 의미에서 허구가 아니며 오히려 궁극적인 실체들과 관련이 있다. 창세기에 기록된 창조 이야기의 저자는 고대 신화적인 심상과 언어를 사용하여 실제로 일어났던 역사적인 사건을 기술했다. 만약 어떤 사건이 어떤 모양이나 형태로 창세기에 기록된 것이라면 그것은 서술된 그대로 존재했던 것이다.

장르와 관련한 범주는 우리가 연구하는 실제적인 문헌들로부터 파생했지, 그 문헌들과 동떨어진 채 날조되거나 어떤 사람이 기록한 것으로 거짓 진술되어서는 안 된다.[1] 우리가 지금 당면한 문제의 경우, 창세기 서두와 가장 비슷한 부분을 공유하고 있는 고대 근동의 문헌—에누마 엘리시(*Enuma Elish*) 그리고 아트라하시스와 아다파(*Atrahasis and Adapa*) 같은—은 이야기를 허구적으로 기술하는 방식으로 기록된 것이 확실하기 때문에, "가상의 이야기"(fiction)라는 특성을 신화의 범주에서 제외시킨 호프마이어의 정의(definition)에는 포함되지 않는다.[2] 이 사실 자체로 호프마이어가 내린 신화에 대한 장르상의 범주는 그리 유용하다고 보기 어렵다. 허구는 실체를 반영할 수 없다고 말하면서도 "궁극적인 실체"와 실화(non-fiction)가 의미하는 바를 인위적으로 결합한다는 식의 무의식적인 속임수(unconscious sleight of hand) 때문에, 호프마이어 박사의 장르에 대한 혼란은 더욱 심화된다.[3] 예수님이 말씀하신 많은 비유의 말씀과 C. S.

1_ 포괄적인 사실주의와 유명론(nominalism)의 차이에 대해서는 이 책에 실린 내 글의 도입부를 보라.

2_ 분량상의 제약 때문에 역사와 허구 사이의 미묘한 관계를 더 자세히 다룰 수는 없다. 하지만 허구적으로 (즉 창의적으로) 내러티브를 기록했다는 말이 꼭 역사적인 것을 알리려는 목적까지 배제하는 것은 아님을 지적하고 싶다(저자들은 역사를 그렇게 믿었을 수도 있기 때문이다). 그럼에도 불구하고 (창조된 이야기는 역사적인 사건이 초래한 결과를 자세히 그려내지 못하기 때문에) 허구는 역사적으로 발생한 정확한 결과를 배제시키는 것이 분명하다.

3_ 이 책에 실린 내 글 서두에서 언급한 것처럼, 이것은 보수적인 복음주의 신학자들이 흔히 저지르는 오류다.

루이스가 3부작으로 엮어낸 작품에서도 볼 수 있는 것처럼, 허구를 통해서도 현실적으로 있을 법한 상황을 얼마든지 그려낼 수 있다.

이러한 이론적인 실수들을 간과하고 호프마이어가 주장하는 바를 그대로 받아들인다고 하더라도 중대한 문제점들은 하나도 해결되지 않는다. 호프마이어의 말대로 창세기 저자가 신화적인 심상을 사용했다면 도대체 어떤 이미지들이 신화적인 상징으로 사용되었으며, 또 어떤 것들이 역사적인 묘사에 더 가까운가? 호프마이어는 우주가 정말 6일 만에 창조되었다고 믿는 것일까? 또 그는 인류 최초의 여성인 하와가 아담의 갈빗대로 지어졌다고 믿고 있는 것일까? 그는 정말 아담이 금지된 나무의 과실을 따먹었기 때문에 우리 인류의 본성이 타락하게 되었다고 믿는 것일까? 또 그는 홍수가 있기 이전에 이 땅에 거인들이 활보하고 다녔다고 믿는 것일까? 게다가 성경에 문자적으로 묘사된 그대로 온 우주적인 홍수가 발생했고, 방주와 그 방주에 탄 많은 동물들이 구원을 받았다고 믿는 것일까? 정말 그는 하나님이 다시는 물로 세상을 심판하지 않겠다고 한 약속을 스스로 기억하기 위해서 무지개를 창조했다고 믿고 있는 것일까? 그리고 이 사안들을 인류가 성경에 기록된 문자 그대로의 하루가 아니라 수만 년에 해당하는 오랜 기간 동안 진행된 진화의 과정을 거쳐 생겨났다는 인류의 기원에 관한 대중적인 지식과 어떻게 연결할 수 있을까? 너무나 의아하게도 호프마이어는 이러한 물음들에 대해 아무런 해답도 제시하지 않지만, 창세기 1-11장의 역사성이야말로 우리가 벌이고 있는 토론의 핵심 주제라고 할 수 있다.

호프마이어의 둘째 논점: 창세기의 톨레도트 구조는 각각의 톨레도트가 구성하는 가문의 역사 및 계보와 함께 책 전체의 구조를 형성한다. 이 계보들은 고대 근동의 다른 곳에서 발견된 여러 가지 문헌과 평행을 이룰 뿐 아니라 역사적인 목적까지도 유사하다. 이 사실을 통해 우리는 창세기 저자가 실제로 존재했던 역사적인 인물들의 삶을 내러티브로 기록하려는 의도가 있었음을 짐작할 수 있다.

호프마이어는 창세기와 고대 근동의 문헌에서 찾아볼 수 있는 계보와 관련한 평행적(비슷한) 요소들을 면밀히 탐구한다. 그러나 창세기 1-11장에 기록된 족보들의 역사적 정확성을 추론해내면서 매우 심각한 오류를 범한다. 호프마이어가 비교 분석한 문헌들은 인류의 초기 역사에 대해 증언해줄 만한 것이 별로 없는 문헌들이다. 족보나 계보에 어떤 내용이 기록되거나 보존될 때에는 그 주변에 아무도 없었다는 것을 그 이유로 들 수 있다. 호프마이어는 종족들의 기원과 관련하여 아모리 족속의 계보에서 따온 것이라고 말하면서 그 계보에서도 가장 앞에 기록된 부분으로서 아시리아 왕의 목록(The Assyrian King List, AKL)을 언급하는데,[4] 이는 매우 놀라운 일이다. AKL의 해당 부분은 여러 나라와 민족이 어떻게 기원했는지 설명해주는 기원설로 간주되기도 했던 창세기 10장의 "열방 나라들의 명단"(Table of Nations)과 상당히 비슷한 방식으로 구성되어 있기 때문이다. 성경에 나오는 "명단"(Table)은 그 이름들로 불리던 선조들의 시대까지 거슬러 올라가면서 각 나라와 민족의 기원을 조심스럽게 추적한 헤시오도스의 "여성들의 목록"(Catalogue of Women)과 상당 부분 유사하다.[5] 이 계보들을 통해서 엄청난 분량의 사회·역사·인종적인 경계에 관한 정보를 얻을 수도 있지만, 그 계보들이 해당 나라와 민족의 실제적인 기원에 대해서 말해줄 만한 것은 사실 별로 없다.

창세기 5장과 11장에 나오는 직계 족보들에 대해 이야기해보도록

4_ 이 문헌에 대한 토론, 그리고 이것과 아주 밀접한 관계가 있는 "Genealogy of Hammurabi's Dynasty," in Sparks, *ATSHB*, 349-50, 355를 보라.

5_ "목록"(Catalogue)은 그리스 역사에 관한 상당히 긴 문헌으로서, 다양한 종류의 전승과 긴 내러티브를 연결시키는 계보로 구성되어 있다. 이 문헌에 대한 자세한 사항들을 위해서는 이 책에 포함된 내 글과 M. L. West, *The Hesiodic Catalogue of Women: Its Nature, Structure, and Origins* (Oxford: Oxford University Press, 1985); Sparks, *ATSHB*, 356-57을 보라.

하자. 이 족보들은 수메르 왕의 목록(Sumerian King List, SKL)과 유사하게도 대홍수 이전과 이후에 존재했던 영웅적인 인물들이 상당히 오래 장수했다고 기록하고 있다. SKL에 영웅으로 묘사된 왕들은 역사적으로 실존했던 인물일 수도 있다. 그러나 초기 인류의 역사에 관한 자료로 보자면 이 목록은 문제가 많다. SKL에 의하면, 신들이 인간을 창조하고 나서 바로 많은 도시들과 왕들이 나타났으며, 왕권 제도는 오직 한 시대에 한 왕조만 정당성을 인정받았다. 하지만 이 사항 중 어떤 것도 역사로 기능하진 않는다. 왜냐하면 그 도시들과 왕들은 인류가 창조된 바로 직후에는 존재하지도 않았으며, 또 여러 왕조들은 하나씩 순차적으로 수립된 것이 아니라 흔히 같은 시대에 여기저기에서 정치적으로 발달했기 때문이다. 이 왕들이 그렇게 오랜 기간 동안 통치했다는 말 역시 두말할 나위 없이 그들의 실제적인 수명을 반영한 것이 아니다.

서로 다른 문헌을 상호 비교하는 일에서 호프마이어가 간과한 것이 있다. 내 생각에 호프마이어가 내세우는 이론의 문제점은 아직 입증되지 않은 가설을 지나치게 의존한다는 데서 비롯한다. 호프마이어는 그의 글 전반에 걸쳐 창세기를 기록한 저자의 "역사적인 의도"(historical intention)는 반드시 "역사적 정확성"(historical accuracy)으로 귀결된다고 가정한다. 그러나 왜 그런 식으로 가정해야만 하는 것일까? 역사적으로 실존했던 저자가 어떤 상황에 대해 역사적으로 얼마나 정확하게 기술했는지는 그의 의도보다도 그가 참고한 자료에 달려 있다. 그러므로 고대 근동의 여러 문헌과 비슷한 부분이 창세기에서도 발견된다는 것은 오히려 창세기 저자들이 인류가 존재하기 시작했던 이른 시기와 관련하여 역사적으로 신뢰할 만한 자료들을 접하지 못했다는 사실을 반증해주는 대목으로 보아야 한다.

호프마이어의 셋째 논점: 창세기 저자는 에덴동산을 고대의 청중들이 잘 알고 있던 지리적인 위치에 배치시킨다. 이 사실을 토대로 우리는 창세기 저자가 구체적이고 실제적인 역사적 정황 안에서 그 사건들을 설명하려고 했음(intended to narrate)을 추론할 수 있다.

위에서 호프마이어의 둘째 논점에 대한 내 의견을 이미 제시했듯이, 성경을 기록한 저자에게 역사적인 의도가 있었다고 해서 그것이 반드시 역사적인 정확성을 보장하는 것은 결코 아니다. 왜냐하면 역사적인 정확도는 저자의 의도가 아니라 저자가 활용한 자료에 달려 있기 때문이다. 한 명 혹은 복수의 역사가들이 여러 가지 다양한 자료를 활용하여 창세기 1-11장을 기록했다고 하더라도, 그 자료들은 주로 (에누마 엘리시, 그리고 아트라하시스와 아다파처럼) "신화적인"(mythical) 것이었지, 역사적으로 정확한 정보를 담은 기록은 아니었다. 게다가 우리는 고대 역사가들이 어떤 자료를 기초로 새로운 사상이나 주제를 소개하기 위해서 종종 허구적인 요소를 동원하여 역사를 서술했다는 것을 익히 잘 알고 있다.[6] 고대 역사가들은 마치 "수갑에 채워진" 것처럼 그들이 가지고 있던 자료들과 다른 어떤 이야기도 고안해낼 수 없었다고 추측하여 장르에 대한 논의마저도 완전히 배제하는 것은, 일반적으로 어떤 실재를 총괄적으로 묘사하는 고대의 사료 편찬(ancient historiography)이나 고대의 저작(ancient writing) 방식과는 사실 거리가 멀다.

한 가지 최종적인 요점: 호프마이어는 고대의 청중들이 에덴동산 중위를 흐르던 네 개의 강(티그리스, 유프라테스, 비손, 기혼)을 익히 잘 알고 있었기 때문에, 저자가 그 위치를 문자 그대로 아주 상세하게 기록했다고 주장한다. 그러나 호프마이어도 비손강이 이스라엘이 존재하기 몇 세기 전

6_ 역사를 편찬하는 일과 관련하여 창의적으로 고안된 역사적 서술이 끼칠 수 있는 영향에 대해서는 Sparks, *ATSHB*, 361-416, 특히 410-11을 보라.

에 말라버렸고 창세기 저자는 우여곡절 끝에 그 강이 비손강이었음을 알게 되었으며 훗날 "쿠웨이트강"이라고 불리게 되었다고 주장한다. 호프마이어는 창세기 저자가 그 옛 시대의 강에 대해 알고 있었다는 것을 "참으로 경이로운 일"로 평가하면서, 하나님이 그 강의 존재를 그 저자에게 계시하셨다(내가 이해하는 한)는 식으로 결론을 내린다. 호프마이어의 주장대로, 창세기 저자가 당시 독자들이 이미 알고 있었던 것들을 언급했다고 해서 그것이 당대 독자들(그리고 오늘날 독자들)에게 에덴동산이 정말 역사적으로 존재했음을 증명한 것으로 이해해야 할까? 아니면 독자들을 제외하고 창세기 저자만이 오래전에 사라진 비손강의 존재에 대해 알고 있었다는 이유로 앞의 가설에 반대하는 입장을 취하면서 호프마이어의 의견을 따라야 하는 것일까? 우리는 이 두 가지 가설 모두를 취할 수는 없다.

호프마이어의 넷째 논점: "하나님의 아들들"이 "사람의 딸들"과 동거한 사건을 다룬 에피소드인 창세기 6:1-4은 신화에 가까운 그 무엇으로서 창세기에 기록되어 있다. "하나님의 아들들"은 네피림("떨어지다"라는 히브리 단어에서 유래함)이라는 별칭으로 불렸기 때문에 종종 하늘에서 내려온 어떤 존재들로 해석되기도 했지만, 네피림이라는 단어는 동사의 형태로 볼 때 수동태가 아니다. 따라서 하늘로부터 "떨어진" 어떤 존재를 지칭한다고 보기 어렵다. 결과적으로 이러한 해석은 수정되어야 한다. 즉 창세기 6:1-4은 신화와는 다르다. 오히려 이 단락은 성경을 기록한 저자가 고대 근동의 문화적인 정황으로부터 전수받은 고대 신화를 "비신화화"(demythologizes)한 것이다. 게다가 이 고대 신화는 하나님이 대홍수를 이 땅에 보내시도록 조장했던 실제 역사적인 사건을 신화화한 것(mythicized version)이다.

내가 이해하건대, 호프마이어는 대홍수를 유발했던 실제 역사적인 사건들에 대한 기록이 창세기 6장의 "하나님의 아들들"에 관한 에피소드에 남아 있다고 믿고 있다. 또 그는 이 태고의 이야기가 창세기 저자에 의해 채택되기 이전에 이미 고대 근동의 전승들에서 "신화화"되었으나 그 저자가 신화에 대해 반감을 가지고 있었기 때문에 "비신화화"되었다고 믿는다. 이 주장은 상당히 부자연스럽다(또 불필요하게 복잡하다). 그러나 나는 창세기 6:1-4의 역사성에 대해 호프마이어가 피력하고 있는 사안이 더욱 시급하다는 생각이 든다. 호프마이어는 이 이야기를 설명하면서 "신화"와 "비신화화된 신화" 사이에서 미묘하게 흔들리고 있다. 그렇기 때문에 이 에피소드의 어떤 부분이 신화적인 표현을 반영했는지 또 어떤 부분이 역사적인 것들을 나타내는지 자신 있게 설명하지 못한다. 성경(창세기) 저자는 정확히 무엇을 "비신화화"했는가? 어쨌든 성경(창세기)은 초자연적인 "하늘의 아들들"이 흥청망청하게 지내다가 땅의 여인들을 통해 용사들을 낳았다고 기록하고 있다. 내가 보기에 이 부분은 명백하게 신화적이다.

호프마이어는 바로 이 대목에서 자신의 핵심 주장 중 한 가지를 설득력 있게 제시하는 데 실패했는데, (내가 이해하건대) 그 이유는 그가 히브리어 문법을 잘못 이해했기 때문이다. 호프마이어에 의하면, 창세기 6장에 나오는 네피림은 언어학적인 형태상 "수동태"(passive)가 아니기 때문에 "떨어진 존재들"(즉 하늘에서 떨어진 존재들)일 수 없다. 호프마이어는 수동태여야만 이러한 해석이 가능하며, 해당 단어가 수동태가 아닌 만큼 네피림은 하늘에서 떨어진 존재들로 해석될 수 없다고 이해한 듯하다. 그리고 결과적으로 이러한 생각들을 통해 호프마이어는 해당 본문이 일반적으로 생각하는 것보다 "덜 신화적"(less mythical)이라고 주장한다.

그러나 이러한 주장은 영어와 마찬가지로 "떨어지다"에 해당하는 히브리어 동사(nāfal)가 떨어진다는 행위가 이미 그 주어에게 발생하고 있기 때문에 수동태로 사용되지 않는다는 점을 고려할 때 설득력이 떨어진다. 뿐만 아니라 nāfal은 수동태로 사용되지 않지만, 헨델(Hendel)이 지적한 바와 같이 nāfal과 어근이 같은 명사 nĕfilîm 뒤에는 수동태 구문이

따라온다.[7] 그렇다면 호프마이어가 잘못된 해석이라고 주장한 "떨어진 자들"(fallen ones)이 바른 해석일 가능성이 크다.[8] 내가 보기에는 이 본문을 신화적으로 해석하는 것—사람의 딸들과 동거한 신적인 존재들로 언급하는 것—이 최상의 방법이다. 이 책에서 호프마이어 그리고 나와 함께 논의를 진행하고 있는 웬함 역시 이 문제에 대해서는 나와 동일한 의견을 피력하고 있다.

호프마이어의 다섯째 논점: 성경에 기록된 홍수 이야기와 고대 근동 문헌들에 나오는 홍수 이야기 사이에 유사한 부분이 존재하는 것은 성경이 그 이야기들을 직접적으로 차용해온 것이 아니라 하나의 같은 역사적 사건에 대한 다른 기억들이 반영된 것이다. 이것은 당연히 초기 인류의 역사 시점에 특정 지역에서 대홍수가 실제로 발생했음을 의미한다.

이 논점은 역사적인 차원과 과학적인 차원에서 매우 중요한 두 가지 문제점을 안고 있다. 먼저 역사적으로 보았을 때, 호프마이어의 주장은 모순처럼 보인다. 왜냐하면 그는 성경에 기록된 홍수 이야기가 고대 근동의 여러 문헌에 나오는 홍수 이야기에 대한 일종의 반응이라는 것과, 고대 근동의 문헌들이 기록된 이후 많은 시간이 흐르고 나서야 성경에 나오는 홍수 이야기가 쓰였다고 인정하고 있기 때문이다.[9] 이스라엘의 홍수 이야기가 메소포타미아의 여러 홍수 이야기에 대한 반응이었다는 점을 고려할 때, 성경보다 이른 시기에 기록된 메소포타미아의 홍수 이야기들을 성

7_ *Qatil*의 형용사 형태에 관해서는 Ronald S. Hendel, "Of Demigods and the Deluge: Toward an Interpretation of Genesis 6:1-4," *JBL* 106 (1987): 13-26; Wilhelm Gesenius, *Gesenius' Hebrew Grammar* (2nd English ed.; ed. E. Kautzch and A. E. Cowley; Oxford: Clarendon, 1985), 231을 보라.

8_ 나는 *néfilim*이라는 단어가 창세기에서 이미 고유명사로 사용되었다고 생각한다. 따라서 네피림에 대한 최상의 해석은 "네피림"이다. 그러나 어원상의 기원(etymological origins)과 단어의 발달 과정은 내가 상기한 바와 같다.

9_ 호프마이어: "메소포타미아 사람들이 세상을 인식하는 관점에 최대한 저항하기 위해서."

경 저자들이 읽었을 뿐만 아니라 그것들로부터 많은 영향을 받았다고 생각해야 한다. 따라서 성경(창세기) 저자들이 홍수와 관련한 전승의 많은 부분을 편집하거나 재배열했다고 하더라도, 그들은 분명히 홍수 이야기를 직접적으로 차용해온 것이다. 또 과학적인 차원에서 이야기하자면, 성경과 고대 근동의 여러 문헌에 기록된 홍수 이야기들은 동일한 사건에 대해 서로 다른 기억들을 반영한 것일 수 없다. 왜냐하면 그 이야기들이 묘사하고 있는 것과 같이, 온 세계를 뒤덮은 홍수와 동물들을 태운 방주는 실제로 존재하지 않았기 때문이다. 우리가 얻을 수 있는 생물학적이고 지질학적인 증거들은 거대한 방주에 승선했던 모든 생물체들이 과거 어느 시점에 있었던 대홍수로부터 구조되었다는 주장을 전혀 지지하지 않는다. 솔직히 나는 생물학적이고 지질학적인 증거들이 호프마이어의 논점을 지지하는 방향으로 결론이 나서 이 문제에 대한 어려움이 경감되었으면 하는 바람이 있다. 하지만 진실은 그렇지가 않다. 실제로 고대 근동의 전승들에 기록되고 남겨질 만큼 규모는 크지만 그렇게 엄청난 정도는 아닌 어떤 홍수가 발생했을 가능성은 있다. 그러나 어떤 "특정 지역에서 발생한 홍수"가, 홍수에 관한 고대 이야기들의 중심 주제로 제시되어 있는 것처럼, 전 세계의 모든 생물체를 위험한 지경에 처하게 하진 않았을 것이다.

호프마이어의 여섯째 논점: 창세기 11장에 나오는 바벨탑 에피소드는 하나님께서 인간의 역사에 개입하셔서 다양한 언어를 창조하시기 전까지 인류가 단 하나의 언어만 사용했음을 시사한다. 수메르 사람들 역시 이 전승을 알고 있었다는 사실을 감안한다면, 이 두 증언(성경과 수메르인들) 모두는 결국 성경에 기록된 내용이 틀림없음을 입증하는 것이다.

호프마이어는 많은 언어들이 역사적으로 동시에 만들어졌다는 주장을 전개하기 위해서 매우 단호한 입장을 취하는 듯하다. 그러나 이 문제와 관련한 증거들은 다양한 언어들이 인류의 초기 역사 시대에 존재했던 언어들로부터 언어학적인 진화 과정을 거쳐 발전했음을 보여준다. 예를 들어, 이탈리아어, 프랑스어, 스페인어는 라틴어가 변화 발전한 언어들이다. 그런데 왜 성경은 이와 전혀 다른 이야기를 하고 있는 것일까?

수메르 사람들이나 이스라엘 사람들과 같은 고대인들은 언어학적인 진화에 대한 이해가 전혀 없었다. 그래서 그들은 이처럼 다양한 언어가 존재한다는 신비에 대해 설명하기 위해서 원인론(etiologies)을 착안해낸 것이다. 고대 이스라엘 사람들의 원인론에 따르면, 하나님이 인간 역사에 개입하신 이래로 창세기 10장에 나오는 긴 목록에 열거되어 있는 것처럼 많은 언어들을 만드시기까지 인류가 사용했던 단 하나의 동일한 언어는 히브리어였다.[10] 그러나 히브리어는 인류가 처음 사용한 언어가 아니다. 이 원인론에 의하면 (이집트어처럼) 창세기 10장에 열거된 언어들은 기적처럼 한순간에 만들어졌다. 따라서 언어가 여러 단계의 진화를 거쳤다고 보는 것이 더 설득력이 있다. 바벨탑 사건을 묘사하는 에피소드는, 문화적으로는 꽤나 흥미롭고 사회적으로도 무엇인가 깨닫게 해주는 이야기임이 틀림없지만, 언어의 역사를 밝히는 데 유용한 단서를 제시해줄 수 있는 이야기는 아니다. 하지만 이스라엘 사람들이 양자 물리학(quantum physics)을 간과한 뉴턴보다 더 심각한 오해를 범했다고 생각해서는 안 된다. 그들은 그들이 살던 시대에 속한 사람들이었기 때문이다. 결국 바벨탑 사건 이야기는 인류의 어둡고 타락한 교만을 잘 묘사한 것으로서 여전히 유효한 의미를 갖고 있다고 보아야 한다.

호프마이어의 일곱째 논점: 한때 성경신학자들은 창세기 배후에 서로 다른 저자들과 편집자들이 사용한 개별적인 자료들이 존재했다고 생각했다. (a) 그러나 최

10_Jub 3:28; 12:25-27; Josephus, *Ant*. I. 117-18; *The Metsudah Chumash* (trans. A. Davis; Hoboken, NJ: KTAV, 1991), 29, 105에 포함된 창세기 2:23; 11:1에 관한 Rashi의 주석을 보라.

근 들어 몇몇 성경신학자들이 창세기 연구와 관련하여 과거에 시행되었던 문서비평 이론들에 대해 강력하게 이의를 제기했다. (b) 또 한 사람의 단일 저자가 창세기 전체 구조를 세우고 기록했다는 증거가 창세기 내에 존재하기 때문에 이 오래된 학문적인 견해(문서비평)는 잘못된 이론임이 입증되었다. 그러므로 창세기 배후에 존재한다고 여겨왔던 가상의 자료들은 창세기 1-11장 전체에 대한 통전적인 분석을 바탕으로 더 이상 고려할 필요가 없다.

　이 책에서 나중에 소개될 내 글은 창세기를 형성하는 자료들(sources)과 그 구성 요소들이 갖는 총체적인 중요성을 두드러지게 조명한다. 창세기를 제대로 읽기 위해서 꼭 이러한 자료들에 대한 지식과 이해가 필요한 것은 아니다. 그러나 이 책에서 논쟁을 벌이고 있는 역사적인 질문들에 대한 답을 제시하기 위해서는 창세기를 구성하는 자료들이 존재한다는 지식에 대한 이해가 반드시 동반되어야 한다. 창세기 1-11장 내에는 동일한 이야기를 서로 다른 각도로 설명하는 두 가지 혹은 그 이상의 방식이 확실히 존재한다. 그렇다면 둘 중 적어도 하나는 역사적으로 부정확하며, 아니면 둘 다 부정확할 수도 있다.

　사실 나는 호프마이어가 창세기를 구성하는 자료들을 면밀히 살핀 내 접근법을 거부한다는 사실에 그렇게 놀라지 않았다. 하지만 나는 자료비평에 입각하여 창세기를 연구하는 것을 반대하기 위해 호프마이어가 내세운 근거들 때문에 적잖게 놀랐다. 호프마이어는 창세기가 한 명의 단일 저자에 의해 일관성 있게 쓰인 내러티브라는 그의 주장을 지지해줄 만한 몇 명의 현대 학자들과 그들이 집필한 논문과 책들을 언급한다. 그중에는 도즈만/쉬미드(Dozeman/Schmid) 그리고 도즈만/쉬미드/뢰머(Dozeman/Schmid/Römer)가 각각 편집인으로 참여한 두 개의 논문집, 잭 새슨(Jack Sasson), 개리 렌즈버그(Garry Rendsburg), 로버트 알터(Robert Alter), 키키와다/퀸(Kikiwada/Quinn)이 집필한 논문과 책들도 포함되어 있다. 그런데

나도 이 학자들과 상당한 친분이 있다. 나는 그들 중 어느 누구도 호프마이어의 의견에 전적으로 동의하지 않을뿐더러 우호적인 입장도 취하지 않을 것이라고 자신 있게 말할 수 있다.

앞서 이야기한 두 개의 논문집(도즈만/쉬미드 그리고 도즈만/쉬미드/뢰머)에 기고자요, 편집자로 참여한 이들은 최고의 학자들이다. 그리고 그 논문집에 실린 논문들은 모세 오경에 (적어도) 제사장문서(P), 신명기문서(D), 비(非)-제사장문서(non-P) (혹은 야웨문서, J)를 포함하여 상당히 다양한 종류의 자료들이 존재했음을 가정하고 논의를 펼친다. 그리고 그 학자들 중에 단 한 명도 창세기가 모세는 고사하고 한 명의 저자에 의해 쓰였다는 단일 저작설을 지지하지 않는다. 나는 잭 새슨 밑에서 수학했고 수 년 동안 그의 조교와 연구조교로 지낸 바 있는데, 그는 결코 호프마이어의 주장을 긍정적으로 평가하지 않는다. 새슨은 자신의 글에서, 창세기와 관련하여 단일 저자에 의한 통일성보다는 편집자에 의한 총체적인 통일성을 주장한다. 모세 오경의 기저에 자료들이 존재한다는 문서설에 동의하지 않는 것처럼 보이는 것을 미연에 방지하기 위해서 새슨은 이렇게 쓰고 있다. "논의를 본격적으로 시작하기 전에, 나는 학자들이 구약성경 내에 식별 가능한 많은 단락들의 기원과 의미에 대해 관심을 갖고 살피는 것이 지극히 바람직하다는 내 입장을 밝히고자 한다." 로버트 알터는 창세기에 세 가지 자료(J, E, P)가 사용되었다고 가정하는 가장 일반적인 문서설을 받아들일 뿐만 아니라, 성경 내러티브를 "허구"(fiction)라고 명명함으로써 호프마이어의 입장에 더 적대적인 입장을 취한다. 알터가 창세기를 그저 자료들의 집합체로 생각하는 데서 머물지 말고 시적이고 예술적인 통일성을 구축하는 창세기 전체로 이해의 지평을 넓혀가도록 독자들을 독려하는 것은 맞다. 그러나 역사에 대해 평할 때 알터는 이 통일성을 "매우 복잡한 예술적 기교"[11]로 언급함으로써 창세기에 존재하는 자료들의 가치를 인정한다.

렌즈버그와 키키와다/퀸은 호프마이어가 제시한 주장에 꽤 호의적인 입장을 취할 수도 있다. 하지만 호프마이어의 주장에 대한 그들의 동의는 그저 피상적인 수준에 지나지 않는다. 렌즈버그도 창세기를 한 사람의 저자가 엮어냈다고 추론하긴 하지만, 창세기의 최종적인 통일성은 편집자에 의한 영향이 반영된 것이지, 부분과 부분을 연결한 이음매의 흔적이 전혀 없는 이야기(seamless story)라고 생각하지는 않는다. 렌즈버그 역시 성경 본문 안에 편집자가 사용한 매우 다양하고 때로는 서로 충돌을 일으키는 자료들이 분명히 남아 있음을 인정한다.[12] 한 발 더 나아가, 키키와다와 퀸은 비록 창세기를 기록한 사람(writer)을 (편집자라고 부르기보다는) 저자(author)라고 부르지만, 이들도 렌즈버그와 마찬가지로 그 저자가 기록한 결과물(창세기)에 서로 일치하지 않거나 모순된 부분들이 존재한다고 인정한다. 고대의 저자들은 이 모순된 부분들에 대해 크게 관심을 두지 않았기 때문이다.[13] 즉 호프마이어가 설명한 "창세기"는 다른 학자들이 주장하는 것과는 완전히 다른 그 어떤 것이다. 호프마이어가 생각하는 창세기는 한 명의 단일한 저자(모세)에 의해 일관성 있게 쓰인 것으로서, 어떠한 모순된 부분도 포함되어 있지 않으며, 역사적인 관점으로 보더라도 기본적으로(만약 전적으로 그렇다고 말할 수 없다면) 완전무오한 책이다. 만약 호프마이어가 학계에서 이러한 관점을 지지해줄 수 있는 지원군을 찾고

11_ Robert Alter, *The Art of Biblical Narrative* (New and rev. ed.; New York: Basic Books, 2011), 163-92의 7장을 보라.

12_ 이메일로 이 점을 확인해준 Rendsburg 박사에게 감사의 마음을 전한다.

13_ 예를 들어, Isaac M. Kikiwada, Arther Quinn, *Before Abraham Was: The Unity of Genesis 1-11* (Nashville: Abingdon Press, 1985), 58-59에 제시된 족보에 나타난 모순과 관련하여 이 학자들이 개진한 논의를 살펴보라.

자 한다면, 그는 다른 곳을 알아보아야 할 것이다.

이 책에 글을 기고한 웬함 교수가 호프마이어의 입장을 지지해줄 지원군이 될 수 있을까? 호프마이어는 그렇다고 생각하는 것 같다. 이 문제에 대해서는 이 글 바로 다음에 소개될 웬함의 글에 대한 내 논평에서 다시 다루도록 하겠다.

결론

창세기 1-11장 전체를 아우르는 총체적인 특징은 무엇인가? 그리고 그 특징은 창세기 1-11장이 묘사하는 사건들의 역사성과 관련하여 어떤 의미를 갖는가? 내가 이해하기로는, 이 두 가지 물음에 대한 설명이 바로 이 책이 만들어진 이유다. 나는 전반적으로 호프마이어 박사가 제시한 해석상의 근거와 최종적인 결론에는 동의하지 않지만, 다음 두 가지 주장에 대해서는 동의한다. 첫째, 우리는 창세기를 한 명 또는 여러 명의 저자들이, 고대의 독자/청자들이 역사적으로 존재했다고 믿고 있던 사건들에 대해 기록한 것이라고 생각한다. 그 적절한 예로 대홍수 사건을 들 수 있다. 둘째, 우리는 창세기 1-11장을 구성하는 몇몇 부분은 단순히 역사를 기록했다기보다는 대부분의 경우 "신화"라고 불리는 어떤 대상들의 심상을 기초로 서술한 것이라는 입장에 동의하는 듯하다. 나는 이처럼 역사적인 의도와 신화적인 내용이 결합한 것은 창세기 전반에서 찾아볼 수 있는 전형적인 특징에서 비롯되었다고 주장했다. 더 정확히 말하자면, 창세기는 신화적이고 전설적인 여러 가지 자료들을 참고하여 그 내용을 기술해 내려간 고대의 역사가와, 신학적인 메시지로 가득한 이야기를 써 내려간 고대의 역사가 두 사람에 의해 쓰인 것이다. 그리고 이 두 종류의 역사는 서로 다른 관점을 그대로 유지하기를 선호한 편집자에 의해서 최종적으로 통합되었다. 역사적인 것과 신학적인 것이 일치하기를 바라는 현대적인 기대와 다르게 말이다.

내 생각에 나와 호프마이어는 "방 안에 있는 코끼리"(elephant in the room)—즉 창세기의 역사성과 관련 있는 외적 증거—를 다루기 위해 완전히 다른 방법론을 사용하고 있다. 성경 저자들이 역사적인 사건에 관한 이야기를 하려고 했다는 것과, 그 사건들에 대한 역사적인 사실을 기록했다는 것은 완전히 다른 사안이다. 비록 (생물학, 지리학, 인류학, 언어학 등의) 과학적 증거들은 창세기 1-11장 대부분이 역사적으로 정확한 기록일 수 없음을 확실히 보여주지만, 성경과 고대 근동 문헌들의 상호 비교연구를 통해 얻을 수 있는 근거들은 창세기 1-11장이 그렇게 단순 명료한 역사 자료들을 기초로 하지 않았음을 시사한다. 호프마이어는 창세기에 기록된 모든 사항 하나하나가 문자 그대로 역사를 기록한 것이 아님을 알고 있다고 여러 가지 주장을 통해 넌지시 내비친다. 그럼에도 불구하고 그는 창세기가 이야기하고 있는 그 어떤 사건도 그것이 서술된 그대로 역사적으로 발생했던 것은 아니라는 사실을 분명하게 인정하기를 용의주도하게 회피하고 있다.

2

원형적인 역사로 이해한 창세기 1-11장

고든 J. 웬함

창세기는 족보, 왕의 계보, 긴 장문으로 기록된 시와 단편 시, 그리고 내러티브까지 아우르는 매우 광범위한 문학적 형태들(types)로 구성되어 있다. 그러나 이 모든 문학적인 장르를 창세기 내에서 하나하나 구별해내기란 쉬운 일이 아니다. 특히 창세기 1-11장이 그렇다. 창세기 1-11장에는 가인의 족보(4:17-22), 셋의 족보(4:25-26; 5:1-32), 셈의 족보(11:10-32)가 포함되어 있다. 또 10장에는 열방 나라들의 명단이 소개된다. 이 명단을 족보나 계보로 볼 수 있는지는 확실하지 않으나 그 표제 자체는 창세기 5장과 11장에 기록된 족보들의 표제와 비슷하긴 하다. 시가 무엇인지 정의(definition)를 내리는 것 역시 어려운 일이다. 그렇지만 하와를 처음 본 아담의 탄성이 실려 있는 창세기 2:23이 시에 해당하지 않는다면 적어도 매우 시적이라고 표현해야 할 것 같다. 창세기 4:23-24에서 라멕이 자기 아내들에게 복수심으로 가득 차 자랑하듯 내뱉은 이야기처럼 말이다. 또 하나님께서 아담과 하와 그리고 뱀에게 내린 저주의 말씀인 창세기 3:14-19도 시적이다. 게다가 어떤 학자들은 창세기 1:1-2:3도 시적으로 기록되었다고 주장하기도 한다.

하지만 창세기 2-11장에 속한 나머지 부분의 장르를 분류해내는 작업은 더욱 어려운 일이다. 과연 아담과 하와 이야기와 노아의 방주 이야기를 무슨 장르로 분류해야 할까? 클라우스 베스터만(Claus Westermann)

은 이 두 이야기를 단순히 내러티브로 간주한다.[1] 내러티브는 그런대로 단순하고 무난한 정의라고 할 수 있지만, 오늘날의 독자들은 더 정확한 것을 원한다. 창세기 1-11장은 역사인가? 신화 내지는 소설인가? 아니면 이 세상 어디에서도 발견할 수 없는 독특한 문학 유형인가? 이 물음에 대답하기 위해서 우리는 아래에 소개할 두 가지 관점 중에서 어느 한 가지 관점을 꼭 채택해야만 한다. 지금 우리는 본문 자체에 천착하는 접근법(emic approach)을 사용하여 저자가 본래 이 이야기들을 어떻게 이해하고 기록했는지를 추적하려는 것인가? 아니면 본문 외 접근법(etic approach)에 따라 현대의 문학적 범주 안에서 그 이야기들이 속할 만한 장르를 찾고 있는 것인가? 이 논쟁과 관련해서 이미 많은 글이 발표되었다. 호프마이어와 스팍스 그리고 나는 거기에 몇 가지 사안을 덧붙이려는 것이다. 그러나 우리는 창세기 1-11장이 무슨 장르이든지 간에 그것은 어디까지나 이차적인 문제임을 깨달아야 한다. 장르상의 정의를 내리는 작업을 통해 창세기가 우리에게 던져주는 메시지를 더욱 확실하고 세련되게 다듬을 수는 있다. 하지만 창세기에 실린 이야기들이 어떤 장르인지에 대한 학자들의 의견이 불일치한다고 해서 그 이야기들이 우리에게 던져주는 신학적인 교훈에 대한 우리의 신뢰와 동의마저 흔들려서는 안 된다. 창세기 1-11장을 교리나, 역사, 아니면 소설이나 신화 중에 하나로 간주한다고 하더라도, 그 성경 본문이 하나님은 어떤 분이시며 그분이 인류와 맺은 관계에 대해 아주 심오한 진술을 펴나가고 있음은 너무나 확고하고, 만고불변의 진리다. 이러한 진리를 설명하는 것이야말로 모든 해석가들이 창세기 1-11장을 다루는 목적이 되어야 한다.

자, 그럼 이 토론을 어떤 방식으로 진행해나갈지에 대해 이야기해보

1_Claus Westermann, *Genesis 1-11: A Commentary* (Minneapolis: Augsburg, 1984), 47-56.

도록 하자. 이 논의의 첫 번째 목표는, 창세기를 기록한 저자가 갖고 있던 전제적인 논리들은 무엇이었는지 그리고 창세기 내용이 그것들과 어떻게 유사하고 다른지를 살펴보기 위해서, 흔히 "인식론적 환경"(cognitive environment)[2]이라고 불리는 전문용어를 사용해서, 창세기 저자의 의식 세계를 들여다보는 데 있다. 아시리아 학자들, 히타이트 전문가들, 이집트 연구가들이 엄청난 분량의 토판을 발굴해냈음에도 불구하고, 고대 근동 사람들이 갖고 있던 믿음에 대해 우리가 알 수 있는 부분은 지극히 제한적이다. 창세기 1-11장과 가장 근접하게 평행을 이루는 다수의 고대 근동 문헌들도 어떤 사건이 발생한 장소나 위치와 관련하여 차이가 있기도 하고, 연대를 추정하는 것도 쉬운 일이 아니다. 게다가 창세기의 저자에 관한 문제는 더욱 해결하기 어렵다. 창세기를 기록한 저자에 대해서 학자들마다 너무나 광범위하게 다른 관점을 제시할 뿐만 아니라 오늘날까지 어떤 의견상의 일치도 이루지 못한 상황이다.[3] 그러나 고대 근동 사회가 해당 전승들을, 아주 약간의 변화만 준 채로 몇 세기 동안이나 지속적으로 전수했을 만큼 꽤 보수적인 세계였다는 점을 생각한다면,[4] 위에서 거론한 몇 가지 불확실한 사안들이 장르를 구분 짓는 일이나 본문 자체를

2_John H. Walton, *Genesis 1 as Ancient Cosmology* (Winona Lake: Eisenbrauns, 2011; 『창세기 1장과 고대 근동 우주론』, 새물결플러스 역간, 2017)와 Daniel D. Lowery, *Toward a Poetics of Genesis 1-11: Reading Genesis 4:17-22 in its Near Eastern Context* (Winona Lake: Eisenbrauns, 2013)을 보라.

3_이 문제에 대한 서론적 논의를 위해서는 Gordon J. Wenham, *Genesis 1-15: Word Biblical Commentary* (Waco: Word, 1987), xxv-xlv와 Wenham, *Exploring the Old Testament: A Guide to the Pentateuch* (Downers Grove: IVP, 2003)을 보라.

4_서기관들이 전승을 기록했던 기법과 태도에 관한 자세한 설명을 위해서는 Kenneth A. Kitchen, *On the Reliability of the Old Testament* (Grand Rapids: Eerdmans, 2003), 368-71; David M. Carr, *Writing on the Tablet of the Heart* (New York: OUP, 2005), 특히 26-33; 그리고 Karl van der Toorn, *Scribal Culture and the Making of the Hebrew Bible* (Cambridge: Harvard UP, 2007), 특히 11-68을 보라.

해석하는 작업에 미치는 영향은 지극히 미미하다고 할 수 있다. 또 본문 배후에 존재했던 것으로 어떤 자료들을 가정하거나, 훨씬 이른 시대의 본문 형태보다는 최종적인 본문 형태에 우리의 관심을 집중한다면, 앞서 제기한 염려와 우려들을 더욱 상쇄시킬 수 있다. 따라서 나는 창세기 1-11장 전체에 적용할 수 있는 장르에 대한 탐구를 본격적으로 시작하기에 앞서 창세기 1-11장을 구성하는 보다 작은 문학적인 단락들을 살펴보는 작업이 필요하다고 생각한다. 이 작업을 통해서 내가 도출해내고자 하는 것이 있다. 즉 창세기 1-11장이 본래 해석되던 방식을 그대로 사용하여, 더 정확히 말하자면 창세기 1-11장을 기록한 저자와 그것을 읽었던 독자들이 처했던 정황을 고려하여 본문의 특성을 이해하는 본문 내 접근법을 사용하여, 장르까지 모색해보는 것이다.

그러나 본문 내 접근법만으로는 창세기 1-11장을 충분히 이해할 수 없다. 『창세기, 역사인가 허구인가? 아니면 또 다른 그 무엇인가?: 창세기 1-11장의 장르에 대한 세 가지 견해』(Genesis: History, Fiction, or Neither? Three Views on the Bible's Earliest Chapters)라는 이 책의 원서 제목은 "오늘날 창세기를 읽는 독자들은 이 본문을 어떻게 이해해야 하는가?"라는 물음에서 확인할 수 있는 것처럼 본문 이외의 다른 관점이 반영되기를 원하는 기대감을 넌지시 비추어준다. 회의적인 무신론(skeptical atheism)부터 고지식한 근본주의(naïve fundamentalism)까지 아우르는 전제적인 논리에 의해 독자들은 부분적으로나마 창세기를 어떻게 읽을 것인지 그 읽기 방식을 결정한다. 나는 정통 기독교의 가정들을 수렴하여 거룩한 성서(Holy Scripture)를 시작하는 첫 부분에 해당하는 창세기 1-11장을 성경적이고 신학적인 맥락에 따라 온당하게 살필 수 있는 방법을 되찾을 수 있기를 바란다.

족보들

그럼 이제부터 창세기 1-11에 나오는 족보들(genealogies)을 살펴보면서 해당 부분을 구성하는 부차적인 요소에 대한 탐구를 시작해보도록 하자.[5] 아담으로부터 셋을 거쳐 에노스(4:25-26)에 이르기까지 3대를 설명해놓은 족보는 사실 매우 단순하다. 이것은 아담부터 에노스에 이르기까지 단순히 직선적으로 계보를 추적한 직계 족보다. 이 족보 바로 앞에 위치한 가인의 족보(4:17-24)는 아담-가인-에녹-이랏-므후야엘-므드사엘-라멕으로 이어지는 직계 흐름의 발자취를 더듬어 내려간다. 그리고 바로 그다음 단계에서 라멕의 세 아들인 야발, 유발, 두발가인의 이름이 따로 거론된다. 이처럼 직계 족보를 별도로 분할하여 소개하는 방식은 창세기 5:1-32에서도 발견된다. 이러한 상황을 고려하면, 아담으로부터 시작된 족보는 셋과 노아를 거쳐 노아의 세 아들인 셈, 함, 야벳으로 일단락되는 셈이다. 이와 마찬가지로, 셈으로부터 아브람까지 이어지는 족보도 "데라는 칠십 세에 아브람과 나홀과 하란을 낳았더라"(11:26)[6]라는 구절과 함께 일단락된다. 그러나 열방 나라들에 대한 명단(창 10장)은 도입부에서부터 별도로 분할된다. 야벳은 일곱 명의 아들이 있었는데 그중에서도 고멜과 야완은 또 각각 일곱 명의 아들을 낳았다.

일반적으로 족보는 어떤 기능을 담당할까? 그리고 위에서 살펴본 특정 족보들은 창세기 안에서 어떤 역할을 하고 있을까? 그리고 이 족보들은 창세기 전체(as a whole)를 어떤 방법으로 짜임새 있게 연결하는 것일까? 직계 족보들은 그 자체로 여러 세대를 연결하는 기능을 담당한다. 아

5_ 이 문제에 대한 충분한 논의를 위해서는 Robert R. Wilson, *Genealogy and History in the Biblical World* (New Haven: Yale UP, 1977)을 보라.

6_ 원서는 ESV(English Standard Version)를 인용했다. 한글은 개역개정을 따랐다.

담은 그의 형상대로 아들을 낳았다. 창세기 본문에 기록된 것처럼 그 형상은 곧 하나님의 형상이었다. 따라서 창세기 1-11장에 나오는 이 족보들은 아담의 멀고 먼 후대 자손들도 똑같은 하나님의 형상으로 태어났음을 암시한다. 그리고 그 후손들 중 두 사람은 아주 특별한 은혜를 입는다. 즉 에녹은 하나님과 동행한 후 하늘로 올라갔고, 의인이요 당대에 완전한 사람이었던 노아(와 그의 가족들)는 온 땅에 임한 홍수를 유일하게 피했다.

창세기 1-11장에 실린 족보들이 세부적으로 분할되면서 한편으로는 해당 족보에 열거된 인물들이 살던 지역이나 그들이 습득한 기술에 대한 정보를 제공해준다. 창세기 10장에 나오는 열방 나라들의 명단은 당시 알려진 세계 여러 나라들이 어떻게 노아의 아들들로부터 이어져 내려왔는지를 설명하기 위해 정교하게 기록된 족보다. 창세기 4:20-22은 아주 짧게 따로 할애된 족보인데 이 족보는 라멕의 세 아들이 어떻게 가축을 치는 자들과, 악기를 연주하는 자들, 금속으로 기구를 만드는 자들의 집단을 설립했는지를 잘 설명해준다. 족보가 지닌 이런 흥미로운 면모들은 다니엘 로리(Daniel O. Lowery)가 주장한 것처럼, 족보의 주된 목적이 역사 그 자체를 서술하기보다는 어느 지역의 소유권이나 다양한 분야와 전문적인 기술에 대한 권리와 연결시키는 것임을 잘 보여준다.[7] 다른 구전문학에 나오는 족보들뿐만 아니라 고대 근동의 문헌들에 관한 연구들 역시 이 결론과 의견을 같이한다.

그러나 성경에 나오는 족보들은 그 특성상 매우 독특하다. 창세기 5장에 등장하는 아담의 7대손인 에녹은 하나님과 동행하고 하늘로 옮겨진 것으로 유명하다. "하나님이 그를 데려가시므로 세상에 있지 아니하였더라"(5:24). 창세기 4장에 기록된 족보는 여섯 세대에 이르는 직계 자

7_Lowery, *Towards a Poetics*, 81.

손들과 일곱 번째 세대, 즉 라멕의 아들들을 포함하되, 거기서 일단 마무리되며 뒤에 이어지는 족보와 구별된다. 그런데 가인을 위해서는 7배, 라멕을 위해서는 77배에 달하는 벌에 관해 언급하고 있는 구절(4:24)은 해당 족보에 나타난 숫자 7에 대한 관심을 고조시킨다. 이 숫자 7에 집중된 관심은 창세기 1장의 구조(아래를 보라)와 구약성경에 기록된 종교적 제의(rituals)에 관한 부분에서도 찾아볼 수 있다. 이러한 특징들은 성경 본문이 단순히 역사적인 사적편찬(historiography)을 위한 것이라기보다는 어떤 교훈을 주기 위해 매우 짜임새 있게 구성된 것임을 시사한다.

족보가 갖는 보기 드문 아주 독특한 특징이 한 가지 더 있다. 창세기 5:1-32과 11:10-26에 나오는 족보들에는 조상들이 장자를 낳았을 때와 숨을 거둘 때의 나이가 기록되어 있는데, 이는 아담으로부터 노아, 그리고 노아로부터 아브람까지 선택된 계보에서만 발견되는 특징이다. 이 두 족보는 정확하게 각각 열 세대만 포함하고 있다. 이러한 구성은 우연이 아니라 의도적으로 고안된 것이다. 왜냐하면 이런 구성법은 선택되지 못한 이들을 다루는 족보에서는 발견되지 않기 때문이다(예. 4:20-22에 기록된 가인의 족보와 10장에 나오는 노아의 자손들).

70이라는 숫자에 도달하는 국가의 수나 노아의 아들들의 수도 어떤 차원에서든 인위적인 의도가 있지 않았을까 하는 의구심을 불러일으킨다.[8] 야벳의 족보에서 그의 아들들과 손자들이 일곱 명씩 이루어진 것을 보면, 앞서 언급한 합계의 숫자가 70이라는 것 역시 상당히 중요한 의미가 있음을 암시하는 것 같기도 하다. 구스는 다섯 아들과 두 손자가 있었고, 미스라임은 일곱 명의 아들이 있었다(10:2-7, 13-14). 숫자 7로 이루

8_ 10:14에 블레셋 족속에 대한 언급은 족보에 본래 포함되어 있었던 부분이 아니라 별도의 이야기(방백)처럼 보인다. 이 문제에 관한 더 많은 논의를 위해서는 Wenham, *Genesis 1-15*, 213-4를 보라.

어진 이 그룹들은 그 총계의 중요성을 강조한다.

숫자 7, 10, 70이 유난히 자주 사용되었다는 사실을 통해 어떤 의미를 도출해내든지 간에 한 가지 분명한 결론은 이 족보들이 창세기의 구조를 형성하는 데 중추적인 역할을 한다는 점이다. 특별히 창세기 1-11장에서는 더더욱 그렇다. 창세기 1-11장은 내러티브와 족보에 의해 교차적으로 구성되어 있는데, 아담으로부터 노아까지, 그리고 셈으로부터 아브람까지 이어지는 두 개의 족보는 하나님께서 지으신 첫 번째 사람을 이스라엘의 조상 아브라함과 연결시킨다. 각각의 주요 부분들은 "~의 족보는 이러하니라"로 시작한다. 11:27-25:11의 데라의 족보(아브라함의 일대기), 25:12-18의 이스마엘의 족보, 25:19-35:29의 이삭의 족보(야곱의 일대기 첫 번째 부분), 36:1-37:1의 에서의 족보, 마지막으로 37:2-50:26의 야곱의 족보(야곱의 일대기 두 번째 부분). 결국 "~의 족보는 이러하니라"라는 표제가 10개나 있다는 말이다.[9] 창세기 12-50장에서 아브라함과 이삭과 야곱을 다루는 길고 긴 내러티브들이 선택받은 이스라엘의 믿음의 조상들에 대한 이야기를 펼쳐나가는 것과 달리, 아브라함의 후손들이지만 이스마엘과 에서처럼 선택받지 못한 족속들을 소개하는 짧디짧은 족보들이 이들을 어떤 방식으로 묘사하는지도 꼭 주목해 보아야 한다. 창세기 1-11장은 선택받지 못한 이들을 훨씬 더 간단하게 다룬다. 선택받은 이들의 족보 (2:4-4:26)를 포함하여 모든 인류는 아담과 하와로부터 시작된다. 이 족보 다음에 바로 노아와 그의 아들들로 이어지는 족보(5:1-32)가 뒤따라온다. 그리고 의롭고 완전한 노아(와 그의 가족)만 남으며, 생존하고 선택받지 못한 이들은 이 땅에 임한 홍수에 의해 모두 몰살된다(6:9-9:29).

창세기 1-11장에 기록된 족보들과 그 족보들과 관련한 여러 부분

9_ 36:1을 반복하는 36:9을 제외하고.

을 자세히 검토함으로써, 우리는 창세기 5장에 나오는 족보가 한 줄의 댓글로 확장될 뿐 아니라, 2-4장 그리고 6-9장에 나오는 내러티브와 연결된다는 사실을 확인할 수 있다. 즉 노아의 아버지 라멕은 그의 아들이 태어났을 때 이렇게 기도한다. "여호와께서 땅을 저주하시므로 수고롭게 일하는 우리를 이 아들이 안위하리라"(5:29). 이 구절은 3:17에 기록된 저주에 관한 언급임이 틀림없다. "땅은 너로 말미암아 저주를 받고 너는 네 평생에 수고하여야 그 소산을 먹으리라." 라멕은 그의 조상 아담의 저주를 그의 아들이 뒤바꿔놓기를 바랐던 것이다. 그와 더불어 여기에 사용된 단어들은 가까운 미래에 닥칠 홍수를 예견하고 있다. "안위하리라"라는 단어는 "한탄하사"(6:6, 7)와 어근이 같고 "수고롭게" 역시 "근심하다"(6:6)와 동일한 어근을 사용하고 있다.

창세기 5장에 나오는 족보는 중간 부분에서 "노아는 오백 세 된 후에 셈과 함과 야벳을 낳았더라"(5:32)라는 평이한 구문과 함께 일단 마무리된다. 그런데 이 구절은 사실 이렇게 기록되었어야 한다(참조. 5:25-27). "노아는 오백 년을 살며 셈과 함과 야벳을 낳았더라. 셈, 함, 야벳을 낳고 사백오십 년 동안 자녀를 낳았으니 그는 구백오십 세를 살고 죽었더라." 창세기를 면밀히 계속 읽다 보면 "홍수 후에 노아가 삼백오십 년을 살았고 그의 나이가 구백오십 세가 되어 죽었더라"(9:28-29)에서 확인할 수 있는 것처럼 이 구절(5:32)에 어떤 내용이 생략된 것을 직감하게 된다. 5:32과 9:28 사이에 삽입된 것이 확실한 이 구문은 홍수 이야기를 전개하기 위해 약간 수정된 형태로 기록된 것이다. 이렇게 조금씩 변화나 수정된 형태로 기록된 족보들은 족장들의 삶을 다룬 내러티브에서도 찾아볼 수 있다(참조. 11:26, 32; 21:5; 25:7, 19-20; 35:28-29; 37:2; 50:22-26).

족보가 내러티브보다 더 이른 시기에 기록되었다고 보아야 할지 아니면 내러티브가 더 빨리 기록되었다고 생각해야 할지에 대해서는 학자들의 입장이 첨예하게 나뉜다. 대부분의 학자들은 내러티브가 먼저 기록되고 난 이후에 족보가 삽입되었다고 간주한다. 그러나 내가 보기에는 족보와 내러티브가 반대의 순서로 기록되었음은 물론이거니와, 내러티브가 족보로부터 확장되었다고 주장할 만한 충분한 이유들이 있다.[10] 창세기에 기록된 내용을 발생 순서대로 재배열하기란 상당히 어려운 작업임이 틀림없다. 하지만 창세기 1-11장의 최종적인 형태를 자세히 들여다보면 단편적인 내러티브들이 족보에 등장하는 인물들을 더욱 자세하게 설명하고 있다는 사실에 동의하지 않을 수 없다. 일단 지금까지 논의한 것들을 종합하여 간단히 표현한다면, 창세기 1-11장의 장르를 "확장된 족보"(as an expanded genealogy)로 간주해도 큰 무리는 아닐 것이다.

창세기 1:1-2:3

창세기 2:4-11:32은 우리가 바로 앞에서 내린 정의(확장된 족보)에 잘 들어맞는다. 그러나 문제는 창세기 도입부(더 정확히 이야기해서 1:1-2:3)가 그 범주에 포함되지 않는다는 것이다. 창세기 1:1-2:3은 창세기 1-11장 전체를 여는 서문에 해당한다. 그리고 이미 주지했다시피, 1-11장을 구성하는 주요 단락들은 "이것은 ~의 내력이니라"라는 표제어와 함께 시작된다. 창세기 2:4은 이 표제어가 가장 먼저 사용된 곳인데 "이것이 하늘과 땅의 내력이니"라는 구절을 통해 아담과 하와 그리고 가인에 관한 내러티브를 소개한다. 흔히 2:4을 창세기 도입부의 결론으로 간주하기도 한다.

10_ Wenham, *Genesis 1-15*와 "The Priority of P," *Vetus Testamentaum* 49 (1999): 240-58를 보라.

그러나 그것은 잘못된 생각이다.[11] 창세기 어디에서도 어느 단락 뒤에 사용된 표제어가 그 앞에 놓인 부분을 요약한 사례는 찾아볼 수 없다. 따라서 우리는 2:4을, 그 뒤에 오는 창세기 전체 내지는 창세기 1-11장 몸통 부분의 서론이나 서곡으로 읽어야 한다.

창세기 1장(1:1-2:3)은 독자들이 신학적인 안목을 가지고 창세기 1장에 뒤따라오는 이야기들을 집중해서 읽을 수 있도록 아주 세밀하게 구성되어 있다. 그런데 창세기 1장(1:1-2:3)에는 그 특성을 부각시키기 위해 조심스럽게 작업한 편집의 흔적들이 보인다. 먼저 1장(1:1-2:3)을 시작하는 첫 번째 절(1:1)과 마지막 구절들(2:1-3)은 교차대구적으로 연결된다. 1절은 히브리어 문법상 "태초에 창조하시니라(A), 하나님이(B), 하늘과 땅을 (C)"이라는 순서로 기록되어 있는데, 이 단어들은 2:1-3에서 다시 역순으로 나타난다. 1:1-2과 2:1-3은 교차대구법뿐만 아니라 7의 배수와 연관된 단어들과도 연결되어 있다. 1:1은 7개의 단어로 이루어져 있고, 1:2은 14(7×2)개, 2:1-3은 35(7×5)개의 단어로 구성되어 있다. 1:1-2:3에 사용된 주요 단어들도 7의 배수와 관련이 있다. "하나님"이라는 단어는 35번 나오고, "땅"은 21번, "그대로 되니라"와 "하나님이 보시기에 좋았더라"라는 두 문구는 각각 7번씩 사용되었다. 이처럼 7의 배수를 자주 사용함으로써 일곱째 날, 즉 하나님께서 창조하시며 만드신 모든 일을 그치시고 안식하신 안식일에 우리의 관심을 집중시킨다. 물론 숫자 7은 구약성경 전반에서 거룩한 숫자로 사용된다. 종교의식과 연관이 있는 많은 행위들이 일곱 번 반복된다. 한 주의 일곱 번째 날뿐만 아니라 일곱 번째 달, 일곱 번째 해, 그리고 50년마다 돌아오는 희년(50=7×7+1)도 거룩하다.

창세기 1장(1:1-2:3)이 세밀하게 구성되어 있다는 사실은 6일 동안 진

11_Wenham, *Genesis 1-15*, 49-56.

행된 하나님의 창조 사역에서도 그대로 나타난다. 크게 8가지의 창조 사역이 6일 동안 이뤄진다. 이것은 3일째와 6일째에는 다른 날보다 두 배의 사역이 성취되었음을 뜻한다. 더구나 창조 사역이 진행된 한 주를 두 부분으로 나눌 수 있다면, 후반부에 진행된 사역은 전반부의 사역에 상응한다. 하나님은 첫째 날 빛을 창조하시고, 넷째 날에 큰 광명체와 작은 광명체를 만드신다. 둘째 날에는 하늘과 바다를 만드시고, 다섯째 날에 하늘의 새와 바다의 물고기를 지으신다. 셋째 날에는 땅과 식물들을 만드시고, 여섯째 날에 육축과 사람을 창조하신다. 마지막으로 일곱째 날은 안식일이 갖는 특별한 위상을 나타내기 위해서 별도의 위치에 배치된다.

이처럼 주도면밀하게 구성된 첫 번째 창조 기사의 구조는 창세기에 뒤따라 소개되는 부분들과 자연스럽게 구별된다. 창세기 1장(1:1-2:3)에 사용된 언어도 그렇다. 2:4부터는 줄곧 직선적인 히브리 내러티브 산문으로 기록된 데 반해, 1:1-2:3은 시적인 향취가 물씬 풍긴다. 그래서 어떤 학자들은 이 부분을 시로 간주하기도 하지만, 고양된 산문으로 보는 것이 훨씬 낫다. 아무튼 이 부분이 뒤에 오는 창세기의 다른 장들과 특성상 구별되는 것만은 확실하다.

그러나 창세기 1장(1:2-2:3)이 어떤 장르에 속하는지 정확히 콕 찍어서 말할 수 있을까? 헤르만 궁켈은 이 부분을 "빛 바랜 신화"(faded myth)라고 칭했는가 하면, 폰 라트는 신화나 영웅과 관련한 전설(saga) 대신에 제사장적 교리(priestly doctrine)로 간주했다.[12] 이 두 가지 의견 모두 유익한 부분이 없지는 않지만, 창세기 1장(1:1-2:3)을 서곡(Overture)으로 이해한 베스터만의 분류법이 앞에 소개한 두 가지 의견보다 훨씬 더 적합해

12_Herman Gunkel, *Genesis* (9th ed.; Göttingen: Vanderhoeck & Ruprecht, 1977), xiv; Gerhard von Rad, *Genesis: A Commentary* (2nd ed.; London: SCM, 1972), 47.

보인다.[13] 오페라의 시작을 알리는 서곡은 나중에 더 발전적으로 제시될 주요 주제들과 곡조를 소개하는 기능을 담당한다. 즉 창세기 전체를 소개하고 앞으로 어떤 주제들이 전개될지를 미리 알리는 기능을 바로 창세기 1장(1:1-2:3)이 담당하고 있다는 말이다. 게다가 우리는 창세기 1장에서 주요 등장인물들을 처음 만나고 그들의 성격에 대해서도 알게 된다.

창세기의 하나님은 고대 근동의 전통적인 신들과 완전히 다른 분이시다.[14] 창세기 1장에서는 오직 하나님만 능동적으로 활동하신다. 우주의 생성과 발전에 대해 이야기하는 고대의 그 어떤 우주생성론에서도 하나님과 견줄 만한 신이나 여신은 발견되지 않는다. 하나님께서는 오직 한 분이신 하나님이시며 전능하신 하나님이시다. 몇 마디 말씀을 명하시고도 아무런 문제나 어려움 없이 온 우주를 창조하신다. 심지어 고대 근동의 여러 문화권에서 신성시 여김을 받는 태양과 달 그리고 별까지도 하나님의 거룩한 말씀으로 창조된다. 하나님께서는 그 모든 것들을 창조의 목적에 따라 만드시고, 창조세계를 전능하심으로 친히 다스리신다. 또 하나님께서는 인류가 생육하고 번성할 수 있는 환경을 조성하신다. 창세기는 인류가 그렇게 생육하고 번성할 수 있도록 하나님께서 마른 땅과 식물들, 과실을 맺는 나무들, 그리고 천체들까지 창조하셨음을 아주 상세히 묘사한다. 그런데 하나님께서는 인간들이 열매를 따서 먹을 수 있는 나무들을 직접 정해주실 정도로 그들을 향한 특별한 관심을 나타내신다. 고대 근동의 여타의 문화들은 신들이 자신들이 먹을 음식을 구해다가 바치게 하려고 인류를 창조했다고 말한다. 그러나 창세기는 정반대로 이야기한다. 하

13_ Westermann, *Genesis*, 93. Westermann에 의하면, 창 1장은 축제의 서곡으로서 오경에 속한 여러 본문 중에서도 족보와 관련이 있는 자료로 추정되는 제사장문서(P)에 속한다.

14_ 성경적인 유일신론에 관해서는 Michael S. Heiser, "Monotheism and the Language of Divine Plurality in the Bible and the Dead Sea Scrolls," *Tyndale Bulletin* 65 (2014): 85-100을 보라.

나님이 사람에게 먹을 것을 주신다. 게다가 안식일의 쉼은 인류를 위해 하나님께서 허락하신 또 다른 은혜의 징표다. 창세기 1장의 절정은 인간 창조에 있다. 남성과 여성 모두 하나님의 형상대로 지음을 받는다. 이는 남녀 모두 이 땅에서 하나님을 대행하는 대리자라는 뜻이다. 사람이 거룩한 하나님의 형상을 지녔다는 사실은 이제 사람은 안식일을 준수함으로써 하나님을 닮아가야 함을 의미한다.

안식일에 하나님도 쉬셨다는 구절은 그 밖에도 여러 가지 의미를 갖는다. 고대 세계에서는 성전(temple)을 신에게 바치는 데 일주일이 걸렸는데, 그 주간의 7일째 되는 날에 신(들)이 거주지로 삼기 위해 그곳에 온다고 믿었다. 그렇다면 온 세상을 창조하신 것은 창조주 하나님께서 거주하실 성전이 만들어진 것이며, 창조의 7일째에 하나님께서 안식하신 것은 새롭게 창조된 이 땅에 거주하시기 위해 하나님께서 친히 임하신 것으로 이해할 수 있다.[15] 다른 말로 표현하자면, 하나님께서는 하나님 당신의 안식을 위해, 그리고 인간과 함께 살 목적으로 온 우주를 창조하셨다는 것이다. 성경을 진지하게 연구하는 독자라면, 창세기 후반으로 갈수록, 그리고 창세기 뒤에 오는 다른 책들에서, 이 창세기 1장의 주제가 더욱 견고하고 확실하게 발전하는 것을 인식할 수 있을 것이다. 창세기 1장에서 빠진 주제가 하나 있다면 인간의 삶, 특별히 하나님과 인간 사이의 관계에 미친 죄의 영향을 꼽을 수 있다. 그러나 창세기 3장부터는 죄의 관영함과 인간의 삶 전반에 걸쳐 미치게 된 죄의 엄청난 결과에 대한 이야기가 지면의 상당 부분을 차지한다. 이 중요한 주제가 빠져 있긴 하지만 창세기 1장은 창세기 전체를 시작하는 아주 멋들어진 서곡이다. 이곳에 드러나는 여

15_John H. Walton, *The Lost World of Genesis 1* (Downer Grove: IVP, 2009), 72-92을 보라. 『창세기 1장의 잃어버린 세계』(그리심 역간, 2011).

러 가지 개념은 지극히 본질적인 수준에 머물고 있지만, 이후에 오는 부분에서 충분히 발전하게 된다.

창세기 1장에 관한 이러한 분석은 창세기 1장이 창세기 전체 세계로 들어가는 관문으로서 문학적으로 매우 정교하게 구성되어 있음을 잘 보여준다. 더구나 창세기 1장은 성경에 포함된 많은 책을 이해하는 데 도움이 되는 주요 신학적인 원리들도 소개한다. 창세기 1장은 이스라엘 주변 사회에서 살아가던 사람들의 의식세계에 자리 잡고 있던 나약하고 심술궂은 여러 무리의 신과 하나님의 모습 및 능력을 대조시킴으로써, 이스라엘의 하나님이 어떤 분이신지를 극적으로 드러낸다. 만약에 어떤 사람이 창세기의 뼈대를 이루고 있는 족보들을 접하게 된다면 그는 창세기를 해석하는 데 꼭 필요한 발상을 주도하는 개념들이 흘러나오는 창세기 1장을 창세기의 머리라고 부를 것이다. 물론 창세기 1장을 족보와 같은 장르로 이해해서는 안 된다. 우리는 창세기 1장이 그 뒤에 오는 2-11장과 달리 "이는 ~의 내력이니라"라는 표제어로 시작하지 않음을 이미 살펴보았다. 이 사실은 2:4과 그 뒤에 후행하는 부분들을 2:4 앞에 오는 부분과 확연히 구별시킨다. 그러므로 창세기 1장은 창세기 나머지 부분들에 대한 독립적인 서론으로 간주할 수 있다. 즉 창세기 1장은 그 자체로도 독립적인 의미를 가질 수 있지만, 현재 정경상의 위치에서 후행하는 내러티브들에 관한 정보를 제공하는 여러 가지 추측 가능한 논리들을 설명해주는 방식으로 독자들이 창세기 1장 이후에 오는 내용들을 관심 있게 읽도록 도와준다.

창세기 2:4-11:9에 기록된 내러티브들

창세기 1-11장 대부분을 차지하고 2:4-11:9의 본질적인 특성을 결정짓는 것은 사실 에덴동산 내러티브에서 바벨탑 내러티브까지 아우르는 내러티브들이다. 우리는 이 내러티브들이 창세기 1-11장에서 척추와 같은 기능을 담당하는 몇 개의 족보들을 확장시키는 기능을 한다는 것을 이미 살펴보았다. 그런데 이 점은 창세기 1-11장의 장르를 결정할 때에도 반드시 고려해야 한다.

어떤 정황에서 이 내러티브들이 기록되었는지에 대한 논의를 잠시 접어두고 그 내러티브들을 하나씩 하나씩 읽어나가면, 해당 내러티브들이 과거와의 연결을 통해 현재적 경험들을 설명하고 있음이 확연히 드러난다. 그래서 아담과 하와가 창조된 사건을 묘사하는 창세기 2장은 남녀의 결혼과 결합의 필요성을 설명한다. 사람이 혼자 살지 않기 위해서는 결혼이라는 제도가 필요하다. "사람이 혼자 사는 것이 좋지 아니하니"(2:18). 인류가 종족을 유지하고 "생육하고 번성하라"(1:28)는 창조 강령을 성취하기 위해서도 결혼은 반드시 필요하다. 하와가 아담의 갈빗대로 지음을 받았다는 구절은 남편과 아내의 결합이 어떠한 것인지를 잘 보여준다. 결혼은 마치 피를 나눈 혈육처럼 배우자를 서로 연결시킨다. 남편과 아내는 서로에게 살과 뼈다(참조. 29:14). 친밀함에 있어서 형제와 자매처럼 가깝고, 그들의 관계는 영원하다. 아담과 하와가 경험한 결혼과 관련한 보편성은 본보기를 제공한다는 차원에서 이 이야기를 마무리하는 편집자의 한 줄 논평과 함께 더욱 강조된다. "이러므로 남자가 부모를 떠나 그의 아내와 합하여 둘이 한 몸을 이룰지로다"(2:24).

이와 마찬가지로 죄의 특성과 그 결과에 대해 설명해주는 이야기가 창세기 3장에 나온다. 창세기 3장에 따르면, 하나님을 향하여 불순종하는 것이 바로 죄의 본질이다. 하나님께서는 아담과 하와에게 그들이 지켜야 하는 단 한 가지의 원칙을 주셨지만, 그들은 선과 악을 알게 하는 나무의 열매를 따먹음으로써 그 원칙을 묵살해버렸다. 그리고 나서 즉각적인 죄의 결과들이 나타났다. 그들은 두려워했고, 나무 사이로 몸을 숨겼다. 장기적인 죄의 결과들도 저주 가운데 뒤따라왔다. 평생 동안 수고해야 소산을 먹을 수 있고, 뱀과 같은 동물들의 위험과 해산의 고통과 죽음을 겪어야 하며, 생명나무의 열매를 먹고 영원한 생명을 누릴 수 있는 에덴동산에서 추방당해야 했다. 이 특징들은 크고 작은 모든 죄에 적용된다. 그러나 창세기는 이러한 사항들을 신학적인 관념으로 일반화시키지 않고, 이야기를 풀어가는 방식으로 그것들을 생생하게 묘사해낸다. 이 이야기가 죄의 패러다임(paradigm)을 다룬다고 말해도 무방할 것이다. 이 점은 창세기에 뒤따라 소개되는 이야기, 즉 가인이 그의 형제 아벨을 살해한 이야기를 통해서 재확인된다. 창세기 3장과 4장에 나오는 두 이야기는 모두 죄의 전형적인 모습을 묘사하고 있다는 점에서 서로 비슷한 부분이 상당히 많다.

신화: 적절하지 않은 범주의 장르

인류학을 연구하는 학자들이나 종교 현상학자들은 신화처럼 신과 관련한 현상을 설명하는 아주 먼 옛날이야기들을 자세하게 다룬다. 나는 창세기의 서론 부분(창 1-11장)도 그렇다고 주장해왔다. 그 부분은 인간과 동물의 관계, 그리고 남자와 여자의 관계에 대해서 설명한다. 또 해당 부분은 일부일처의 이성 간 결혼을 선보인다. 또 수고와 고통뿐 아니라 죽음의 존재에 대해서도 이야기한다. 이러한 것들을 상세히 설명하면서 창세기 1-11장은 사회의 유형(pattern of society) ─에덴동산에서의 삶은 이상향과 관련된 한 줄기 빛을 제공한다─을 규정하고 동시에 창세기 3장에서 주어진 저주를 견뎌내야 했던 고대 이스라엘 농부의 삶─에덴동산 밖에서의 삶─이 어떤 것이었는지에 대해서도 묘사한다. 따라서 현상학자들이 아무 거리낌이나 주저함 없이 창세기 1-11장을 신화로 기술하리라는 것은 불을 보듯 뻔하다.

그러나 창세기 1-11장을 신화로 간주하는 것은 적어도 현명한 결정이라고 할 수 없다. 게다가 최악의 경우에는 독자들을 호도할 수 있는, 분명 오류가 있는 처사다. 이 문제가 바로 지금부터 내가 다루려는 사안이다. 고대 그리스 철학자들이 활동하던 시대였던 기원전 5세기 이래로 신화는 혹평을 받아왔다. 그리스인들은 호메로스의 신화들과 철학자들의 논리를 서로 대조시켰고, 신화는 철학이나 역사의 진리와 반대되는 비논리적인 허구로 간주되었다. 신화는 시처럼 장식적인 저작법이며 반대로 합리성과 역사는 냉철한 산문을 위한 것이다. 이처럼 신화에 대한 폄하는 시대의 흐름과 함께 계속되어왔다. 라틴어 단어 *fabula*로 번역된 *mythos* 라는 그리스어 단어가 있는데, 이 단어에서 "우화"에 해당하는 영어 단어 fable이 기원했다. 18세기 계몽주의 사상가들 역시 신화를 부정적으로 평가하는 일에 동조하여 급기야 창세기 1-11장을 신화로 이해했다. 설상가상으로 어떤 이들은 성경이 현대의 세속적인 사상가들이 결코 받아들일 수 없는 초자연적인 관점으로 기록되었다는 이유를 들어 성경 전체를 신화로 간주하기도 했다. 이러한 이유 때문에 데 베테(de Wette)를 위시해서 불트만(Bultmann)에 이르기까지, 많은 기독교 신학자들은 성경을 비신화화(demytholize)하려는 노력을 아끼지 않았다. 이 작업은 결국 예언이나 기적과 같은 초자연적인 요소들을 (성경에서) 제거하고, 역사적인 핵심을 뽑아내는가 하면, 성경신학자들이 선호하는 신념과 충돌을 일으키지 않는 방식으로 성경 내 이야기를 다시 구연하는 작업과 결부되었다.

성경신학자들도 신화에 대한 이런 부정적인 견해를 성경에 그대로 적용시켰지만, 신화수집가들(mythographers)은 신화에 대한 꽤 긍정적인 이해를 진작시켰다. 신화는 더 이상 비과학적이고 비역사적이며 진리와 상관없는 것으로 간주되지 않는다. 또 신화는 비논리적이지도 않다. 그와 반대로, 신화는 진리를 표현하는 또 다른 방식을 대변한다. 신화는 철학과 역사를 보충해주며, 사회의 근간을 이루고 영속시키는 사상들을 표현한다. 게다가 신화는 어떤 사회의 특징을 조명해주는 거울이며, 또 그 사회의 사상들과 세계관을 묘사한다. 특히 신화는 사회적인 의식들(social rituals)을 이해하는 데 너무나 중요하다.

이처럼 학문적으로 인식할 수 있는 신화의 입지를 강조하려는 현대적인 시도에도 불구하고, "신화"라는 단어 자체는 여전히 부정적인 색채를 띠고 있다. 어떤 사전은 신화를 "사실이 아니거나 근거가 없음에도 흔히 지지를 받고 있는 믿음"으로 정의한다.[16] 또 다른 어떤 사전은 신화를 "대개의 경우 초자연적인 인물들과 관련된 순전히 허구적인 내러티브"로 소개한다.[17] 일반적으로 사전은 중립적인 정의를 제공하기 마련인데도 불구하고, 거짓이나 호도하는 잘못된 믿음으로 "신화"를 묘사하고 있는 셈이다. 그러나 창세기 1-11장을 처음에 읽거나 들었던 사람들은 거기에 포함된 이야기들을 그런 식으로 생각하지 않았을 것이다. 그들은 우리가 현대 우주생성론이나 다른 과학적인 이론들을 대하는 것처럼 아무런 의심 없이 그 이야기들에 대해 호감을 가졌을 것이다. 이러한 이유들을 감안한다면, 창세기 1-11장을 설명하면서 "신화"라는 단어를 사용하

16_ *The Chambers Dictionary* (Edinburgh: Chambers, 2003).

17_ *Shorter Oxford Dictionary* (London: OUP, 1959).

지 않는 것이 더 현명해 보인다. 앞에서 이미 언급한 바 있듯이, 20세기의 위대한 주석가들이 창세기 1-11장을 주석하면서 남긴 모범적인 사례들을 살펴보면 이 점은 쉽게 확인할 수 있다. 궁켈은 해당 본문을 "빛바랜 신화"로 기술했고,[18] 폰 라트는 "제사장적 교리"라고 표현하는 것을 더 선호했던 반면에, 베스터만은 이 내러티브들을 *Urgeschichte*, 즉 "원시 역사"(primeval history)라고 명명했다.

이 용어들이 해당 내러티브들에서 발견되는 어떤 특징과 관련한 역사성을 명확히 말해주는 것은 아니다. 그렇지만 창세기 1-11장에 나오는 내러티브들이 실제 역사적인 사건들에 대한 이야기일 수 있다는 가능성을 배제하지는 않는다. 여러 가지 차원에서 창세기의 이야기들이 실제 역사와 유사하다고 단언할 수 있는 몇 가지 이유를 들 수 있다. 예를 들면, 창세기 3장은 불순종, 소외, 고통으로 이어지는 죄의 전형적인 체계를 묘사한다. 물론 이 내러티브에서 발견되는 몇몇 특정적인 사안 중에는 매우 독특해서 다른 사람들이 죄를 지을 때마다 반복되지 않는 것도 있다. 아담과 하와가 금지된 나무의 실과를 따먹었을 때 그들은 벌거벗고 있었지만 그 사건 이후로 그들은 옷으로 몸을 가린다. 하나님이 지어서 입혀주셨던 것이지만 옷을 입는 것은 이제 평범한 일상이 되어버렸다. 다른 영구적인 변화 중에는 인류가 에덴동산 밖에서 살게 된 것도 포함된다. 반복된 죄악들 역시 에덴동산 밖에서 자행되었다(예. 가인과 아벨). 또 창세기는 수고와 고통과 죽음을 누군가가 죄를 범할 때마다 발생하는 것이 아니라 인류가 상속받은 유산의 일부로 인식한다. 비록 아담과 하와 이후로 모든 범죄는 하나님의 심판의 정당성을 확인해주지만 말이다. 앞에서 본

18_ 다른 말로 표현하자면, 이 이야기들은 더 오래된 문화권에서 신화로 간주되었지만, 창세기에서는 그와 다른 신학적 체계를 담아내고 있다는 뜻이다.

사안들과 달리 긍정적인 면에서, 우리는 고대 이스라엘 사람들이 모든 여성의 창조를 남성의 복제 식으로 생각하지 않았음을 확인할 수 있다. 하나님께서 아담의 갈빗대를 취해 하와를 창조하신 장면은 결혼에 대한 일반적인 원리를 묘사했다는 관점에서 전형적인 사례를 제공한다고 할 수 있지만, 그들의 관계는 어느 누구에게나 되풀이될 수 없는 유일한 면이 분명히 존재한다. 따라서 나는 1-11장에 속한 이야기들은 신화처럼 사회적으로나 신학적으로 중요한 원리들을 설명해주는 반면에, 매우 독특한 사건을 소개하고 있다고 생각한다. 물론 그 발생 연대를 추정하거나 연대기적 순서를 정하는 것은 어려운 일이다. 그러나 이 사건들은 분명히 역사적으로 발생했던 사건으로 간주되고 있다.

이 내러티브들 안에 여러 개의 족보가 추가된 것을 보면 이 사실을 확인할 수 있다. 우리가 이미 살펴보았듯이, 창세기는 아담까지 거슬러 올라가는 야곱의 아들들의 가계도를 거꾸로 추적한다(창 5장, 11장, 그리고 12장부터 50장까지 족보와 관련된 다양한 기록들을 보라). 그런데 이 족보로 이루어진 뼈대는 창세기 여러 곳에서 내러티브에 의해 중단되거나 다시 확장된다. 족보상 후대에 등장하는 인물들이 실제로 존재했던 사람들이라면—그리고 그 인물들은 실제로 사람들이 생각하는 바대로 행동한다—아브라함의 조상들과 같이 상당히 이른 시기의 인물들도 당연히 실제로 존재했던 사람들로 보아야 한다. 족장들의 첫 아들이 태어나고 또 삶을 마감했던 시대는 족보가 후대로 진행되면서 급격한 변화를 겪는다(므두셀라는 969세까지 살았지만 요셉은 110세에 생을 달리했다). 이 점은 어떤 방식으로든 홍수 이전의 족장들을 홍수 이후의 후손들과 다르게 평가했음을 알려주는 암시일 수 있다. 그러나 이것은 어디까지나 내 추측일 뿐이다.

일단 여기서 중간적인 결론을 내리자면, 창세기 1-11장은 고대 시대로부터 아브라함 시대에 이르기까지 인류의 기원과 발전 과정을 설명해주는 이야기들에 의해 확장된 족보다. 따라서 그 이야기들 안에는 기원전 제2, 제1천년기에 고대 근동 지역에서 널리 통용되던 사상들이 반영되어 있다. 그러나 창세기 1-11장은 여러 가지 방법을 동원해서 그 사상들을 단호하게 거부하고 반박한다. 즉 창세기 1-11장은 다신교주의 내지는 그와 관련한 많은 신념(예. 인간의 역할에 대한)을 부정한다. 그럼에도 불구하고 메소포타미아의 문헌들 중 어떤 것들은 창세기 1-11장과 평행을 이루는 것들이 있다. 따라서 창세기 1-11장의 장르를 조명하기 위해서는 그 문헌들을 참고할 필요가 있다.

창세기 1-11장과 일부 메소포타미아 문헌들 사이에 존재하는 평행적인 요소

메소포타미아 문헌들 중에서 창세기 1-11장과 평행을 이룬다고 제일 많이 알려진 것은 아트라하시스 서사시(기원전 1600년경)다. 이 서사시는 아카드어로 기록된 장편의 시인데, 신 에아(Ea, 수메르의 지혜 신 —역자 주)가 직위가 더 높은 신들에게 곡물을 바치기 위해 땅을 갈고 농사를 지어야 하는 하위 신들의 수고와 고통을 덜어주려고 일곱 쌍의 인간을 창조했다는 이야기로 시작된다. 힘든 농사 일 때문에 지쳐버린 하위 신들은 일을 중단한 채 투쟁을 벌이다가 급기야 자신들이 직면한 문제를 모면하기 위한 방편으로 인간을 만들게 되었다는 것이다. 하지만 인간의 숫자가 매우 빠르게 그것도 폭발적으로 증가하자 최고위층 신들은 인간의 숫자가 증가하는 것을 막으려고 여러 가지 수단과 방법을 동원한다. 그 신들이 사용한 마지막 수단이 바로 온 땅에 홍수가 날 만큼 큰 비를 내리는 것이었다. 방주를 만들어 그 안에 들어간 단 한 사람 아트라하시스(노아)와 그의 가족, 그리고 그 배에 탄 동물들만 이 재앙으로부터 겨우 구원을 얻을 수 있게 된다. 기원전 1600년경에 쓰였다고 알려진 또 다른 메소포타미아 문헌인 길가메시 서사시의 토판 11에는 이 홍수에 대해 더 자세하게 묘사되어 있다. 그러나 길가메시 서사시에 나오는 홍수에 대한 정황은 창세기에 기록된 홍수 이야기와 상당히 근접한 유사성과 배경을 제공해주는 아트라하시스 서사시와는 사뭇 다르다.

아트라하시스 서사시가 우리의 이목을 집중시킬 만큼 창세기 1-11장의 내러티브 요소들과 평행을 이루는 것은 사실이다. 그러나 창세기 1-11장에 나오는 족보들과 더 근접하게 평행을 이루는 문헌은 바로 수메르 왕의 목록(Sumerian King List, 기원전 1900년)이다. 수메르 왕의 목록은 통치 기간이 최대 43,200년에 이르기까지 하는 8, 9, 혹은 10명의 왕들에 대해 상세히 기술한다.[19] 그런 다음 홍수가 땅을 휩쓸어버린 후 다시금 하늘로부터 왕권이 하사되어야 했다는 이야기를 덧붙인다. 크나큰 홍수가 난 이후에 즉위한 왕들은 홍수 이전에 왕들이 수천 년 동안 치세했던 것과 달리 고작 수백 년 정도의 기간 동안만 다스렸다는 대목이 우리의 눈길을 끈다. 기나긴 생을 살았던 왕들에 대한 소개에 이어 홍수 이야기가 뒤따르고 다시 장수한 왕들이 언급되는 유형은, 창세기 1-11장에 아주 오랜 연수를 자랑할 만큼 장수했던 족장들이 소개되고(창 5장), 노아 홍수 이야기가 뒤따르고, 그리고 나서 다시 비교적 장수했던 족장들이 언급된(창 11장) 것과 상당히 유사하다. 수메르 왕의 목록과 창세기 1-11장이 이처럼 구조상 평행을 이루고 있다는 사실은 창세기 1-11장이 기원전 제2천년기 초기에 다다르기까지 긴 기간을 아우르는 계보를 포함하고 있음

19_ 이 왕 목록을 포함한 문헌에 따라 각기 다른 수의 왕들이 소개된다. 그중에 한 가지가 James B. Pritchard, *Ancient Near Easter Texts* (2nd ed.; Princeton: Princeton University Press, 1955), 265에 소개되어 있다.

을 입증해준다.

그런데 족보를 구성하는 여러 요소와 서사시가 갖는 내러티브적인 특성을 함께 병용하여 바로 앞에서 살펴본 창세기 1-11장의 유형과 훨씬 더 정확하게 일치하는 유형을 포함하고 있는 또 다른 수메르 문헌이 있다. 바로 토르킬드 제이콥슨(Thorkild Jacobsen)이 "에리두 창세기"(The Eridu Genesis)라는 이름을 붙인 수메르 홍수 이야기다.[20] 안타깝게도 이 서사시가 기록된 토판들은 훼손되었기 때문에 제이콥슨이 그 일부를 재구성해야만 했지만, 이 서사시는 분명히 인간과 동물이 창조되었다는 이야기로 시작된다. 그리고 이어서 어떤 여신이 인간들을 도시에 살게 해줌으로써 그들의 주거 환경을 개선시키려 한다. 그러나 그 여신의 계획은 실패로 돌아갔고, 결과적으로 왕이 즉위하여 도시를 건립하고 제사 제도를 수립한다는 이야기로 이어진다. 바로 이 시점에서 홍수 이전에 통치했던 왕들의 행적과 이름이 실린 목록이 소개되고, 우리에게 너무나 친숙한 홍수 이야기가 뒤따라온다. 이와 관련하여 제이콥슨은 "지극히 신화적인 내러티브와 결합된…연대기적 목록이 발견된다는 것은 매우 이례적인 일이다"라고 평가한다. 이는 수메르 왕의 목록과 그 구조상 유형이 에리두 창세기의 저작에 큰 영향을 끼쳤음을 시사한다.[21] 그러나 이러한 면모는 에리두 창세기가 성경과 평행을 이루는 여러 가지 요소 중 한 가지에 불과하다. 에리두 창세기는 다음의 중요 특징들을 기초로 성경과 평행을 이룬다. (1) 창조 기사와 함께 시작된다는 점, (2) 과거에 매우 오랜 기간 동안 장수한 인물들을(왕들/족장들)이 열거되어 있다는 점, (3) 홍수 이야

20_Richard S. Hess, David T. Tsumura, *I Studied Inscriptions from Before the Flood* (Winona Lake: Eisenbrauns, 1994), 129-42에 다시 인쇄된 Thorkild Jacobsen, "The Eridu Genesis," *JBL* 100 (1981): 513-29을 보라.

21_ 앞의 책, 141 =*JBL*, 528.

기가 나온다는 점, (4) 원인과 결과에 입각하여 역사를 설명하는 것과 비슷한 방식으로 내러티브가 구성되어 있다는 점, (5) 연대기(통치 연한/수명)에 상당한 관심을 보인다는 점. 제이콥슨에 따르면 앞에 열거한 특징 중 마지막 사항, 즉 창세기와 에리두 창세기 둘 다 연대기적인 순서에 대해 큰 관심을 보이고 있다는 점이 바로 창세기와 에리두 창세기를 모두 연대기(chronology)나 사료편찬(historiography)처럼 보이게 만드는 요인이다.[22] 그래서 제이콥슨은 "이 두 가지 전승을 '신화-역사적인 기사'(mytho-historical accounts)라는 새로운 별개의 장르로 분류할 수 있다"고 말하면서, 에리두 창세기와 창세기 1-11장에 신화적이며 역사적인 면모가 동시에 발견된다고 결론을 내린다.[23] 제이콥슨의 연구는 두 문헌의 특징을 세심히 검토한 분석이긴 하지만, 앞서 "신화"라는 용어에 대해 지적한 바 있듯이, 이 용어를 성경에 그대로 적용하면 불필요한 오해를 불러일으키게 된다. 따라서 많은 독자들에게 창세기 1-11장에 나오는 이야기들이 가상으로 만들어졌다는 인상을 심어주기보다는 그 진실성과 유효성을 확실하게 담아낼 수 있는 용어가 필요하다. 내가 창세기 1-11장을 원형적인 역사(protohistory)로 부르기를 선호하는 것도 같은 이유 때문이다. 창세기 1-11장은 처음에 있었던 일들, 즉 우주와 세상의 기원에 대해 이야기한다는 차원에서 원형적인 역사다. 또 창세기 1-11장은 인간을 대하시는 하나님과 그 방식에 대한 설명을 펼쳐 나가기 시작한다는 차원에서도 원형적인 역사라고 할 수 있다. 더구나 창세기 1-11장은 과거에 실존했던 사건들을 묘사하고 그것들을 통해 얻을 수 있는 교훈을 이끌어낸다는 점에서 지극히 역사적이다.

22_ 앞의 책.

23_ 앞의 책, 140 = *JBL*, 528.

따라서 창세기 1-11장의 장르를 꼭 결정해야 한다면, 나는 원형적인 역사가 가장 적합하다고 주장하고 싶다. 창세기 1-11장은 그 부분이 기록될 당시의 자료들에 의존한 평범한 역사가 아니다. 창세기 1-11장에 나오는 사건들은 해당 성경 본문보다 더 가까이 다가가서 설명해줄 수 있는 자료들을 기초로 한 역사는 분명 아니다. 다른 한편으로, 바깥 세계의 자극을 멀리하고 저자의 상상력을 토대로 기록된 허구는 더더욱 아니다. 그럼에도 불구하고 원형적인 역사는 우리가 실존적으로 살아가고 있는 이 세계가 어떤 세계인지 해석하려는 목적을 갖고 있는데, 그 목적을 방금 전에 설명한 두 종류의 장르와 함께 공유한다. 이 표현을 염두에 둔 채 우리의 논의를 이어간다면, 원형적인 역사는 신학 내지는 사회학적으로 기술될 수도 있다. 역사는 과거를 복사해놓은 것으로 설명할 수 있고, 허구는 영화와 같은 것이라고 말할 수도 있을 것이다. 그러나 원형적인 역사는 과거에 대한 초상화와 같다. 화가의 의도가 충실히 반영된 이러한 묘사는 매우 적절한 상징이라 할 수 있다. 오늘날의 독자들은 바로 이 의도에 초점을 맞춰야 한다. 독자가 성경을 읽으면서 늘 어느 이야기의 세부적인 사항이 역사적인지 아닌지 또는 상상력을 동반했는지 안 했는지를 꼭 가려내야 하는 것은 아니다. 아무쪼록 창세기 1-11장에 기록된 다음 세 가지 에피소드를 살펴보면서 여러분의 입장이 더욱 분명해지기를 바란다.

하나님의 아들들과 네피림(6:1-4)

창세기 1-11장이 전반적으로 부드럽게 구성되어 있는 것은 아니다. 5장에 기록된 긴 족보는 홍수 이야기와 직접적으로 이어지지 않은 채, 하나님의 아들들 혹은 신들의 아들들이 사람의 딸들과 결혼하여 네피림 용사를 낳았다는 6:1-4에 의해 잠시 중단된다. 현대 서구 독자들의 눈에 이 부분은 말 그대로 판타지처럼 보일 수도 있다. 많은 주석가들도 이 에피소드를 아무런 거리낌 없이 신화로 설명한다. 만약에 신화를 고대로부터 이어져 오는 신들에 관한 이야기라고 정의한다면, 이 에피소드는 신화라는 장르에 딱 들어맞는다. 현대 신화 수집가들은 신이나 사회에 관한 매우 기본적인 신념들이 빈번히 신화를 매개로 표현된다고 주장한다. 그럼에도 불구하고 신화의 특징을 그렇게 묘사하는 것은 정작 그 이야기들을 제대로 다루지 못한다는 맹점이 있다. 내가 생각하기에는 창세기 6:1-4을 오히려 다른 장르로 분류하여 해석할 경우 해당 구절에 대한 보다 나은 연구를 진행할 수 있는지의 가능성을 따져보는 것이 더 현명해 보인다. 그래서 나는 기능적인 차원에서의 이해도를 높이되, 세속화된 주석가의 시각 대신에 고대 이스라엘 사람의 시각으로 이 이야기를 읽어보도록 하겠다.

우리가 가장 먼저 주목해야 하는 것은 이 에피소드가 창세기 안에서 어떤 정황을 갖는가 하는 것이다. 이 에피소드는 세상의 모든 민족이 세계 각지로 흩어지고 다양한 언어가 발생하게 된 이유를 다루는 바벨탑 이야기와 평행을 이룬다. 그런데 바벨탑 이야기는 이스라엘 사람들이 알고 있던 고대 세계에 속한 나라들을 열거한 열방 나라들의 명단(10장) 다음에 나온다. 따라서 사건이 발생한 순서대로 말하자면, 바벨탑 이야기는 열방 나라들의 명단 앞에 와야 한다. 마찬가지로 창세기 5장은 "자녀들을 낳고" 생육하고 번성한 노아 홍수 이전에 살았던 태곳적 사람들에 대한 이야기다. 하나님의 아들들은 족보를 작성하고 만드는 일이 가능했던 시대에 활동했던 것이 확실하다. 이 에피소드는 사람의 죄성에 관한 충격적인 평가와 더불어 엄청난 홍수가 닥칠 것이라는 첫 번째 선포가 기록된 6:5-8과 가까운 곳에 위치해 있다. "여호와께서 사람의 죄악이 세상에 가득함과 그의 마음으로 생각하는 모든 계획이 항상 악할 뿐임을 보시고"(6:5).

이 구절은 성경 전체는 아니더라도 창세기에 기록된 것 중에서 사람의 마음과 죄성을 가장 혹독하게 표현한 평가다. 그러고 나서 바로 하나님의 아들들에 관한 에피소드가 이어진다. 따라서 이 에피소드는 그 앞에 기록된 사람의 생각과 죄성에 대한 일종의 주석처럼 보인다. 다시 말하자면, 이 에피소드는 하나님의 아들들과 사람의 딸들을 정죄하되 구체적으로 어떤 관점에서 그들이 악한지를 밝히진 않는다. 도대체 그들의 행실이 어떠했기에 이런 엄청난 비난과 정죄를 받아야만 했을까?

다음의 각기 다른 시대적인 상황에 입각한 세 가지 방식으로 설명할 수 있다.[24] 첫째는, 하나님께 선택받은 선한 사람인 셋의 계보에 속한 사람들이 택함받지 못한 악한 가나안 사람들과 결혼한 것을 비난한 것으로 6:14을 이해하는 방식이다. 이런 방식으로 6:14을 설명하는 것은 나중에 이스라엘 백성과 이방인 사이의 결혼을 금지하는 전조로 작용하며, 이스라엘을 종종 "하나님의 아들"이라고 불렀다는 사실과도 잘 부합한다. 이 견해는 기독교인들에게 가장 보편적인 설명이긴 하지만, 인류를 혈통을 기준으로 분리한다는 인상을 준다. 셋 계보에 속한 사람들만큼 가나안 사람들도 하나님의 아들들이 않았던가? 즉 가나안 사람들만큼이나 셋 계보에 속한 사람들도 사람의 딸들처럼 죄악을 범했다는 말이다.

둘째, 하나님의 아들들이 어린 처녀들을 "골라 [강제로] 자신들의 아내로 삼은"(harem) 왕들을 지칭한다는 식으로 설명할 수 있다. 이 견해는 유대인 해석가들이 강력히 지지했던 해석이다. 간혹 이스라엘의 왕은 하나님의 아들로 불리기도 했지만(예. 시 2:7), 하나님의 아들들이 강제적으로 혹은 비정상적으로 "보고", "취하고", "골랐다"(choosing)는 말은 성경

24_ 더 자세한 논의를 위해서는 Wenham, *Genesis 1-15*, 139-41을 보라.

어디에도 나오지 않는다. 해당 본문에 사용된 동사들은 결혼과 관련한 지극히 적절한 행동을 의미한다. 더구나 인간 왕들을 "신"으로, 또 여인들을 "사람의 딸들"로 불러야 할 이유가 분명히 제시되어 있지 않다. 오히려 해당 성경 구절은 양측의 속성을 대조시키고 있는 것처럼 보인다.

두 번째 설명은 하나님의 아들들이 영적인 존재들이거나 천사들이었다는 세 번째 설명으로 이어진다. 고대 이스라엘 사람들과 동시대에 근동 지역에서 살던 사람들은 영적 존재들과 천사들을 높으신 하나님(혹은 신들)보다 열등하게 생각했던 것 같다. 구약성경은 여러 곳에서 이 존재들에 대해 언급한다. 욥기 1:6과 2:1에서 이 존재들은 천상 어전회의의 구성원으로 등장한다. 그들은 지상 이곳저곳에서 벌어지는 일들을 야웨께 보고한다. 또 시편에서는 야웨께 경배하도록 부름을 받는다. "너희 신들아, 여호와께 경배할지어다"(97:7; 참조. 95:3; 97:9; 96:4). 이런 식의 이해는 기독교 시대가 도래하기 전에 기록된 유대의 문헌들과 신약성경(벧후 2:4; 유 6, 7), 그리고 기원후 3세기에 활약한 초기 교회 교부들이 남긴 기독교 관련 문헌들에서도 발견된다. 그러므로 대부분의 현대 주석가들도 해당 성경 구절에 대한 이 해석을 수용해왔다. 과거에 신과 인간 사이에 태어난 위대한 인물들이 존재했다는 믿음이 널리 퍼져 있었다는 사실도 종종 언급된다. 많은 이들은 길가메시가 3분의 1은 신이며 나머지 3분의 2는 사람이라고 생각했다. 게다가 고대 그리스에서 제우스는 페르세우스, 헤라클라스 그리고 알렉산드로스 대왕의 아버지로, 아폴론은 플라톤과 피타고라스 그리고 아우구스투스의 아버지로 간주되기도 했다.[25] 이와 달리 창세기는 신과 인간 사이에 태어난 이들을 네피림 혹은 "고대에 명성 있

25_John Day, *From Creation to Babel: Studies in Genesis 1-11* (London: Bloomsbury Academic, 2013), 95.

는 사람들"이라고 부른다.

그러나 이 에피소드는 온 세계에 전무후무한 홍수를 초래할 만큼 극악한 죄를 어떻게 묘사하고 있는가? 그리고 하나님께서 이런 결혼을 금지하심으로써 인간 세상에 어떤 일이 벌어지는 것을 막으려고 하신 것일까? 이 에피소드에 사용된 용어들은 인간의 타락에 관한 기록을 연상시킨다. 타락 기사에서 여자가 보암직도 하고 먹음직(good)도 한 선악과 열매를 본(saw) 것처럼, 이 에피소드에서 하나님의 아들들은 사람의 딸들의 아름다움(good)을 본다(see, 창 3:6; 6:2). 또 타락 기사에서 여자가 그 열매를 취했듯이(took), 이 에피소드에서는 하나님의 아들들이 사람의 딸들을 취했다(took). 타락 기사에서는 하나님께서 아담과 하와가 영원히 살지 못하도록 생명나무의 과실을 따 먹지 못하게 막으셨지만, 이 에피소드에서는 하나님께서 인간의 수명을 120년 정도로 한계를 두신다(3:22; 6:3). 이처럼 평행관계를 이루는 요소들을 통해 결국 하나님의 아들들과 하와가 다른 상대편(사람의 딸들과 아담)이 죄를 짓게 만드는 주체로 열거된다. 이 결혼과 연관된 고대인들의 관습을 자세히 관찰해보면, 하나님의 아들들뿐만 아니라 인간 당사자들도 지탄의 대상이 되는 이유에 대해 어림짐작해볼 수 있다. 구약성경 시대에 결혼은 본질적으로 가문에 속한 남자들에 의해 주관되었으며, 특히 신부의 아버지가 결혼에 동의해야만 그 결혼이 성사됐다. 따라서 특별한 강제성이 없었고 정상적인 형태로 진행된 결혼이라는 전제하에, 하나님의 아들들이 제의한 이 결합에 동의한 신부의 아버지들에게 이 결혼에 대한 책임이 있다. 이 대목은 사실 비난과 지탄을 받아 마땅한 당시의 어떤 사회 제도에 대해 실마리를 제공해주는 부분이기도 하다. 고대 사람들은 대단한 영웅들 중에 어떤 이들은 신과 인간의 결혼을 통해 태어난 후손들이라고 믿었다. 뿐만 아니라 신전에서 사제들이 제사 드리는 일을 돕는다는 명목으로 젊은 처녀들에게 이러한 결혼을 권장했는데, 사제들은 신들에게 올려드리는 제사의 절차에 따라 그 여인들과 성관계를 맺었다.[26] 당시 사람들은 이와 같은 성창 제도가 풍요와 다산을 가져온다고 믿었다. 만일 이 시나리오가 틀리지 않았다면, 창세기는 당시 그러한 잘못된 신념과는 매우 다른 해석을 내놓은 셈이다. 신과 인간 사이의 성적 결합이 가져온 것은 풍요와 다산이 아니라, 오히려 온 세계를 물에 잠기게 한 홍수였다! 성적 학대는 분명 금지되어야 한다. 창세기와 모세 오경의 여러 가지 율법 조항들은 성과 관련한 가나안 사람들의 제도들을 제한하거나 금지하는 주제들을 반복적으로 거론한다는 점에서 더욱 그렇다. 가나안 사람들이 행했던 성과 관련한 혐오스러운 관습들은 함이 아버지 노아에게 했던 행동에서 부분적으로 엿볼 수 있으며(9:22-27), 소돔에서 자행되기도 했고(19장), 율법이 맹렬히 비난을 퍼부은 대상이기도 했다(레 18장).

이 에피소드에는 성과 관련한 죄악을 지탄하는가 하면 인간의 타락을 다루는 내러티브와 연결 지어 설명할 수 있는 또 다른 면모가 있다. 우리는 이 에피소드 바로 앞에 묘사된 사건 때문에 인간의 수명을 120년으로 제한한 하나님의 판결에 대해서는 이미 앞에서 살펴보았다. 그런데 그 판결은 타락한 인간을 에덴동산에서 쫓아내시기로 작정하신 하나님의 결정과 사뭇 닮은 구석이 있다. "그가 그의 손을 들어…따먹고 영생할까 하노라"(3:22). 다른 말로 표현하자면, 하나님의 아들들과 사람의 딸들이 결합한 사건을 다루고 있는 이 에피소드는, 창세기 1-11장에서 사람이 신의 영역을 침범하려고 하다가 벌을 받게 된 사건을 묘사하고 있는 세 개

26_ 고대 근동의 성창(sacred prostitution)에 대해서는 Richard S. Hess, *Israelite Religions: An Archaeological and Biblical Survey* (Grand Rapids: Baker Academic, 2007), 332-35; Edward Lipinski, "Cultic Prostitution in Ancient Israel?" *Biblical Archaeology Review* 40.1 (2014): 48-56, 70을 보라.

의 에피소드 중 두 번째 에피소드에 해당한다. 세 번째 에피소드는 바벨탑 사건과 관련이 있다. 이처럼 120년으로 수명을 제한하신 하나님의 선고는, 노아 홍수가 발생하고 난 이후 11:10-26에 나오는 족장들의 수명이 왜 점차적으로 줄어들게 되었는지, 그리고 모세가 왜 일반적으로 최고령에 해당하는 120세에 유명을 달리하게 되었는지에 대해 납득할 만한 이유를 제공해준다.

또 이러한 해석은 결혼을 주제로 한 이 에피소드를 그 저자 및 독자들이 경험할 수 있었던 세계와 이어주는 또 다른 연결고리를 제공한다. 이 에피소드는 단순히 "고대에 명성 있는 사람들"에 관한 이야기가 아니다. 오히려 이 에피소드는 이스라엘 정탐꾼들이 가나안에 들어가 주변을 살피던 당시에도 여전히 그곳에 살고 있었던(민 13:33) 네피림에 관한 이야기다. 성창 제도는 성경이 기록된 모든 시대에 걸쳐 시행되었을 뿐만 아니라 현대화가 상당히 진행된 동양의 일부 지역에서 최근까지도 존속되었다. 그렇다면 이 제도와 관련된 기록을 신화처럼 보이게 한 것은 역사적으로 후대에 실행된 제도와 이 에피소드를 연결시키고자 했기 때문이다. 원형적인 역사로서 이 에피소드가 갖는 특징들을 묘사함으로써 우리는 그 특징들이 고스란히 담겨 있던 사회와 역사적인 실체 모두를 그대로 포착할 수 있게 된다. 즉 이처럼 원형적인 역사의 특징을 담아내는 작업을 통해 우리는 창세기에서 그 끝을 알 수 없을 정도로 계속해서 깊이와 넓이를 더해가는 인간의 죄악과 감히 하나님께 끊임없이 반역하는 인간의 윤곽을 그릴 수 있게 된다. 이 죄악은, 먼 옛날 창조세계를 모두 쓸어버리고 새로운 세계 질서를 다시금 가동시키기 위해 엄청난 홍수가 필요했던 것처럼, 폭력과 악행이 자행되는 이 세계에 금방이라도 산사태를 일으킬 것처럼 쌓여갔다. 그럼 이제 창세기 1-11장에 포함된 에피소드 중 가장 긴 에피소드로 우리의 시선을 돌려보도록 하자.

홍수 이야기

창세기에 나오는 홍수 이야기와 관련해서 반드시 숙지해야 할 사항이 있다. "홍수 이야기"는 "이것이 노아의 족보니라"라는 문구나, 더 정확히 "이것은 노아의 가족 역사니라"(6:9)라는 문구에서 딴 성경적인 제목이 아니라는 점이다. 실제로 이 이야기는 노아가 방주에서 나오는 장면으로 끝나지 않고 가나안을 향한 저주와 함께 끝이 난다. 즉 창세기 저자는 6:9부터 9:29까지를 "노아 가문의 역사"에 속한 부분으로 이해했다는 말이다. 6:5-8은 "(노아) 가문의 역사"를 구성하는 일부분이 아니라, 그 뒤에 오는 내용의 핵심 사항을 미리 소개하는 예고편이다.[27] 우리는 기능적인 차원으로 창세기 1-11장의 장르를 파악하려고 애쓰는 것과 동시에, 먹는 것과 관련한 원칙과 동해보복법(the talion law), 그리고 술 취함과 가나안 사람들에 대한 태도도 같이 고려해야 한다. 또 이 홍수 이야기가 창세기의 일부분일 뿐만 아니라 성경이 아닌 메소포타미아의 문헌인 아트라하시스 서사시, 길가메시 서사시와도 평행을 이루고 있는 본문임을 잊어서는 안 된다.

이미 앞에서 확인해보았듯이, 아트라하시스 서사시는 창세기 2-9장과 꽤 유사한 구조를 갖고 있다. 즉 인간의 창조 기사로 시작해서 홍수 이후 노아(아트라하시스)가 희생 제사를 드리는 것으로 마무리된다. 구성(plot)상 윤곽이 비슷하다 하더라도, 각기 다른 신학적 기원을 두고 있기 때문에 당연히 자세한 사항은 서로 많이 다르다. 창세기가 유일신론을 주창하는 것과 달리 아트라하시스 서사시는 다신론을 표방한다. 창세기에서는 하나님이 인간에게 먹을 것을 마련해주시지만 아트라하시스 서사시에서는 사람이 신들을 위해 먹을 것을 준비한다. 또 창세기에서는 아트라

27_ 창세기에 사용된 여러 예고편(trailers)에 관해서는 Wenham, *Genesis 1-15*, 97을 보라.

하시스 서사시처럼 인류가 크게 번성한 끝에 신들의 평화로운 상태를 깨 트렸기 때문이 아니라 인간의 죄악과 광포함 때문에 홍수가 일어난다. 바 빌로니아 전승에서는 일단 홍수가 발생한 이후 신들이 손을 쓸 수 있는 것은 아무것도 없었다. 반면에 창세기에서는 오직 야웨 하나님만이 노아 를 기억하시고 물이 줄어들게 하신다(8:1). 홍수가 끝난 후에 바빌로니아 신 엔키는 인류가 번성하는 것을 막으려고 아이를 낳는 것을 더 어렵게 하라고 명령한다. 그러나 창세기는 그와 달리 인류에게 처음 주어졌던 명 령을 세 번 다시 반복하여 명한다. "생육하고 번성하라!" 여기서부터 창세 기는 아트라하시스 서사시와 내용이 완전히 다르다. 고기를 먹되 그 피를 완전히 제거하고 먹어야 한다는 명령이 주어지는데 이는 생명 존중의 일 환이었다. 또 라멕이 보여주었던 것과 같은 포악함(4:24)이 다시 온 땅에 만연해져서 홍수가 발생하는 것을 막기 위해 창세기는 피 흘림에 엄격히 비례하는 보응 체계를 도입한다. "다른 사람의 피를 흘리면 그 사람의 피 도 흘릴 것이니"(9:6). 인간의 광포함이라고 하는 잠재적인 문제뿐만 아니 라 항상 악한 것만을 생각하는 구제불능의 인간의 마음도 여전히 문제다 (6:5; 참조. 8:20-22). 정녕 이런 문제들이 또 다른 홍수로 이어지지 않을까? 노아와 같은 의인이 희생제사를 드리지 않았다면 모를까, 8:20-22은 그 렇지 않을 것이라고 선언한다. 그러나 노아처럼 의로운 자도 포도주를 너 무 많이 마신 까닭에 넘어지게 되는데, 이런 실수는 결과적으로 그 아들 이 그에게 불경하게 행동하는 빌미가 된다.[28]

이처럼 창세기는 고대 근동 지역에 널리 퍼져 있던 홍수와 관련한 전

28_ 함의 죄를 구체적으로 명기하는 시도에 관해서는 여러 주석을 참고하라. 노아의 아들 함이 동 성애적인 근친 강간(homosexual incestuous rape)의 혐의가 있다는 의견이나 적어도 동성애적 인 근친상간의 욕망을 품은 죄가 있다는 설명이 가장 타당하다고 나는 생각한다. Robert A. J. Gagnon, *The Bible and Homosexual Practice* (Nashville: Abingdon, 2001), 63-71을 보라.

승들을 취하여 재구술을 시도하되, 전통적인 기사에 실려 있는 신들과 인간 사이의 관계와는 완전히 다른 하나님과 인간의 관계를 새롭고도 도전적으로 그려낸다. 창세기에서 우리는 전지전능하시면서도 인간이 필요로 하는 것들을 살뜰히 챙기시는 하나님을 만나게 된다. 그 하나님은 당신께서 직접 손을 쓰지 않으시면 인간 안에서 억제할 수 없는 포악을 일으키는 죄를 미워하시고 그것을 벌하신다. 피를 제거한 고기와 채소만을 먹으라는 음식물과 관련된 제약, 그리고 타인을 살해했을 경우에 생명은 생명으로 보응하라는 동해보복의 원리는 인간 안에 내재한 죄악된 속성들을 억제하기 위한 방편이었다. 이런 안전장치들과 더불어 창세기 9:11은 "다시는 모든 생물을 홍수로 멸하지 아니할 것이다"라고 선언한다.

창세기는 고대 근동에 익히 알려진 홍수에 관한 기존의 이야기들을 이렇게 수정함으로써 고대 이스라엘 사람들이 추구하며 살아가는 삶의 주요 원리를 정당화하고 또 보호하려고 한 것이다. 창세기에 기록된 홍수 이야기는 왜 이스라엘 사람들이 본래 채식을 했었고 피를 제거한 고기만을 먹어야 했는지 그 이유에 대해서 설명한다. 또 이 이야기는 사형 제도를 통해 저지해야 할 만큼 인간의 광포함이 끔찍했다는 사실에 대해서도 설명한다. 그뿐 아니라 이 이야기는 죄악으로 관영했던 세상을 향해 분노하시고 그 세상을 멸망시키려 했던 하나님께서 마음을 돌이키셔서 세상이 멸망당하는 것을 피할 수 있었던 것처럼 희생제사의 중요성에 대해서도 우리의 주의를 환기시킨다. 게다가 이 이야기는 포도주를 조심하라는 경계심을 심어주고, 부모님을 존중하는 것이 얼마나 중요한지를 강조하는가 하면, 가나안 사람들과 그들의 관습이 초래한 위험적인 요소들에 대해서도 경고한다.

노아 홍수 이야기를 신화로 보든지 역사로 보든지 아니면 허구로 보든지 간에 위에서 거론한 사항들은 반드시 되짚어보아야 하는 것들이다.

고대 이스라엘 사람들의 신념과 관습에 대해서는 어느 정도 충분히 설명할 수 있고 또 정당화할 수 있다. 그렇다면 이 홍수 이야기의 문학적 정의를 결정하지 않아도 괜찮을까? 노아의 홍수 이야기에는 장르를 신화나 허구 대신에 원형적인 역사로 간주하는 것이 더 유익하다고 생각하게 만드는 몇 가지 특징이 있다. 노아 홍수 이야기는 당대의 관습들에 관해 설명해주는 것 이상의 그 무엇이기 때문이다. 이러한 주장은 노아 홍수 이야기가 홍수의 시작과 끝을 이어주는 주요 단계와 과정을 아주 상세하게 묘사하면서 그 사건이 발생한 순서를 염두에 두고 있는 것을 고려할 때 시간과 긴밀한 관련성이 있다는 주장이기도 하다. 홍수는 노아가 육백 세 되던 해 둘째 달 열이렛날에 시작되었다. 일 년 하고도 열흘이 지난 후 물이 말랐을 때 비로소 하나님은 노아에게 방주에서 나오라고 명하셨다(7:11; 8:14). 홍수와 관련된 단계와 단계 사이에 시간이 소요된다. 이 기록들은 노아 홍수 이야기가 역사에 뿌리를 두고 있음을 단적으로 보여주는 대목이기도 하다. 이 결론에 도달할 수 있는 또 다른 방법은 이미 앞에서 자세히 검토했듯이, 이 홍수 이야기를 창세기 5장에 나오는 족보에 연결하는 것이다. 결국 제이콥슨이 지적한 것처럼, 에리두 창세기에서 발견되는 인과관계와 족보에 대한 관심은 에리두 창세기를 신화-역사적인(mytho-historical) 텍스트로 분류해야 한다는 것을 의미한다. 창세기 6-9장에는 에리두 창세기와 확실히 유사한 특징들이 있다. 하지만 앞에서 이야기했던 것처럼 신화-역사적인 장르보다는 원형적인 역사로 보는 것이 창세기 6-9장에 대한 더 나은 묘사라고 생각한다.

바벨탑 이야기(11:1-9)

바벨탑 이야기는 창세기에 기록된 우주적인 심판을 묘사하는 세 개의 이야기 중 두 번째에 해당한다. 노아 홍수 이야기가 첫 번째 이야기이고(6-9

장), 소돔과 고모라 그리고 그 성들이 파괴당한 이야기가 세 번째 이야기다(18-19장). 창세기 2-11장은 인간의 죄악으로 인한 두 번의 격변을 조명한다. 그 첫 번째 이야기는 타락한 인간 때문에 시작되어 온 땅에 가득해진 인간의 부패와 포악함으로 더욱 고조된다(6:11). 두 번째 이야기는 술에 잔뜩 취해 은혜에서 떨어져 나간 노아로부터 시작되어, 그의 아들 함 때문에 더 악화되고, 마침내 하늘에 닿는 성읍과 탑을 건설해서 신의 영역에 들어가고자 했던 인간의 시도로 최고조에 도달하게 된다. "성읍과 탑을 건설하여 그 탑 꼭대기를 하늘에 닿게 하자"(11:4). 과거에도 그랬던 것처럼(3:22-24), 하나님께서는 그들의 계획이 수포로 돌아가도록 간섭하시고 인간의 교만하기 짝이 없는 욕망을 저지하신다. 이 이야기가 우리에게 전하는 메시지는 너무나 분명하다. 그런데 그 메시지가 창세기 1-11장의 장르도 그처럼 명료하게 설명해줄 수 있을까?

바벨탑 이야기를 역사로 보든지, 허구로 보든지, 아니면 원형적인 역사로 보든지, 앞에서 살펴본 메시지는 확연히 드러난다. 그렇지만 바벨탑 이야기를 원형적인 역사로 읽을 때 해당 본문의 메시지를 가장 잘 담아낸다고 생각하게 하는 몇 가지 특징이 있다. 이 바벨탑 이야기는 분명히 열방 나라들이 흩어지기 이전 그리고 10장에 나오는 열방 나라들의 명단에 언급된 것처럼 다양한 언어들이 만들어지기 이전 어느 때, 즉 아주 멀고도 먼 과거를 배경으로 한다. 열방 나라들이 흩어지게 된 사연을 설명하는 이 바벨탑 이야기는 그 나라들이 흩어진 시점보다 앞선다. 이 이야기는 신적인 능력을 갖고 싶어 하던 인간의 욕망을 좌절시키는 데 그 목적이 있다. 아득히 먼 과거를 배경으로 하고 있긴 하지만, 바벨탑 이야기는 당대에 존재하던 여러 다른 나라들이나 언어와 같은 역사적인 실재뿐만 아니라, 바빌로니아의 이름과 아직 완공되지 않은 지구라트에 대해서도 언급한다. "머리를 쳐든 집"이라는 뜻이 있으며 에사길라(Esagila)라고도 불리던 만신전에서 마르두크의 패권을 찬양한 메소포타미아의 에누마 엘리시(흔히 창조 서사시로 불린다)에 의하면, 이 성전의 기초는 지하세계에 있지만 그 꼭대기는 하늘에 닿았다.[29] 창세기는 이러한 생각을 콕 꼬집어서 조롱한다. 그 탑은 결코 하늘에 닿지 못했다. 그 탑을 보시기 위해 하나님께서 아래로 내려오셔야만 했다. 또 당시 사람들은 바빌로니아야말로 종교적으로 세계의 구심점이 되는 도시라고 믿고 있었지만, 창세기는 그 어원을 들어 그러한 믿음을 비웃는다. 아카드어로 *bāb-il*(*im*)은 "하나님의 문"(Gate of God)이라는 뜻이 있는데, 이는 바빌로니아를 통해 신들에게 가까이 나갈 수 있음을 의미한다. 그러나 창세기는 바벨을 *bālal*, 즉 "혼잡하게 하다"(to confuse)라는 동사와 연결시킨다. 하나님은 "그들의 언어를 혼잡하게 하자"(*nābĕlāh*)라고 말씀하신다. 다른 말로 표현하자면, 바빌로니아의 이름은 하나님께서 열방 나라들을 흩으시고 서로 다른 언어를 사용하게 하심으로써 그들이 서로 막힘없이 의사소통하는 것을 막으신 하나님의 심판을 연상시킨다. 그만큼 당시 인류가 교만했다는 뜻이다. 바빌로니아의 허세를 조롱하는 *nābĕlāh*와 발음이 비슷한 단어가 또 있다. "어리석음"이라는 뜻의 *nĕbālāh*다. 그러므로 우리는 바벨탑에 대해서 이야기할 것이 아니라 "바빌로니아의 어리석음"에 대해 이야기해야 한다.

위에서 살펴본 바와 같이 바빌로니아와 연관된 몇 가지 믿음을 반대하는 정서는 구약성경에 반복적으로 나타나는 주제인데 여러 시대에 걸쳐 제기됐을 가능성이 높다. 그러나 바벨탑 건설이 실패로 돌아갔다는 사실은 적어도 지구라트가 바빌로니아에서 황폐화된 어떤 시점을 가리키는 것 같다. 대규모 건축 사업을 추진했지만 끝내 완성하지 못한 채 그저

29_A. R. George, *House Most High: The Temples of Ancient Mesopotamia* (Winona Lake, IN: Eisenbrauns, 1993), 139 §967.

전설과 농담거리로 빈축을 사고 말았던 느부갓네살 1세(기원전 1123-1101년)가 다스리던 기간을 어느 정도 설득력 있는 시대적 배경 중 하나로 들 수 있다. 그렇다고 하더라도 바벨탑 이야기는 아주 오래된 과거를 배경으로 삼고 있긴 하지만 후대의 역사적인 실체들과 연결되어 있는 것이 확실하다. 그러므로 나는 앞에서 거론한 다른 대안들보다 원형적인 역사라는 장르가 이 이야기의 본래 장르가 담아내고 있는 여러 특징을 묘사해내는 데 가장 적합하다고 한 번 더 반복적으로 주장하는 바다.

결론

나는 지금까지 이 짧은 글에서 창세기 1-11장의 메시지를 되찾는 것이 그 장르를 결정하고 정의를 내리는 일보다 더욱 중요하다는 점을 중점적으로 피력했다. 창세기 1-11장이 어떤 장르에 속하는지를 결정하고 그 정의를 확실히 하는 것은 해당 성경 본문을 해석하는 데 어느 정도 명료성을 제공할 수 있겠지만, 그 본문에 대한 우리의 이해를 근본적으로 변화시키지는 않는다. 나는 장르와 관련하여 여러 학자들이 제안한 다른 대안들보다도 원형으로서의 역사라는 범주가 가장 적합하다고 생각하는 몇 가지 이유를 제시했다. 또 나는 창세기 1-11장이 아담으로부터 노아까지 10세대, 그리고 노아로부터 아브람까지 10세대로 구성된 직선적으로 확장된 족보/계보라고 주장했다. 이 족보에 기록된 대부분의 인물은 그 이름과 첫아들을 낳았을 때의 나이 그리고 죽었을 때의 나이에 의해 구별이 가능하다. 그들 중 몇몇 사람에 대해서는 아들 노아에 대한 라멕의 기도라든지 하나님과 동행한 에녹에 관한 목격담 등 족보상의 기록 이외에 자세한 설명이 별도로 첨부되기도 한다. 또 에덴동산이나 홍수에 관해 추가적으로 언급된 내용들이 아주 긴 이야기의 형태로 확대되는 경우도 있지만, 그 이야기들이 족보의 연대기적인 뼈대에 부가적으로 추가된 것은 의심의 여지가 없다. 이처럼 희미하고 멀고 먼 옛 시대에 있었던 연쇄적인 사건들의 연대기적인 순서와 인과관계에 대한 관심이 반영되어 있다는 사실은 창세기 1-11장을 신화나 역사보다는 원형적인 역사로 묘사하는 것이 더 적합하다는 결론을 지지한다.

이러한 결론은 우리가 앞서 살펴본 것처럼 족보에 추가적으로 연결된 세 개의 에피소드를 분석한 결과와 잘 부합한다. 천사들과 인간의 딸들의 결혼을 다룬 이야기는 현대 독자들이 판타지로 여길 만한 신적인 존재들에 관한 이야기이기 때문에 얼핏 보기에 신화로 느껴질 수도 있다. 그러나 나는 고대 독자들의 상황은 그렇지 않았다고 분명히 지적했다. 그들은 어떤 위대한 역사적인 인물들이 실제로 인간과 신적인 존재 사이에서 태어났으며 성전 창기가 그런 결합을 위한 매개체였다고 믿었다. 홍수와 더불어 인간 수명이 최대 120세까지 줄어들었다는 이야기는 성경에 묘사된 인물이 상상력을 동원하여 만들어낸 허구나 신화적인 존재가 아님을 여실히 보여준다.

이와 마찬가지로, 홍수 이야기는 기본적으로 죄의 심각성 —특별히 성전 창기와 인간의 포악함 —을 집중적으로 묘사하는 교훈적인 내러티브다. 이 이야기는 육식을 하게 된 배경과 그와 관련한 원칙에 대해 설명해주는가 하면, 출산을 장려하고, 무제한적인 복수와 인간의 광포함이 폭발적으로 증가하는 것을 막기 위해 도입된 동해 복수법에 대해서도 소개한다. 창세기에 나오는 노아 홍수 이야기는 당대에 이미 많이 알려져 있던 고대 근동의 이야기들을 새롭게 재구성하되 고대 근동의 이야기와는 다른 대안적인 신학과 윤리를 설파한다. 창세기는 지극히 높으신 야웨 하나님 오직 한 분만이 살아 계시고 모든 일을 능력 가운데 통제하시고 역사하심을 강조한다. 대부분의 고대 근동의 신들은 도덕적으로 느슨한 기준을 갖고 있는 반면에, 창세기에 묘사된 하나님은 창조세계를 홍수로 심판하실 정도로 인간들이 바르게 처신하는 것에 큰 관심을 두신다. 이처럼 고대 근동의 홍수 이야기들은 우연성과 연대기에 관한 관심을 동시에 반영하고 있기 때문에 신화-역사적이라는 꼬리표가 붙어왔다. 창세기에도 그런 특징들이 현저하게 나타나지만, 신화와 연결하는 과오를 피하기 위해서 나는 이러한 내용들을 원형적인 역사라고 칭한 것이다.

우리가 면밀히 살펴본 세 번째 에피소드는 바벨탑에 관한 내러티브다. 이 에피소드는 일차적으로 바빌론의 종교적 허세를 조롱한다. 바벨탑 꼭대기는 하늘에 닿기에는 턱없이 모자랐다. 오히려 하나님께서 그것을 보기 위해서 하늘에서 땅으로 내려오셔야 할 정도로 너무 낮았다. 바빌론은 하늘로 가는 관문인 척했을지언정 정작 혼란과 어리석음으로 사람들을 미혹시켰다. 추측하건대 이 이야기는 당대의 특징들을 고려한 정치적 풍자로서의 면모도 있을 듯하다. 그러나 보다 깊은 차원에서 이 이야기는 인간들이 거룩한 신적 특권을 침해하고 찬탈하려 한 또 다른 시도를 묘사하고 있다. 아담과 하와는 그 당시 온 인류를 포함하여, 선과 악을 알게 하는 나무의 과실을 따 먹고 에덴에서 추방되었다. 또 성전 창기들과 몸을 섞는 제의(cult prostitution)에 동참하고 포악하게 폭력을 행사하던 이들은 홍수에 휩쓸려갔다. 만일 우리가 이 두 가지 이야기를 원형적인 역사로 간주한다면, 바벨탑 사건 역시 원형적인 역사로 분류해야 한다는 결론에 이르게 된다. 그러나 해당 이야기 자체에도 앞서 말한 결론을 지지하는 단서들이 눈에 띈다. 바벨탑 에피소드는 각종 언어들과 민족들이 서로 나누어지기 훨씬 이전 시대를 배경으로 한다. 하지만 이 이야기는 바빌론이 내세운 터무니없는 주장들을 이미 인식하고 있을 뿐만 아니라, 돌과 회반죽 대신에 벽돌과 역청을 활용하는 건축기술을 사용했음을 언급한다는 점에서, 시간적으로 한참 후대의 정황과도 연계되어 있다. 게다가 이 바벨탑 이야기는 바빌론이 스스로 자기의 이름을 내고자 했던 노력과 시도를 좌절시킨 하나님께서 오히려 아브라함의 이름을 직접 창대하게 하시겠다고 약속하신 이야기를 기대감 어린 시선으로 바라본다. 이와 같은 방법으로 아득히 먼 과거와 현재의 실재가 서로 연결되는데, 이는 원형적인 역사가 갖는 전형적인 특징이다.

논평

제임스 K. 호프마이어

고든 웬함은 수십 년 동안 모세 오경 전반과 창세기와 관련한 연구를 진행해왔으며 매우 탁월한 학문적 성과를 일궈냈다. Word Biblical Commentary 시리즈의 창세기 주석은 출판된 지 25년이 지났음에도 불구하고 학자들 사이에서 여전히 권위 있는 자료로 회자되고 있다. 이 책에 대한 웬함의 공헌은 당연히 그가 이미 이루어놓은 걸출한 성과를 토대로 한 것이다.

나는 웬함이 창세기 1-11장을 어떤 방식으로 검토했는지를 면밀히 살펴보았다. 그는 저자의 의도(성경 본문의 기능)와 오늘날 독자들이(창세기 본문에 사용된 언어 기술 기법에 입각한 기능보다는 문화 일반적인 기능) 기대하고 있는 바를 적절히 구별한다. 그리고 "정통 기독교 가설들"을 아우르면서 성경 내러티브에 접근하는 방식으로 앞에서 언급한 전략적인 독법을 서로 연결시킨다. 웬함이 그 가설들에 대해 하나하나 설명한 것은 아니지만, 교회 공동체는 창세기 1-11장을 지난 2000년 동안 "이야기"로 간주해왔다. 나는 이 교회 공동체의 전통이 그 이야기 안에 역사적인 사건들이 반영되어 있다는 점을 염두에 두고 있었다고 생각한다. 아무튼 웬함의 독법은 "정통 기독교 가설들"이라는 어구를 통해 그가 무엇을 의미하려고 했는지를 보다 정확히 파악하는 데 도움을 준다.

나는 창세기에 나오는 족보들의 기능에 대해 웬함이 주장한 것과 같은 의견을 갖고 있다. 웬함은 그 족보들을 창세기의 뼈대를 이루는 "골격"(backbone)으로 간주한다. 또 웬함은 창세기 1장에서 "후행하는 부분들의 주요 주제들이 소개되기 때문에" 창세기 1장을 1-11장의 서두로 이해한다. 뿐만 아니라 그는 창세기 1-11장에 기록된 족보들이 다시 여러 부분으로 나뉘며, 7이나 10과 같은 상징적인 숫자가 자주 사용되는가 하면, 앞에 놓인 족보를 토대로 뒤따라오는 내러티브가 확장되었다고 설명한다. 이러한 설명은 학계의 일반적인 의견과 충돌을 일으키는 부분이 없지 않지만 내가 보기에는 매우 타당하다. 이어서 웬함은 "창세기 1-11장의 장르를 확장된 계보로 얼마든지 설명할 수 있다"고 제안한다. 이 제안은 내가 이 책에 실린 내 글에서 이미 제안한 주장과 거의 일치한다.

나는 창세기 1-11장을 신화로 간주하는 것은 "적절하지 않다"는 웬함의 주장에 대해서도 동의한다. 이미 나는 창세기 내러티브에 묘사되어 있는 지리적인 실재 사항들(특히 에덴동산의 위치)에 대해 집중적으로 살펴보았다. "신화"라는 단어에는 지극히 부정적인 함의가 포함되어 있다는 것이 그의 논점인데, 계몽주의 사조에 영향을 받은 학자들이 신화나 우화에서 비롯된 범주에 성경을 포함시켜서 그리스-로마식의 이해를 성경에 그대로 적용시키고 비신화화 작업을 한다거나 초자연적인 요소들을 제거하려 하기 때문이다. 지금은 종교적인 믿음에 대해 반감을 덜 갖게 하는 신화와 관련한 다양하면서도 대안적인 접근이 많이 시도되고 있지만, 신화라는 장르와 그것이 의미하는 부정적인 함의 때문에 발생하게 되는 혼란은 여전히 많이 남아 있다. 따라서 "창세기 1-11장의 장르에 대해 설명할 때 신화라는 용어를 사용하는 것은 가능한 한 피하는 것이 좋다"는 웬함의 조언은 매우 신중하고 사려 깊은 결정으로 보아야 한다.

"창세기에 기록된 이야기들은 여러 면에서 역사처럼 보이기 때문에"

신화보다 더 적절한 장르에 대한 연구가 필요하다는 웬함의 인식은 지극히 타당하다. 나는 창세기 1-11장에 기록된 사건들을 연대기적으로 정확히 설명할 수는 없지만, "역사적으로 실존했던 사건들로 간주되는" "원형적인 역사"로 이해해야 한다는 그의 제안에 공감한다. 웬함은 창세기 1-11장을 원형적인 역사로 간주하면서 그 안에 포함된 사건들이 "과거의 실재를 묘사한 것이며 그 묘사를 통해 어떤 교훈을 이끌어낸다는 점에서 역사적이다"라고 더욱 확고하게 주장한다. 나는 창세기 1-11장이 실제 인물들과 역사적인 사건들을 다루고 있으며 신학적인 진리의 기초가 된다는 웬함의 입장에 전적으로 동의한다. 고대 이스라엘 사람들의 종교 의식과, 유대교, 그리고 기독교가 이교도의 신화들과 허구적으로 조작된 이야기들을 바탕으로 하나님과 인간에 대한 기본적인 교리들을 수립해 왔다는 주장은 정말 상상하기도 어려운 황당무계한 말이다. 이 책 앞부분에 수록된 내 글과 이 책 말미에서 스팍스의 주장에 대해 내가 제시한 논평 부분에서 다시 내 입장을 피력했지만, 나는 역사는 다양한 장르에 따라 각기 다른 형태로 기록될 수 있으며, 현대의 비평학적 분석의 잣대로는 그 진정성을 평가받기 어렵지만, 창세기 1-11장은 역사적으로 발생했던 사건들을 묘사한 기록에 해당할 수도 있다고 생각한다.

웬함은 역사를 한 편의 그림이나 한 장의 스냅 사진에 비유하면서 원형적인 역사와 조심스럽게 구별한다. 웬함에 따르면, 후자는 "화가의 의도를 정확하고 생생하게 반영한 그림"으로서 화가가 직접 그린 초상화에 더 가깝다. 디지털 이미지와 그림을 구별하는 것은 이미 20여 년 전에 필립스 롱(V. Philips Long)이 『성경 역사의 예술』(*The Art of Biblical History*)이라는 제목으로 출판한 책을 발전시킨 것으로서 매우 유용한 시도라고 볼 수 있다. 왜냐하면 실재를 묘사해내는 두 가지 서로 다른 방법을 구별해야 한다는 롱과 웬함의 생각은 창세기와 그것을 읽는 현대 독자들이 기대하는 것들을 통찰력 있게 구별해낼 수 있는 방법이기 때문이다.

　이 책에서 중점적으로 검토하고 있는 몇 가지 특정 내러티브 사건들에 대해 주의를 기울이면서 웬함은 논리적인 근거에 입각해서 고대 근동의 문헌들과 창세기 1-11장 사이에 평행적인 부분들을 추적 연구하는데, 웬함이 제시한 이 연구는 흠잡을 데가 없을 정도로 너무나 훌륭하다. 나는 웬함이 단순히 창세기 1-11장에 기록된 이야기들과 메소포타미아 신화들 사이에서 찾아볼 수 있는 비슷한 부분들만을 살펴보는 데 그치지 않고 두 문헌 사이의 차이점에 대해서도 면밀히 조사한 점을 높이 평가하고 싶다. 웬함이 시도한 것과 유사한 비교분석이 이루어진다면, 두 문헌이 평행을 이루는 요소보다는 서로 다른 점이 더 큰 의미를 갖기 때문이다. 두 문헌을 지나치게 단순화시켜 비교하는 것은 아무런 의미도 없을뿐더러, 다른 이야기들을 차용하고 새롭게 재구성하는 데 필요한 토대도 마련해주지 못한다.

논평

켄톤 L. 스팍스

웬함 박사는 창세기 1-11장의 문학적인 세부 사항을 사려 깊게 검토한다. 웬함은 이미 수 년 동안 창세기를 정밀하고 자세하게 검토한 후에 두 권으로 된 창세기 주석을 펴냈기 때문에 그가 이처럼 꼼꼼하게 본문을 분석해 낸 것은 어찌 보면 너무나 당연한 일이다.[1] 나는 웬함이 제시한 논점들에 대해서 동의하는 바도 있지만 그렇지 않은 부분도 있다. 그러나 나와 웬함의 주석적 이해가 다른 것은 단순히 개인적인 입장 차이일 뿐 어떤 중대한 사실에 관한 문제는 아니다. 예를 들어, 나는 인간의 타락 이야기(창 3장), 네피림 에피소드(창 6장), 바벨탑 에피소드(창 11장)가 문학적으로나 주제적으로 서로 연관성이 있다는 웬함의 생각에 동의하지만, 노아가 술에 취한 사건(창 9장)을 악의 없는 단순한 실수가 아니라 비난받아 마땅한 죄악으로 지나치게 혹평하는 것에 대해서는 동의하지 않는다. 그러나 다시 한 번 말하지만, 이것은 어디까지나 개인적인 입장의 차이에 지나지 않는다. 나는 아래에 언급할 여러 가지 사항에 대해서 비평학적으로 접근할 계획이다. 하지만 나의 논평을 본격적으로 시작하기에 앞서서 성경 본문을 매우 진지하게 대하는 웬함의 주장들을 먼저 심도 있게 살펴볼 것이다.

1_ Gordon J. Wenham, *Genesis* (2 vols.; WBC; Waco, TX: Thomas Nelson, 1987-1994).

이 책에 실린 웬함의 짧은 글보다는 그가 펴낸 두 권의 주석이 우리가 지금 토론을 벌이고 있는 주제와 관련하여 이야기하기에 훨씬 효과적이다. 우리가 논의하고 있는 핵심 사안인 창세기의 장르 및 역사성과 관련해서 웬함의 글은 사실 큰 도움이 되지 못한다. 웬함은 창세기의 다양한 장르와 역사성을 이해하려는 시도를 마치 꼭 필요하지 않은 사치스러운 일쯤으로 간주하는 것 같다. 장르 문제와 관련하여 웬함이 이런 태도를 취하는 것은 지금 우리가 진행하고 있는 토론에 도움이 될 만한 여러 가지 이론에 대해 그가 별로 관심이 없기 때문일 것이다. 이런 이유 때문에 웬함은 장르에 관한 이해가 그의 창세기 해석에 많은 영향을 끼쳤다는 사실조차도 깊이 생각하지 않는 것 같다. 하지만 창세기의 장르는 창세기의 역사성과 관련해서 엄청난 영향을 미친다. 이와 똑같이 창세기의 역사성은 "독자들이 이 책을 신학적으로 어떻게 읽어야 하는가?"라는 질문에 대해서도 큰 영향을 끼친다.

창세기 1-11장이 정말 실제로 있었던 사실 그대로의 역사를 기술한 것은 아닐 수도 있다는 가능성에 대해 웬함은 호프마이어보다는 생각이 열려 있다. 하지만 웬함은 창세기 1-11장에 속한 어떤 부분이 역사적인 진술이고 어떤 부분이 그렇지 않은지를 분명히 이야기하지 않는다. 창세기 1-11장에 포함된 어떤 부분이 있는 그대로의 역사를 기술하고 있는지도 알 수 없을 뿐만 아니라, 창세기가 사용한 역사적인 사항들의 출처가 무엇인지, 그리고 정말 그 역사가 정확한지에 대해서도 웬함은 명확하게 이야기하지 않는다. 이런 혼란이 발생한 것은 웬함이 엄밀한 의미에서 "역사적인 묘사"(historical representation proper)와 "일반적인 차원의 묘사"(representation in general)를 혼용해서 사용하기 때문이다. 일반 평신도 기독교인들이 창세기의 역사성에 대해 궁금해할 때는 성경 본문이 어떤 방법으로 역사적인 실재를 묘사했는지 알고 싶은 게 아니다. 그들은 이 세계가 정말 문자 그대로 6일 만에 창조되었는지, 인간이 정말 특별하게 (진화와 상관없이 하나님의 말씀으로) 지음을 받았는지, 창조 당시에 뱀이 정말 직립보행을 하고 사람이 알아들을 수 있는 말을 했는지, 노아가 정말 어마어마하게 큰 배를 만들었는지 아닌지를 알고 싶어 한다. 웬함은 대체적으로 이런 질문들을 피해간다.

나는 이 논평에 앞서 호프마이어 박사의 주장에 대해 논평을 제시했던 것과 같은 방식으로, 웬함이 자신의 주장을 위해 발전시키고 제안한 다양한 이론의 핵심 사항을 검토하면서 내 나름의 입장을 제시해볼까한다. 다만 내 논의를 통해 웬함의 관점을 공정하게 기술하기를 바라지만 혹시라도 내가 잘못 이해한 부분이 있다면 미리 사과한다.

웬함의 첫째 논점: 우리가 숙고해야 할 문제는, 창세기 1-11장이 역사든 신화든 허구든 아니면 "그 나름의 독특한"(*sui generis*) 그 무엇이든 상관없이, 장르에 관한 이해는 해당 본문 어느 곳에서도 입증되지 않는다는 것이다. 창세기의 장르는 어디까지나 부차적인 사안이다. 성경을 해석하고 적용하는 것이 우리의 주된 관심사이기 때문이다.

창세기 1-11장 전체를 두루 살펴보는 공동의 과제와 관련하여, 웬함의 해석은 충격스러울 정도로 이론적으로도 탄탄하지 않고 신학적으로도 환원적(reductionistic)이다. 이론적으로 말하자면, 아무리 새롭더라도 이해할 수 있는 담론이라면 기존 담론의 형태나 유형과 어느 정도 비슷한 부분이 있기 마련이다. 그렇지 않으면 독자들은 그 담론을 이해할 수 없기 때문이다. 엄밀히 말해서 창세기는 그것이 어떤 책이든 상관없이 그것만의 유일하고도 독특한 장르일 수 없다. 즉 창세기 1-11장은 일반 세속적인 문헌들이 기록되는 전례와 상당히 비슷한 방식으로 저작되었을 뿐만 아니라 또 그 문헌들의 다양한 특징도 공유한다. 한 가지 질문을 하자면, 창세기를 바르게 해석하는 데 도움이 될 만한 유사한 문헌들을 찾을 수 있느냐 없느냐에 관한 것이다. 왜냐하면 이런 비교사례를 충분히 고려하지 않는다면, 우리는 창세기가 마치 현대인들이나 각 개인의 기호에 맞게 기록된 것쯤으로 생각하기 쉽기 때문이다. 결과적으로 그 의미나 중요성을 왜곡시킨 채 창세기를 읽게 될 것이다. 그러나 바로 앞에서 한 말과 동시에, 창세기를 다른 문헌들처럼 일견 그 나름의 독특한 장르라고 단정짓는 것도 꽤 안전하다는 생각이 든다. 왜냐하면 창세기는 여러 유사 문헌에서는 찾아볼 수 없는 창세기만의 독특한 특징이 있기 때문이다. 내 생각이 틀리지 않다면, 우리가 해야 할 일은 창세기와 고대 근동 문헌들 사이의 유사점과 차이점을 두루두루 살펴보는 것이다. 웬함의 글에 보이는 단점 하나는 창세기가 다른 문헌들과 구별되는 독특한 장르라는 점만을 배타적으로 집중 조명한 나머지 창세기와 다른 문헌들 사이에 상당히 중요한 유사점이 존재한다는 사실을 간과했다는 점이다.

또 창세기의 장르를 결정하지 않고, 아니 더 정확히 말하자면 역사성에 대한 질문에는 답을 제시하지 않은 채, 성경 본문을 성공적으로 해석하고 적용할 수 있다는 웬함의 주장 역시 동의하기 어렵다. 나는 해석과 관련한 일련의 작업들은 장르에 대한 이해를 기초로 한다고 생각한다. 어떤 텍스트의 종류/유형을 결정하지 않는다면 그 텍스트를 온전히 "이해할" 수 없기 때문이다. 어떤 본문의 장르에 관한 이해와 해석의 문제는 동전의 양면과 같은 관계라 할 수 있다. 따라서 웬함은 그가 인지하고 있든 아니든 그의 논의를 시작하는 시점부터 그것을 마무리할 때까지 장르와 관련한 결정을 내리고 있는 셈이다. 웬함의 창세기 연구에 이론적으로 분명치 않은 부분이 존재하는 이유는 웬함이 창세기 본문의 역사성에 대해 무관심하기 때문이다. 그는 역사성이 갖는 중대한 함의를 오해하거나 그것에 대한 이해가 부족하기 때문에 창세기를 신학적으로만 해석하거나 전용하려 한다.

웬함의 둘째 논점: 창세기 1-11장을 교리, 역사, 허구나 신화 그 어떤 것으로 이해하든지 해당 본문의 본질적인 메시지는 너무나 자명하다.

웬함은 성경의 역사성 문제를 그리 심각하게 생각하지 않는 듯하다. 하지만 역사성과 관련한 신학적 결과들은 결코 가치중립적이지 않다. 우리가 성경을 정확 무오한 역사로 생각하는 것만큼이나 우리는 성경에 기술된 모든 내용이 신학적으로 구성된 것임을 인식해야 한다. 지금부터 이 문제를 좀 더 자세히 설명해보도록 하겠다.

어떤 내러티브가 알레고리나 비유처럼 정확히 말해서 역사적이지 않을 때 저자는 그 이야기에 포함된 모든 내용을 독자들과 결부시키지는 않는다. 예를 들자면, 창세기 저자는 창세기에 등장하는 뱀을 유혹의 기원을 설명해주는 상징물로 제시할 뿐이지, 그 뱀이 문자 그대로 한때는 걸어 다녔지만 죄를 저지른 후 평생 동안 말도 할 수 없고 배를 땅에 댄 채 스르르 기어 다녀야만 하는 생명체가 되었음을 의미하는 것은 아닐 수도 있다. 그러나 이 창세기 내러티브가 정말 정확하게 역사적이라고 한다면, 저자는 독자들에게 그 뱀이 말을 할 수 있었다는 것뿐만 아니라 이 내러티브에 묘사된 모든 내용까지 문자 그대로 받아들이게 하려는 의도가 있었을 것이다. 내가 말하고 싶은 것이 바로 이것이다. 웬함은 사실 정반대의 주장을 내세우고 있지만, 성경 본문의 "본질적인 메시지"는 해당 본문의 장르를 면밀히 숙고하지 않고서는 결코 분명히 파악할 수 없다. 장르는 본문의 의미와 중요성을 파악하는 열쇠이기 때문이다. 창세기가 정말 역사 그대로 기록되었다면, 우리는 창세기에 오늘날 기독교인들에게 신학적이고 윤리적이며 과학적인 심각한 문제들을 불러일으킬 수 있는 내용까지 포함되어 있다는 또 다른 문제와 직면할 수밖에 없다.

웬함의 셋째 논점: 우리가 창세기에 어떤 장르를 적용하든지 간에, "신화"는 창세기와는 어울리지 않는 범주다. 신화라는 명칭은 창세기 1-11장에 걸맞지 않다. 일

반적인 용어상 신화는 텍스트에 실린 내용이 사실이 아니거나 신뢰할 수 없음을 의미하기 때문이다. 창세기는 하나님의 말씀이다. 즉 권위 있고 신뢰할 수 있는 진리의 말씀이다. 따라서 그런 부정적인 인상을 주는 단어나 명칭은 사용하지 말아야 한다.

웬함은 처음에 "신화"는 창세기가 "부정확하다"는 식의 뉘앙스를 풍기는 명칭이라고 말하며 그 명칭을 창세기에 사용하는 것을 절대적으로 반대했다. 그러나 나중에 가서는 "신화"라는 명칭이 독자들이 창세기의 내용을 오해하게 만들 수 있다는 식으로 다소 완화된 입장을 취한다. 이처럼 신화라는 장르상의 범주를 창세기에 사용하는 것과 관련하여 웬함의 입장이 다소 누그러진 것은 신화에 대한 그의 생각이 바뀌었음을 의미하는 것 같다. 웬함이 제시한 세 번째 논점에 나타난 그의 초기 입장(신화의 올바른 정의에 입각하자면 신화라는 장르상의 이름과 창세기는 결코 부합할 수 없다)이 신화라는 장르가 갖는 본질적인 특성과 관련한 사실주의 입장("신화"의 의미는 당시의 관습과 관련된 것이지 사실 그대로의 엄격한 잣대를 들이대야 할 문제는 아니라는 식의)[2]에서 유명론으로 변화된 것처럼 보이기 때문이다. 어쨌거나 웬함은 결국 본질적인 차원 대신 목회적인 관점에서 창세기 1-11장을 "신화"로 이해하기를 거부하고 있는 것 같다. 그는 신화가 실제적인 실체와 여타의 다른 장르들까지 담아낼 수 있는 장르라는 것을 인식하면서도, 신화라는 단어가 일반 사람들에게는 단순히 "사실이 아니다"라는 뉘앙스로 다가올 수 있음을 지적한다. 그래서 기독교인들은 창세기뿐만 아니라 성경의 다른 어떤 부분에도 "신화"라는 장르를 적용하여 설명하기를 피해야 한다는 것이 그의 논지다.

나 또한 웬함이 제시한 목회적 관심사를 갖고 있으며 주일 아침에 강

2_ 신화라는 장르의 "본질적 특성과 관련한 사실주의"(generic realism)와 그 "유명론"(generic nominalism) 사이의 차이점에 대해서는 이 책에 포함된 내 글을 참고하라.

단에서 창세기를 설교할 때는 "신화"라는 용어를 사용하지 않는다. 그렇지만 이 책은 창세기의 역사성에 관해 냉정하게 질문을 던지는 기독교인들을 위해 학문적인 토론을 벌이려고 마련된 장(場)이다. 그 기독교인들에게 성경 본문의 역사성이라고 하는 것은 본문을 설명하기 위해 단순히 신화라는 장르상의 명칭으로 그 본문을 부르는 것보다 더 절실한 문제다. "온 세상을 뒤덮었던 홍수와 거대한 방주가 실제로 존재했을까?" "뱀이 한동안 걸어 다니고 사람들이 구사하는 언어로 말을 했다는 것이 사실일까?" "하나님은 온 우주를 정말 문자 그대로 6일 만에 창조하셨을까?" 이러한 것들이 바로 그들이 묻는 질문들이다. 단순하게 생각하더라도 이러한 문제들은 역사적으로 사실일 수 없음을 솔직히 인정하는 것이 중요하다. 웬함은 이를 인정하는 듯하면서도 선뜻 그렇게 말하지 않는다. 나는 웬함이 용기 있게 금언의 벽장(proverbial closet) 문을 활짝 열어젖히고 그곳에서 빨리 나왔으면 좋겠다. 창세기 1-11장에 나타난 신화적인 특징들에 대해 이야기하는 것을 회피하기 위해 목회적인 이유를 들거나, "ㅅ"으로 시작하는 단어를 언급조차 하지 않은 채 이 논의를 이어간다면 결국 얻을 수 있는 것이 별로 없다. 신화, 전설, 우화, 이야기 등은 창세기 1-11장에 속한 어떤 본문의 장르적 특성을 설명하는 데 꼭 필요한 명칭들이다. 이 단어들에 대한 언급을 회피할 것이 아니라 오히려 창세기에 나오는 여러 가지 신화들이 고대 근동의 여타의 신화들보다 "진실에"(at truth) 더 가깝다고 주장하는 것이 어떨까? 이러한 인식의 전환은 하나님의 말씀인 성경 본문이 말하려는 진실을 바르게 파악할 수 있도록 도와줄 뿐만 아니라 우리로 하여금 성경의 역사성과 관련한 잘못된 요구사항들을 떨쳐버릴 수 있게 해주기 때문이다.

웬함의 넷째 논점: 만약에 창세기 1-11장의 특성을 고려해서 장르를 선택해야 한다면, "원형적인 역사"가 우리가 선택할 수 있는 최선의 장르다. 원형으로서의 역

사는 "허구도 일상적인 역사"도 아니다. 그것은 오히려 문학적인 그림들을 통해 신학과 사회학을 담아내며 실제 과거와 비슷한 초상화에 가깝다. 이를테면, 독자들은 이 역사의 이러저러한 세세한 사항들이 역사적이거나 상상력을 기초로 한 묘사에 해당하는지를 결정하지 "않아도 된다"(not obliged).

웬함은 창세기 1-11장의 특성을 면밀히 살피고 "원형적인 역사"를 장르로 채택한다. 그러나 웬함이 성경의 역사성에 대해서 불분명한 입장을 취하기 때문에 (내가 설명할 수 있는 한) 그가 채택한 원형적인 역사 역시 상당히 애매모호한 장르라고 할 수 있다. 웬함이 잘 간파했듯이, 성경을 기록한 저자는 "문학적인 그림들"을 통해 신학적이고 사회학적인 담론들을 전개해나간다. 그러나 그 문학적인 그림들은 "허구"와 "역사"란 양극단 사이의 어딘가에 놓일 수밖에 없다. 그리고 성경 저자는 그 문학적인 그림들이 역사적인지 아닌지를 결정하는 책임을 우리에게 억지로 떠넘기지 않는다.

나는 웬함이 창세기 1-11장이 역사적으로 불분명하다고 기탄없이 인정한 것에 대해 정말 깊은 존경을 표하고 싶다. 하지만 웬함이 내린 결론이 정당한지에 대해서는 여전히 묻고 싶은 것이 몇 가지 있다. 첫째, 웬함은 역사적으로 모호하다는 표현을 즐겨 사용하면서도, 창세기 1-11장에 기록된 내러티브를 "문학적인 그림들"로 간주하고 또 그것을 통해 "일상적인 역사"도 거부한다. 이러한 입장은 대부분의 학자들이 "허구"라고 부르는 것과 일맥상통한다. 흔히 생각하는 것처럼, 허구는 역사상 실제적인 사건들을 상세히 묘사하지 않는 내러티브까지 아우르는 장르다. 둘째로, 장르에 대한 웬함의 견해와 상관없이, 노아의 홍수 이야기처럼 창세기에 포함된 어떤 본문들은 긴말할 필요도 없이 결코 역사적일 수 없다. 왜냐하면 그 이야기는 자연과 인간의 역사와 관련해서 이미 대중들이 알고 있는 사실과 조화를 이루지 못하기 때문이다. 만일 웬함 역시 이 점을 깨닫고 있다면(나는 그렇게 생각한다), 이 책에 실린 그의 글 기저에는, 서로 다른 관점으로 창세기를 대하는 독자들, 그러니까 창세기가 역사적일 수 없다고 생각하는 사람들과 반대로 창세기는 정확 무오한 역사라고 믿는 사람들까지 모두를 만족시키려는 수사학적인 의도가 깔려 있을 것이다. 그것은 정말 멀고도 험한 여행길이다. 하지만 의심할 여지없이 그는 내 방법론보다 자신의 방법론을 더 선호할 것이다.

사족처럼 들릴 수도 있고 별것도 아닌 것에 호들갑을 떠는 것처럼 보일 수도 있지만, 나는 웬함이 "허구"를 "외부세계로부터 주어지는 자극이 **아니라** 저자의 상상력을 토대로 한 것"[3]이라고 기술한 데 문제가 있다고 생각한다. "상상력"과 "외부로부터 온 자극"을 단순히 이분법적으로 대비시키는 것은 잘못이다. 왜냐하면 저자의 상상력은 **항상** 외부 세계로부터 주어지는 자극에 의해 형성되고 또 그것을 반영하기 때문이다. 이 외부세계로부터의 자극을 떠나서 저자는 아무것도 말할 수 없으며 또 그것에 대해서 이야기할 수도 없다. 인간의 상상력은 하나님의 말씀에는 포함되어 있지 않으며 하나님의 말씀을 설명하는 데도 부적절하다고 간주하는 웬함의 고정관념도 문제다. 아담의 옆구리에서 취한 갈빗대로 하와를 만든 것이나, 너무나 먹음직스러운 과실이 유혹을 대신한다는 것, 그리고 교활한 뱀에게 비난의 화살을 쏟아부음으로써 하나님과 악 사이에 거리를 유지하게 한 것 등은 정말 저자의 천재적인 솜씨로 보아야 하지 않을까? 나는 창세기의 저자들이 "'그 끝을 알 수 없을 정도로 상상력을 발휘했음에도 불구하고'라는 식의 이해가 아니라 '그 끝을 알 수 없을 정도로 상상력을 발휘할 수 있는 자유를 부여받았기 때문에'라는 차원에서"[4] 정말 하나님을 경험한 목격자들로 보아야 한다고 주장한 바르트가 옳다고 생각

3_ 굵은 글씨체로 된 부분은 내(Sparks)가 이해한 바를 반영한 것이다.
4_ Karl Barth, *Church Dogmatic* (5 vols. in 14; Edinburgh: T&T Clark, 1957-77), 3.1:92.

한다. (이미 앞에서 호프마이어도 분명히 동의한 것처럼) 문학비평학자들이 잘 지적한 바대로, 창의적인 상상력은 성경의 배후에서 독자들의 흥미를 이끌어낼 뿐만 아니라 그들에게 강력한 영향력을 행사한다.[5]

웬함의 다섯째 논점: 창세기 1-11장은 족보, 왕의 목록, 시, 내러티브 등 아주 다양한 문학적 형태들(types)로 구성되어 있기 때문에 장르를 구분하기란 매우 어려운 일이다. 그럼에도 불구하고 창세기를 기록한 저자가 족보를 배치하여 창세기의 구조상의 뼈대를 세워나감으로써 앞서 거론된 많은 종류의 본문들과 전승들의 통합을 시도했기 때문에, 창세기 1-11장 전체를 "확장된 족보"로 분류하는 것이 유익하다.

웬함은 분명 창세기 1-11장을 구성하는 기본적인 내용들을 충분히 숙지하고 있다. 성경의 가장 앞부분에 해당하는 창세기 1-11장은 더 작은 전승들로 결합된 이야기들을 족보로 세워진 구조상의 뼈대 안에 추가적으로 첨부하는 방식으로 이루어져 있다. 창세기 1-11장의 핵심 주제는 어떤 사물이나 현상이 어떻게 이 세상에 존재하게 되었고 또 오늘날과 같은 모습을 갖게 되었는지를 설명해주는 원인론이다. 우주, 인류, 동물들, 풀과 나무들, 물, 무지개, 열방 나라들, 언어, 유목 민족들, 음악 등은 어디에서 생겨났는가? 과연 무엇이 인간을 악하게 만들었으며, 왜 인류는 고통으로 가득한 이 세상에서 노동을 하며 살아가야만 하는가? 창세기는 이런 질문들 하나하나에 답을 제공한다.

웬함은 창세기 1-11장에 대해 두 가지 장르를 채택한다. 하나는 "확장된 족보"요, 또 다른 하나는 "원형적인 역사"다. 웬함이 이해한 것처럼, 창세기 1-11장을 기록한 저자는 "과거를 묘사하는" 동시에 신학적이고, 원인론적이고, 사회학적인 질문들에 대해서도 심취해 있다. 즉 그 저자는

5_ 상상력과 창의성은 Robert Alter, Adele Berlin, Meir Sternberg가 지금까지 진행해온 연구의 핵심 주제들이다.

(직계 및 분할된) 족보, 여러 개의 시와 내러티브 전승을 포함한 다양한 종류의 장르를 적재적소에 사용해가면서 지나간 날들을 묘사한 것이다. 우리가 내러티브를 구성하는 요소가 무엇이라고 생각하든지 상관없이, 웬함은 이처럼 다양한 장르들로 구성된 창세기 1-11장을 사실 그대로의 역사 대신에 "문학적인 그림"으로 설명하는 것이 더 효과적이라고 주장한다.

바로 여기에 문제가 있다. 창세기 1-11장을 "원형적인 역사"와 "확장된 족보"라고 명명하는 것 자체는 별 문제가 없다. 그러나 이 두 가지 장르를 창세기 1-11장에만 적용 가능하고, 정작 창세기 1-11장과 평행적인 특징이 많이 발견된 고대 근동의 문헌들에는 그 장르들을 부여하거나 적용할 수 없다는 식의 논리는, 필연적으로 난관에 봉착할 수밖에 없다. 언어의 종류와 상관없이, 우리는 주어진 단어가 어디에 놓여 있으며 어떤 방식으로 사용되었는지에 따라 그 맥락을 따져보고 의미를 파악하기 마련이다. 장르의 경우도 그렇다. 우리는 저자가 장르를 통해 의도한 바를 이해할 수 있도록 도와주는 고대의 서로 비교 대상이 되는 예들 (comparative exemplars)을 충분히 고려해야 한다. 그래야 창세기를 바르게 이해할 수 있기 때문이다. 그렇다면 웬함이 주장한 대로 성경 본문의 특징들을 기초로 하는 장르상의 범주들을 사용하여 우리의 논의를 더 발전시켜보도록 하자.

우리가 지금까지 논의한 사안들은 내가 다음 장에 나올 내 글에서 사용한 "고대의 사료편찬"(ancient historiography)이라는 장르적 범주와 잘 맞아 떨어진다. 고대 역사가들은 왕들의 명단이나 족보를 시대순으로 정리한 목록을 사용하되, 과거에 있었던 사건들을 묘사하고 또 그것을 설명하기 위해서 다른 전승들이나 일화들을 결합시키는 방식으로 그 족보나 목록을 확장하곤 했다. 고대의 역사가들이 주로 다뤘던 대상이 우주의 기원과 초기 인류의 역사(문화일반적 접근법에 따라 "원시 역사"라 불리는 영역)였다고 한다면, 그 역사가들은 정확한 역사적 기록 대신에 필연적으로 신화나 전설과 같은 자료들에 의존했을 것이다. 그들은 종종 상상력을 발휘하여 초기 역사의 시간적 공백을 메울 수 있는 신화들을 창작해내기도 했다. 이를테면, 이 문헌들이 실제로 제공해줄 수 없는 것들(역사적인 사실)을 추적할 것이 아니라, 그 문헌들의 성격에 맞게 읽고 해석하는 것이 지혜로운 태도라는 말이다. 고대 역사가들은 자연과 인류의 초창기 역사와 관련하여 실제 사건들이나 역사에 대해서 그야말로 아는 것이 전혀 없었다. 그럼에도 불구하고 그들이 살아가던 시대의 사회-역사적인 정황을 잘 이해했으며, 당시 시대 상황과 인간 상태 전반에 대하여 신학적으로 매우 영민한 통찰력을 갖고 있었다. 이런 통찰력은 역사적인 정확성과는 별로 상관이 없다.

웬함의 여섯째 논점: 창세기가 어떤 장르에 속하는 작품인지 명확하지 않지만, 그 문제가 실제로 창세기를 해석하고 그 장르를 선택하는 데 끼치는 영향은 그리 크지 않다.

웬함은 창세기의 장르를 가늠하는 작업이 정작 창세기에 기록된 내용들이 단 한 사람에 의해 수집되었는지 아니면 여러 명의 편집자에 의해 편집되었는지의 문제와는 별로 관련이 없다고 주장한다. 그런 웬함의 주장에는 분명히 문제가 있다. 창세기에 포함된 어떤 본문들은 창세기가 기록되기 이전에 이미 존재하고 있었던 것이 확실하며, 그 책의 나머지 본문들과 별도로 그 의미를 평가할 수도 있기 때문이다. 하지만 창세기를 구성하는 모든 본문이 그 책에 어떤 방식과 어느 정도로 기여하고 있는지를 평가하기 위해서는 창세기 전체에 대한 이해가 전제되어야만 가능하다. 만약에 우리가 창세기의 총체적인 일관성과 통일성을 문학적으로나 신학적인 면에서 체계적으로 인식할 수 있다면, 우리는 창세기를 한 명의 저자가 긴밀하게 구성한 메시지로 해석하려 할 것이다. 그러나 반대로 창세기의 일관성이나 통일성이 다소 느슨하다는 것을 알게 된다면, 우리는 창세기를 다른 방식으로 접근하게 될 것이다. 추측하건대, 창세기를 편집한 편집자들은 오늘날의 대다수 독자들보다는 역사적으로나 신학적으로 확실하지 않은 사항들에 대해서 그렇게 불편함을 느끼지 않았던 것 같다. 게다가 우리가 최종적으로 도착하게 될 종점보다는 그곳으로 향하는 여정에 대한 통찰을 제공하는 데 관심이 있었던 것으로 보인다. 그 차이에 대해서는 다음과 같이 설명하는 것이 좋을 듯하다.

웬함은 노아 홍수 이야기 말미에 등장하는 함의 아들 가나안을 향해 노아가 저주한 사건은 가나안 사람들과 그들의 풍습에 잠재된 위험성을 경고하려는 목적으로 의도되었다고 주장한다(창 9:20-27). 성경에 반영된 이러한 발상은 이스라엘 사람들이 가나안 사람들을 그들의 수하에 두고 노예로 부리며, 끝내는 헷 족속과 여부스 족속, 아모리 족속 등(창 10:15을 보라) 그 땅에서 거주하던 민족들과 가나안 사람들을 몰살시키는 근거로 작용했다. 창세기가 이런 방식으로 구성되었다고 주장하는 웬함은 결국 가나안 땅에 살고 있던 이방인들에 대한 폭력을 지지한다고밖에 볼 수 없다.

나는 관련 구절을 다른 방식으로 이해한다. 이미 검토한 것처럼 웬함의 주장은 창세기가 한 가지 목소리로 말한다고 인정하지만, 창세기에는 해당 문제를 달리 해석할 수 있는 또 다른 목소리가 존재한다. 이 두 번째 저자(다른 목소리)는 가나안에 거주하던 이방 민족들과 가나안 사람들을 폭력적으로 정복하기 위한 신학적인 기초를 마련하기보다는 이스라엘의 조상 아브라함을 헷 사람들과 아주 친밀한 친구로 묘사한다. 아브라함은 헷 족속을 죽이거나 그들의 땅을 빼앗지 않았다. 그는 가나안에서 헷 사람 에브론에게 겸손히 몸을 숙이고 사라를 묻을 땅 값을 지불했다(창 23장을 보라).⁶ 학자들은 이 두 번째 저자(보통 "제사장문서 저자"나 P로 불린다)가 "헷 족속"과 "가나안 족속"을 상호교환적으로 사용했다는 점을 이미 오래전에 밝혀냈다. 따라서 이 문제의 기본적인 논지에 대해서는 더 이상 논쟁을 벌일 필요가 없을 것 같다.⁷ 창세기를 기록한 복수의 저자들 중에 어떤 저자는 가나안 사람들을 파멸해야 할 족속으로 간주한 반면에, 또 다른 저자는 그와 정반대의 입장을 취하고 있는 셈이다. 이처럼 원수를 사랑하라는 두 번째 목소리가 바로 우리 기독교 신학이 끝까지 견지해야 할 메시지다.⁸

성경 본문이 다양한 관점을 제공하고 있음에도 불구하고 마치 단 한 가지의 관점만 제시하고 있는 것처럼 생각하고 그 본문을 읽거나 해석하게 되면, 장르적으로나 신학적으로나 얻는 것보다 잃는 것이 더 많다. 창세기는 단순히 고대 역사에 대한 사료 편찬이 아니라, 몇 명의 고대 히브리 저자들의 신학적이고 역사적인 생각들을 모아놓은 선집(anthology)이기 때문이다.

결론

창세기 1-11장의 장르적인 특징은 무엇인가? 그리고 그 특징은 창세기

6_Wenham이 잘 파악한 바 있듯이, "거래를 위해 서로에게 경의를 표하고 정중하게 대하는 태도야말로 이 기사의 두드러진 특징이다." Wenham, *Genesis*, 2.126을 보라.

7_ 제사장문서 저자가 "헷"이라는 단어를 사용하는 것에 대해서는 John Skinner, *A Critical and Exegetical Commentary on Genesis* (2nd ed.; Edinburg: T&T Clark, 1930), 336과 Wenham, *Genesis*, 2.124-26을 보라.

8_사실 나는 이 이야기를 이방인들의 권익 보호와 관련하여 J문서나 P문서에 더 큰 관심을 갖고 있던 편집자가 확장시킨 P문서라고 생각한다. 이 신학적 문제가 신약성경에서 어떻게 작용하는지 궁금하다면 Kenton L. Sparks, "Gospel as Conquest: Mosaic Typology in Matthew 28:16-20," *CBQ* 68 (2006): 651-63을 보라.

1-11장에 묘사된 사건들의 역사성과 관련해서 어떤 의미를 갖는 것일까? 웬함은 창세기 1-11장에 나타난 다양한 특이점에 대해서 호프마이어보다 더 명확하게 설명하면서 해당 본문의 일부와 전체로서의 특징들을 적절히 다룰 수 있는 "명칭들"(labels)을 사용한다. 또 웬함은 창세기를 기록한 저자가 역사적인 사건들을 과거에 있었던 그대로 설명하려고 한 것은 아니라는 점을 다양한 논증과 함께 시사함으로써, 창세기의 역사성 문제에 관해서도 꽤 솔직한 태도를 보인다. 이러한 이유 때문에 나는 호프마이어보다는 웬함의 접근법을 더 선호한다. 하지만 웬함의 접근법에도 짚고 넘어가야 할 문제점이 몇 가지 있다.

내가 생각하건대, 웬함은 장르에 관한 이론들이 제공해주는 여러 가지 통찰력 있는 의견들을 간과하고 있다. 그 때문에 여러모로 보완되어야 할 여지가 있는 글을 쓰게 된 것 같다. 웬함은 장르를 밝히는 작업을 하지 않고서도 창세기를 읽고 해석할 수 있다고 주장하지만, 어떤 텍스트를 읽는다는 것은 이미 장르를 결정하는 일과 어느 정도 연관되어 있다. 실제로 웬함도 자신의 논문에서 매 페이지마다 장르와 관련한 결정을 내리고 있다. 그렇다면 웬함이 장르와 관련하여 내린 결정들이 적절한가 그렇지 않은가가 문제일 것이다. 나는 웬함이 내린 결정들이 적절하지 않다고 생각한다. 웬함은 장르와 상관없이 창세기를 읽고 해석할 수 있다는 주장을 내세우는 것으로서 자신의 논의를 펼쳐나가기 때문에, 창세기 1-11장을 다 읽고 난 후에, 창세기를 이해하는 데 많은 도움을 주는 상호 비교 예들 (comparative examplars)을 심도 있게 다루지 않은 채 그 장르를 결정해버린다. 웬함이 몇몇 고대 근동의 문헌들(아트라하시스 서사시, 수메르 왕들의 목록, 에리두 창세기)을 검토하는 작업을 하긴 하지만, 그는 우리가 창세기를 이해하는 데 도움을 주는 이 자료들로부터 아무것도 취하지 않는다. 대신에 그는 창세기는 (그것들과) 다르다는 사실만을 강조한다. 창세기는 "신화"도 아니고, "허구"도 아니고, "전설"도 아니고, "[상상력에 의해 가공된] 이야기"도 아니다. 웬함에 따르면, 창세기는 역사와 비역사적인 장르들 사이의 어떤 지점에 위치해 있다. 웬함은 그것을 "원형적인 역사"라고 일컫는다. 이러한 방식으로 웬함은 독자들이 지금까지 궁금해했던 질문들에 대해서는 어떠한 해답도 제시하지 않는다. 창세기에 기록되어 있다고 하더라도 그렇게 기록된 대로 일어나지 않은 이야기들은 어떤 것들이 있으며, 우리는 그 이야기들을 어떻게 읽고 해석해야 하는 것일까?

우리가 창세기의 장르를 어떤 것이라고 생각하든지 간에, 창세기는 고대 신화와 전설, 이야기들과 상당히 비슷하다. 창세기를 기록한 저자들은 고대 근동 지역의 문학적 전통(literary conventions)에 대해 깊이 공부하고 또 그것들을 활용해서 기록으로 남기는 일에 숙달된 전문가들이었다. 따라서 장르에 입각해서 고대 문헌의 진실성 문제를 숙고할 수 있을 만큼 창세기의 진실성도 장르적인 차원에서 충분히 따져볼 수 있다. 즉 우리는 창세기를 기록한 서기관(scribes)들이 이방인 필사가들처럼 역사적으로 다양한 가치를 갖는 고대 자료들을 활용하고, 또 전수받기도 했으며, 상상력을 기초로 한 허구(imaginative fiction)나 역사적인 가정(historical speculation)을 사용해 기록을 남겼다고 확신할 수 있다. 신학적인 목소리로서 그것들이 얼마나 가치 있는 텍스트인지는 모르겠지만, 창세기의 서론을 장식하는 창세기 1-11장은 실제로 발생했던 자연과 인류의 역사를 있는 그대로 자세히 상술한 본문이 아니다. 그러므로 우리는 창세기를 실제 역사에 대한 기록이라기보다는 그것이 기록될 당시 서기관들이 인식하고 있던 세계에 대한 신학적인 주석으로 이해한다면 이를 더 효과적으로 잘 이해할 수 있을 것이다.

3

고대 역사 편찬 문헌으로 이해한 창세기 1-11장

켄톤 L. 스팍스

기독교인들이 신앙심 없는 사람들에게 성경의 의미를 설명해주면서 이러한 주제들에 대해 말도 안 되는 소리를 늘어놓는 것은 정말이지 너무나 수치스럽고 위험한 일이다. 우리는 할 수 있는 한 모든 수단을 다 동원해서라도 뭇사람들이 그런 기독교인들의 밑도 끝도 없는 무지를 폭로하고 웃음거리로 만들고 조롱하는 당혹스러운 상황을 만들지 못하도록 미연에 막아야 한다.

_아우구스티누스, 『창세기의 문자적 의미』 중에서

아우구스티누스는 기독교 성경 해석이 교회가 복음을 선포하는 더 큰 세계에서 공유되고 이해되는 "공적 지식"(public knowledge)과 관련한 사실들에 대해서도 진실성을 입증할 수 있어야 한다고 생각했다. 복음은 교회뿐만 아니라 모든 사람을 위한 것이기 때문이다. 기원후 8세기 이후 아퀴나스도 아우구스티누스와 비슷한 의견을 제시했는데, 아퀴나스는 기독교인들이 "[성경에서] 오류가 발견되었을 경우에는 그 부분과 연관된 [권위나 진실성]을 단념하도록 도와주는 [성경의] 특성에 대한 설명을 견지해야만 한다. 그래야 성경이 불신자들에게 조롱거리가 되는 것을 막을 수 있고 또 그들이 믿음을 갖는 데 방해물이 되지 않도록 할 수 있기 때문이다"[1]라고 경고했다. 아퀴나스의 이 경고는 창세기를 해석하는 작업과 그 정황상 너무나 시의적절한 언급이라 할 수 있다. 아우구스티누스가 활

1_Aquinas, *Summa Theologica*, 1, q. 68.

약하던 당시나 아퀴나스가 살았던 시절에는 우주에 대한 이해가 진전됨에 따라 창세기의 문자적 의미와 과학에 입각한 새로운 관점 사이에 긴장이 계속 증폭되고 있었다. 이미 잘 알려진 바와 같이, 그러한 상황에 대한 교회의 반응은 매우 느리고 서툴렀다. 17세기에 교회는 이전 시대까지 난공불락이었던 성경의 신조와 전통, 그리고 일반적인 통념을 무너뜨렸다는 이유로 갈릴레이의 천문학적 연구와 업적을 금지시켰고, 또 그동안 진행되어온 흐름을 한 세기 이전으로 되돌려놓으려 했다.

시간이 흘러감에 따라 과학과 창세기 사이의 간극은 더욱 멀어졌다. 지금 우리가 살아가는 이 세상은 네안데르탈인 유전자의 배열 순서를 밝히고 DNA를 통해 인간과 영장류 및 다른 포유류가 공유하는 유전적 영향을 추적하는 21세기다. 다시 말해서 독자들은 과거와 비교할 수 없을 정도로 많은 지식을 갖고 있으며 창세기를 더 이상 문자 그대로의 역사가 기록된 것으로 생각하지 않는다. 에덴동산은 물론이거니와 생명나무와 선과 악을 알게 하는 나무도 없었으며, 실제로 뱀이 인간과 의사소통이 가능했을 리도 만무하고, 거대한 배에 오른 사람들을 제외한 이 세계에 속한 모든 생명체의 목숨을 앗아간 하나님이 보내셨다는 그런 홍수도 당연히 없었다. 창세기 1-11장이 무슨 이야기를 하든지 간에, 1-11장은 인류의 역사가 시작되기 이전과 초기에 실제로 있었던 어떤 사건들을 문자적인 의미로 설명한 것이 아니라는 사실만은 확실하다. 나를 비롯한 기독교인들이 믿는 것처럼, 만일 창세기가 하나님의 말씀이라면, 우리는 믿음의 조상들과 같이 창세기에 기록된 사건들을 문자 그대로의 역사로 받아들일 수는 없지만, 그 창세기 내러티브를 통해서 하나님이 어떻게 말씀하시는지를 이해하도록 노력해야 한다.

진화론적 생물학이 매우 흥미로운 것은 사실이지만, 나는 과학과 창세기 사이의 관계를 논하고 싶은 생각은 별로 없다. 서두에 이런 이야기를 하는 이유는 내가 이런 글을 쓰는 것 자체가 아직도 일부 기독교인들이 이미 끝나버린 논쟁에 다시 휘말리고 있다는 증거이기 때문이다. 프로테스탄트 "복음주의"(protestant "evangelicalism")를 표방하며 꽤 막강한 영향력을 행사하는 미국의 기독교 근본주의자 중에는 제대로 교육을 받았음에도 불구하고 여전히 창세기가 우주가 생성되던 시기와 인류의 초기 역사에 대해 과학적으로나 역사적으로 정확한 설명을 제공해주고 있다는 식으로 믿는 상당수의 성경신학자들이 있다. 그 학자들이 시도한 창세기 해석은 현대 천문학과 진화론적 생물학에 따른 이른바 "확실한 결과들"이 빚은 오류들을 다양한 방법으로 폭로하는 근본주의 과학자들(fundamentalist scientists)이 이룩해놓은 성과들을 기반으로 지지를 얻고 있다. 나는 이 글을 대하는 몇몇 혹은 많은 독자들 중에도 그런 종류의 근본주의 해석을 매우 높이 평가하는 사람들이 있다는 것을 잘 알고 있다. 하지만 나는 성경과 과학에 대한 그런 식의 접근법은 너무나 만족스럽지 못한 결과를 초래한다고 솔직하게 말하고 싶다. 성경을 기록한 저자들이 현대의 역사가들이나 과학자들과 다르다는 사실을 입증할 만한 증거들은 이미 충분히 밝혀졌다. 이와 마찬가지로 진화론적 생물학이 인류의 기원을 포함하여 생명의 기원에 관한 가장 적합한 설명을 제공한다는 사실을 인정하지 않을 수 없게 만드는 증거들도 역시 충분히 제공되고 있다.[2] 나는 이런 상황을 고려하여 이 글에서 21세기의 첫 20년을 살아가는 교양과 지식을 두루 겸비한 기독교 독자들이 성경을 책임감 있게 읽을 수 있

2_ 일종의 참회하는 시각으로 이런 증거들을 잘 요약해놓은 것으로는 Karl W. Giberson, Francis S. Collins, *The Language of Science and Faith: Straight Answers to Genuine Questions* (Downers Grove, IL: InterVarsity Press, 2011; 『과학과 하나님의 존재』, 새물결플러스 역간, 2019)을 보라. 이 사안과 관련하여 공인된 신학적 평가를 위해서는 Cardinal Joseph Ratzinger, *In the Beginning: A Catholic Understanding of the Story of Creation and the Fall* (Grand Rapids: Eerdmans, 1990)을 참고하라.

는 방법을 제안하는 것을 주된 목적으로 삼고자 한다. 우리가 할 수 있는 한 가장 효과적이고 적합한 방법으로 고대 저자들이 하나님에 대해 설명하기 위해 사용한 문학적인 장르들을 이해해야 하는 것도 바로 같은 이유 때문이다.

장르에 관한 사색

장르라는 단어는 라틴어(genus)를 거쳐 프랑스어에서 빌려온 차용어로서, 그 전에는 그리스어(genos)에서 기원한 말이다.[3] "유형"이나 "종류"를 뜻하는 이 용어는 인문학적 담화에서 널리 사용되고 있다. 발화체 본문이든지 아니면 기록된 문헌이든지 간에 상관없이 언어 담화에 대해 탐구한다는 것은 그 담화의 종류를 묻는다는 것을 의미한다. 그것은 "명령", "질문", "시" 내지는 "이야기" 등의 발화체 본문일 수도 있고, "전기문", "역사", "편지" 혹은 "신문기사" 등과 같은 기록된 문헌일 수도 있다. 이러한 명칭 중 하나를 선택해서 어떤 언어 담화에 부여하고 그것을 분석함으로써 우리는 그 유형의 담화가 어떻게 기능하는지, 그리고 어느 정도 그것을 이해할 수 있는지 알고 있다는 (아니면 믿고 있다는) 것을 인식하게 된다. 만일 우리에게 문학평론가들이 갖고 있는 능력이나 자질이 있다면, 학자들은 우리에게 장르를 능숙하게 다루는 능력 내지는 문학적인 소질이 있다고 말할 것이다.

이런 "장르"에 관한 논의를 단순히 문학이나 예술적인 차원으로 이해

3_ 문헌목록을 토대로 한 기본적인 연구를 위해서는 Kenton L. Sparks, "Genre Criticism," *Methods for Exodus* (ed. T. B. Dozeman; Cambridge: Cambridge University Press, 2010), 55-94를 보라.

하는 것은 바람직하지 않다. 오히려 어떤 사물들을 다른 것들과의 비교를 통해 설명하는 인문학적인 해석 작업의 인식론적인 기능(epistemic function)으로 이해하는 것이 적절하다. 우리는 어떤 사항들을 비교하기도 하고 대조하기도 하면서 비슷한 점과 다른 점을 발견하고, 그 사항들이 잘 부합되는지의 여부를 확인할 수 있는 범주를 형성한다. 장르에 대한 이해는 보통 그 이해의 절차나 결과에 세심한 주의를 기울이지 않은 채 무의식적이거나 암묵적으로 이루어진다.[4] 우리는 우리 앞에 놓인 과일 한 조각을 보면서 이전에 먹었던 아주 맛있는 사과라고 인식하고 주저함 없이 그것을 한 입 베어 물게 된다. 진짜 끝내주는 맛이든지 아니면 영 아니든지 그 맛이 우리를 놀라게 하기까지 어떠한 생각도 그 과정에 개입되지 않는 것처럼 말이다. 그리고 그 맛에 놀라게 된다면, 다음에는 더 좋은 선택을 하게 될 것이다.

마치 우리의 최종적인 목적이 "과일"과 "채소"에 관한 참된 정의(definition)를 발견하고 그것들을 분류해서 해당 상자에 정확하게 나누어 담는 일인 것처럼, 장르를 고정된 범주로 간주하는 것도 타당하지 못하다. 어떤 텍스트를 해석함에 있어서, 고정된 접점은 우리가 지금 해석을 하고 있다는 사실뿐이다. 그것은 해당 텍스트를 해석하는 데 편리하게 사용할 수 있는 "도구들"이라고 할 수 있는 장르와 관련된 범주들을 구별하고 결정하는 것과 아주 비슷하다. 그러나 다시 말하지만, 이 도구들은 결코 고정된 것들이 아니다. 우리는 "과일"의 장르를 쉽게 바꿀 수 있고, 새로운 장르를 만들어내기 위해 그 구성원들을 다른 것들(유기농 식품 같은 것들)과 통합시키거나, 완전히 다른 범주를 만들어내기 위해 그 구성원들을 (먹을 수 있는 것과 먹지 못하는 것들로) 나눌 수도 있다. 결국 장르는 우리가 어떤

4_Michael Polanyi, *The Tacit Dimension* (Gloucester, MA: Peter Smith, 1983)을 보라.

세계를 이해하고 또 그것에 참여하는 것을 도와주는 매우 유동적인 범주로 이해해야 한다.

이미 앞에서 말한 것처럼, 장르에 관한 이해는 대개 무의식중에 암묵적으로 진행된다. 하지만 매우 참신한 글을 마주 대했을 때라든지 아니면 어떤 작품을 비교하고 분석함에 있어서 기존의 범주들로는 필요한 지식이나 이해를 충분히 얻을 수 없을 때에는 장르와 관련한 범주에 대하여 더욱 세심한 주의를 기울여야 한다. 별 모양의 열매나 비파(중국이나 일본 등지에서 생산되는 작은 오렌지와 비슷한 과일 — 역자 주)처럼 아주 새롭고 전에 본 적도 없는 종류의 과일을 발견했다고 치자. 그럼 우리는 그 과일을 다른 과일과 더 자세히 비교하려 들 것이다. 무엇처럼 생겼지? 어떤 것과 같은 냄새가 나지? 그 표면은 거칠거나(석류처럼 식용이 가능하지 않을까) 얇지 않을까?(그리고 포도처럼 먹을 수 있지 않을까?) 그것을 어떻게 먹어야 할까? 바나나 망고, 아니면 복숭아처럼 먹어야 되나? 미식가로 성공해야 한다는 뜻은 아니지만 이런 비교 작업을 통해서 우리는 조금씩 진보하게 된다. 과일에 대해 더 많은 식견이 있는 사람들의 의견을 따르지 않는다면, 무엇을 어떻게 먹어야 하는지 시행착오를 겪으면서 확인할 수밖에 없을 것이다.

물론 지금 우리의 관심 사안은 과일이 아니라 문학이다. 문학에 대해 이야기하자면, 장르는 한편으로 해석을 위한 도구이면서도 또 다른 한편으로는 저작을 위한 도구이기도 하다. 장르적인 유형은 단어들을 조합하고 문법을 형성한다. 그래서 다른 사람들이 내가 말한 문장을 이해할 수 있는 것이다. 이와 마찬가지로 작가가 어떤 장르에 맞게 창작하기 때문에 소설이나 서간문, 역사 등의 더욱 큰 담화 형태들을 독자들이 이해할 수 있는 것이다. 어떤 글이 "옛날 옛적에…" 아니면 "사랑하는 메리에게"라는 글귀로 시작한다면, 우리는 우리가 무슨 글을 읽고 있는지 직감적으로 알아차리게 된다. 이러한 글들은 굳이 "민담"(folktale)이나 "편지"라는 추가적인 제목을 달 필요가 없다. 요컨대 장르를 인식하는 과정은 문학적인 글을 기록하고 해석하는 데 모두 수반된다는 것이다. 그러나 장르에 관한 인식이 작가와 독자들 모두 합의에 이르는 과정은 한 조각의 과일을 이해하는 것처럼 그렇게 단순하지 않다는 데 함정이 있다. 과일은 맛이 좋은지 나쁜지 즉각적으로 결정할 수 있지만, 그 무엇도 우리가 어떤 텍스트를 바르게 읽었는지 아닌지를 최종적으로 확정해줄 수 없다. 고대 문헌은 특히 더 그렇다. 우리는 우리가 그 문헌을 충분히 이해하고 있다고 단정 짓기 쉽지만 사실은 그렇지 않다. 성경 본문과 관련하여 서로 다르고 때로는 상반된 해석이 그토록 많이 양산되는 것도 이러한 이유 때문이다.

문학적인 장르는 어떤 실체를 묘사하는 데 필요한 다양한 전략을 수반하기 마련이다. 예수님의 비유가 좋은 예라 할 수 있다. 예수님께서 어려움을 당하고 고통에 처한 이웃을 돕기 위해 가까이 다가간 사마리아인에 대해 말씀하셨을 때 어떤 특정한 사마리아인이나 이웃을 언급하지는 않으셨다. 그러니까 예수님께서 하신 비유의 말씀은 우리 모두가 도움의 손길을 내밀어야 하는 많은 경우를 대표한다. 제사장이나 레위 사람이 그랬던 것처럼, 곤경에 빠진 우리의 이웃을 그냥 내버려둬야 할까? 아니면 그에게 도움의 손길을 내밀어야 할까? 이것이 바로 예수님께서 던지신 질문이었다. 그리고 이것이 바로 허구가 발휘하는 독특한 힘이라 할 수 있는데, 그 힘은 한순간이 아니라 인류의 역사 전반에 걸쳐서 우리 인간의 상태를 묘사해낸다.

물론 정확한 역사를 상세하게 서술해야 할 때도 있지만, 그것은 완전히 다른 종류의 묘사로도 이어진다. 누가는 예수님께서 무덤에 계시지 않고 부활하신 사건을 기록하면서, 앞으로 있을 우리의 정신적인 갱신을 가리키는 어떤 상징도 남기지 않았다. 그는 예수라고 불리던 어떤 특정 인물이 단번에 죽었다가 다시 살아났다는 것만을 말하려고 했던 것이다. 역사적으로 발생한 사건들은, 예언자 나단이 다윗을 궁지로 몰아넣기 위해 사용한 "어린 양" 알레고리와는 확연히 다른 방법으로 기술할 수 있다. 그러나 이와 비슷한 장르들은 누가복음과 달리 서로 유사한 사항들을 사용하여 역사적인 실체를 묘사하기를 중단한다. 나단의 알레고리적인 묘사는 상징에 꽤나 의존하고 있는 데 반해, 누가는 유사점들을 묘사하는 데 치중한다. 내가 이런 의견을 제시하는 이유는 창세기에 기록된 많은 이야기들의 역사성에 관해 질문을 제기할 때 일반적인 묘사와 역사적인 묘사를 혼동해서는 안 되기 때문이다. 역사적인 사건을 그린 묘사는 내러티브와 실제 사건 사이의 간극이 크지 않게 서로 긴밀한 관계를 유지한다. (실례로) 창세기에 나오는 홍수 이야기가 그런 종류의 본문에 해당한다. 만약에 저자가 문자 그대로 온 세계에 범람한 홍수가 발생했다는 것과 또 문자 그대로 거대한 배에 올라탄 마지막 인류와 동물만이 구원을 얻게 된 사건을 기술하려 했을 경우에만 말이다. 어떤 사항을 묘사해내는 것을 그리 중요하게 생각하지 않을 수도 있지만, 역사적인 사건에 관한 묘사만큼은 그렇지 않다.

저자가 어떤 실제 사건을 기술하기 위해 전략적으로 사용한 장르를 식별해내는 것은 매우 유용한 일이다. 그러나 저자가 그 사건을 잘 기술했는지 그리고 정확히 묘사했는지를 반드시 따져보아야 한다. 가령 창세기 저자는 열방 나라들의 명단(창 10장)에서 과거에 미스라임이라고 불리던 어떤 사람이 있었으며, 그 사람이 미스라임(이집트) 사람들의 선조였다고 서술한다. 가나안이나 리비아 같은 여타 민족들과 나라들의 기원도 이와 비슷하게 설명되어 있다. 창세기 10장을 기록한 저자가 정말 이 설명을 통해 이집트의 실제적인 기원을 묘사하려고 의도했다면, 우리는 그 저자(그가 남자든지 여자든지)가 실제로 있었던 사건을 그렇게 잘 묘사해내지 못했다고 말하지 않을 수 없다. 과거에 미스라임, 가나안, 리비아라는 이름을 가진 사람들이 존재했다고 주장하는 것은 과거에 독일, 이탈리아, 프랑스라는 이름을 가진 사람들이 존재했었다고 주장하는 것과 다를 바 없다. 당시 고대의 민속지(誌) 학자들(ethnographers)은 많은 국가의 기원을 보통 이런 방식으로 추론했을 법하지만, 장르와 관련한 전통을 고수했다는 것과 그 묘사가 신뢰할 만하다고 판단하는 것은 전혀 다른 차원의 일이다. 물론 이 장르상의 한계 때문에 창세기 10장의 저자가 역사와 실제적인 사건들과 관련한 다른 사항들을 성공적으로 묘사해내지 못했다는 뜻은 아니다. 다음에 살펴보겠지만, 창세기 10장에 기록된 열방 나라들의 명단은 고대 이스라엘의 사회-정치적인 세계를 들여다볼 수 있는 탁월한 관점을 제공한다. 따라서 어떤 사건이나 요소를 묘사하는 것이 꼭 성공이나 실패로 귀결되는 사안은 아니다. 여러 텍스트를 통해 실제를 기술하고 묘사해내는 일에서 "성공"할 수 있는 방법은 아주 많기 때문이다.

하나님의 말씀인 창세기 1-11장

기독교인들(과 유대인들)은 창세기 1-11장이 여러 책들과 나란히 하나님의 말씀으로 기록된 훨씬 큰 "정경"의 서론에 해당하는 부분에 삽입된 것으로 믿는다. 기독교인들은 그 정경의 외형적 윤곽에 대해 대체적으로 같은 이해를 갖고 있긴 하지만 모두가 동의하는 것은 아니다.[5] 오늘날 교회

5_Lee Martin McDonald, *The Biblical Canon: Its Origin, Transmission, and Authority* (Peabody: Hendrickson Publishers, 2007).

의 여러 교파들은 다른 종류의 책들과 다른 방법에 의해 다른 순서로 배열된 성경을 각각 정경으로 받아들이고 있다. 그중에서 적어도 한 경우는 성경의 증언에서 비롯되는데, 에티오피아 교회는 다른 교파와 달리 제1에녹서를 정경으로 받아들인다. 왜냐하면 유다서의 저자가 그 책을 정경으로 받아들였기 때문이다(유 1:14을 보라). 하지만 이 사안은 다른 기회에 추가적으로 논의해야 할 문제다. 기독교인들은 모든 면에서 창세기 1-11장이 창세기에서 요한계시록을 아우르는 전체 정경의 서론에 해당할 뿐만 아니라 그 정경의 다양한 신학적 사안들의 출발점이라는 주장에 동의한다.

장르적인 특성을 바탕으로 성경을 하나님의 말씀으로 추론하는 것은 지극히 당연한 일이다. 그러나 장르와 관련한 어떤 특성들은 그 성경의 지면에 분명히 드러나지 않는다. 흔히 기독교 근본주의자들은 성경에 역사적인 오류나 신학적인 혼란이 드러나 있다는 것을 인정하지 않는다. 왜냐하면 그 오류나 혼란이 공공연하게 하나님의 신성에 관한 의심이나 의문으로 이어질 수 있기 때문이다. 복음주의 신학자로서 다음의 주장이 엄청난 충격을 가져올 것이라는 사실을 나 자신도 잘 알고 있지만, 나는 하나님의 말씀인 성경이 장르와 관련한 가능성과 범주에 대해 논의를 진행하는 데서 제약을 가한다고는 생각하지 않는다. 한 가지 예만 들어보도록 하자. 다음 부분에서 살펴보겠지만, 창세기 저자는 어느 시점에선가 가나안 사람들을 향해 저주를 선포한다. 그들의 조상인 함이 노아에게, 잘 이해하긴 어렵지만 너무나 어처구니없는 죄를 저질렀기 때문이다(창 9:25을 보라). 학자들은 함이 실제로 무슨 죄를 지었는지에 관해서는 확실한 이해나 해석을 내놓지 못하지만, 함의 죄와 그 결과에 대한 이해는 하나님께서는 조상들의 죄의 책임을 후손들에게 지우지 않으신다는 에스겔 예언자와 예수님의 가르침과 신학적인 충돌을 일으킨다(겔 18:20; 요 9:2-3). 이

것은 성경이 동일한 주제에 대하여 다양한 관점을 제공하는 많은 예 중 하나에 불과하다.[6] 그렇다면 우리는 성경을 어떻게 이해해야 할까?

성경은 모든 사안 하나하나에 동일한 생각을 적용시킬 수 있는 예지력이나 투시력을 겸비한 신학자들로 채워진 공간이 아니다. 오히려 지혜로운 장로들이 특유의 목소리와 하나님과의 관계 때문에 초대를 받아 한곳에 모여 있다고 생각하는 편이 낫다.[7] 개개의 장로들 모두 통찰력을 가지고 있지만, 모든 사안에 해답을 줄 수 있는 장로는 한 사람도 없으며, 더구나 그들 중에 인간의 타락하고 죄악된 상태로부터 완전히 자유로울 수 있는 사람은 하나도 없다. 그 목소리 하나하나는 충분히 가치가 있지만, 어떤 목소리는 한 방향으로 너무나 많이 치우칠 수 있고 또 다른 목소리는 그렇지 않을 수도 있다. 또 어떤 목소리는 이런 방법을 또 다른 목소리는 저런 방법을 취할 수도 있고, 심지어는 잘못된 방향을 가리킬 수도 있다. 성경을 바르게 읽을 때, 우리는 이 장로들이 나누는 대화에 참여하기도 하고, 또 다른 독자들과의 대화에도 귀를 기울이면서, 하나님의 음성을 이해할 수 있는 최선을 찾는 것이다. 결국 하나님께서는 이처럼 여러 사람이 함께 시도하는 독서(내지는 대화)를 경험하게 하심으로써, 우리로 하여금 깨어지고 타락한 인간의 상태에 대한 한 가지 유일한 대안이신 예수 그리스도를 주목하게 하신다.[8]

6_ 특별히 성경에 나오는 폭력에 대한 다양한 입장과 관련하여 성경의 권위를 신학적으로 논한 의견들에 대해서는 Philip Jenkins, *Laying Down the Sword: Why We Can't Ignore the Bible's Violent Verses* (San Francisco: HarperOne, 2011); Kenton L. Sparks, *Sacred Word, Broken Word: Biblical Authority and the Dark Side of Scripture* (Grand Rapids: Eerdmans, 2012)를 보라.

7_ 성별과 관련하여 좀 더 포괄적인 언어를 사용하고 싶지만, 이곳과 더불어 이 글에 포함된 다른 곳에서도, 나는 성경의 저자가 남성을 지칭했다고 생각한다. 이것은 본문에 대한 족장들의 관점뿐만 아니라 남성들만 서기관 훈육에 참여할 수 있었던 고대 이스라엘 사회에 관한 오늘날의 인식과도 잘 부합한다.

8_ 그리스도께서 성경 해석의 기준이 된다는 사실에 관해서는 요 5:39-40; Ratzinger, *In the*

사람의 언어로 기록된 창세기 1-11장

하나님의 말씀은 인간의 언어와 장르적인 전통을 통해 표현된다. 따라서 이러한 방식으로 말씀하시기로 작정하신 하나님의 선택을 존중하는 최상의 방법은 인간의 담화 형식에 입각해서 성경을 읽는 것이다. 장르와 관련이 있는 여러 가지 범주들은 독자들이 창세기 1-11장 전체나 일부분을 이해하는 데 많은 도움을 준다. 다음에 이어지는 부분에서, 나는 창세기에 포함된 크고 작은 문학적인 단락들에서 나타나는 특징들을 본격적으로 다루기 전에, 창세기에 나오는 족보들과 더불어(그 족보들이 나에게 처음 "아하!" 하고 깨닫는 순간을 선사했기 때문이다) 그 장르와 관련한 특성들을 면밀히 검토해볼 것이다. 이 연구를 진행하는 것과 동시에, 고대 근동 지역에서 발견되었거나 성경 안에 존재하는 서로 비교 가능한 문헌들을 자주 고찰하게 될 것이다. 그러나 미리 결론을 말하자면, 고대 세계에서 비롯된 문헌 중에 그 장르상 성경 전체 내지는 창세기와 모든 면에서 일치하는 문헌은 존재하지 않는다. 다른 모든 문헌과 마찬가지로 성경은 자신만의 독특한 장르를 형성하기 때문이다.

원시 역사로서의 창세기 1-11장

우리의 생명과 더불어 이 세계에 대해 약간의 호기심이라도 있는 사람이라면 누구나 성경을 시작하는 첫 장들(chapters)을 흥미롭게 생각할 것이다. 그 장들은 여러 가지 다양한 이야기와 족보들이 결합되어 우주와 인간의 역사가 시작된 날들을 묘사하고 있다. 많은 학자들이 성경의 서두에 해당하는 이 부분을 "원시 역사"라고 부르는 것도 바로 이 때문이다.

Beginning, 8-18을 보라.

그런데 이 원시 역사는 이야기와 목록(list)을 번갈아 배열하는 것을 기본 구조로 삼고 있다. 창조 이야기는 (오늘날 우리보다 훨씬 더 긴 수명을 누렸던) 첫 인류를 소개하는 족보상의 목록으로 이어지고, 그 목록은 다시 홍수 이야기로 연결되며, 홍수 이야기 뒤에는 (또다시 우리보다 수명이 훨씬 긴) 사람들을 소개하는 또 다른 목록이 따른다. 만약에 이 기록이 우리가 접할 수 있는 유일한 고대 근동 문헌이었다면, 우리는 그 독특한 구성방식 때문에 큰 충격을 받았을 것이다. 그러나 이와 비슷한 방식으로 기록된 고대 세계의 다른 문헌들을 접하면서 우리는 앞서 거론한 모든 사항을 다시 보는 듯한 기시감(déjà vu)을 자연스럽게 느끼게 된다.

창세기에 나오는 원시 역사는 기원전 제3천년기부터 적어도 기원전 3세기경 베로수스(Berossus, 바빌로니아의 역사가로서 메소포타미아 단편들을 통해 대홍수가 발생하기 전에 활약했다는 10명의 전설적인 왕들을 언급하고 대홍수를 자세히 다루었다 —역자 주) 시대에 이르기까지 메소포타미아에서 기록된 문헌들에서 발견되는 장르상의 전통과 어떤 연관성이 있다. 에리두 창세기, 수메르 왕 목록, 아트라하시스 이야기, 베로수스의 작품에서 전체적으로나 부분적으로 발견되는 전통적인 기본 구조는 창세기(1-11장)의 구조와 동일하다. (1) 창조, (2) 목록, (3) 홍수, (4) 목록.[9] 이 문헌 중에서 어떤 것들은 목록을 생략한 채 홍수 이야기를 꽤 자세히 묘사하는가(아트라하시스) 하면, 홍수에 대해서는 간단히 언급만 하고 목록을 세세하게 다루는 문헌도 있다. 다시 말하자면, 이러한 구조는 바로 고대 학자들이 인류의 초기 역사를 고찰하는 방식이었다는 것이다. 이스라엘 문헌과 비이스라엘 문헌들이 "목록"을 기록하는 방식에서 한 가지 중요한 차이점이 있다면, 성경

9_*ATSHB*, 345-48, 310-11, 313-14, 375-76을 각각 살펴보라. *ANET*, 265-67, 566-67; BMes, 491-93; *COS* 1.130: 450-52의 번역들도 참고하라. Burstein, *The Babyloniaca of Berossus* (SANE 1.5; Malibu, CA: Undena, 1978).

은 족보를 다루고, 메소포타미아 문헌들은 왕들의 목록을 다루고 있다는 점이다. 이 차이점과 별개로 두 종류의 문헌 모두 그 목록들이 (한 사람의 뒤를 이어 다음 사람이 소개되는) 직선적인 형태와 시간적인 순서에 따라 연대기적으로 구성된다는 공통점이 있다. 메소포타미아의 목록들에 의하면, 홍수 이전에 살았던 왕들의 통치 기간이 유달리 긴데(대략 한 왕이 43000년 동안이나 다스림), 어떤 왕이 1200년 동안 다스렸다고 하면 홍수 이전에 통치했던 다른 왕들에 비해 비교적 짧은 기간 동안 통치했다고 말할 수 있겠지만, 이는 홍수 이후의 왕들에게도 동일하게 적용할 수 있는 말이다. 이와 똑같은 유형이 창세기에서도 발견된다. 홍수 이전에 생존했던 어느 족장(므두셀라)은 969년 동안이나 장수했고, 홍수 이후에 살았던 어떤 족장(셈)은 약 600년의 수를 누렸다. 이 두 사람의 나이는 메소포타미아 문헌들에서 발견된 것들(왕들의 통치 기간)보다는 적은 숫자이지만, 그럼에도 더 이상 역사적인 사실로 신뢰할 수 없는 이유에 대해서 차근차근 살펴보도록 할 것이다.

성경과 메소포타미아의 원시 시대 전승들 사이에 비슷한 점이 있다는 사실을 이미 앞에서 언급했다. 이 사실은 한편으로 매우 충격적이다. 그러나 또 다른 한편으로는 아주 특별한 경우들에 있어서, 무엇이 정말 바른 진술인지 분명하게 보여준다. 즉 렘브란트(Rembrandt)가 유화를 그리기 위해 화폭에 기름을 사용한 것처럼, 창세기 1-11장을 기록한 저자도 고대 세계에서 통용되던 주제와 사상 그리고 문학적인 형태를 사용한 것이기 때문이다.

창세기 1-11장에 기록된 족보들

원시 역사에 해당하는 창세기 1-11장에는 네 개의 족보가 포함되어 있는데, 창세기 4장과 5장 그리고 10장과 11장에 각각 한 개씩 기록되어 있다. 첫 번째와 세 번째 족보는 형태(가계도)상 세분화되어 있고, 두 번째 와 네 번째 족보는 직선적인 형태로 구성되어 있다. 그런데 창세기 4장 과 5장에 기록된 족보들을 자세히 검토해보면 이 네 개의 족보들을 보다 효과적으로 이해할 수 있다. 아래 제시된 도표에서 확인할 수 있는 것처 럼, (창 4장과 5장에 기록된) 두 개의 족보는 서로 형태는 다르지만 사실상 같은 족보다. 족보에서 일반적으로 발견되는 장르적인 특징을 잘 알고 있 는 사람들이라면 이러한 사실에 대해 그렇게 놀라지는 않을 것이다. 왜냐 하면 족보들은 본질상 상당히 유동적이며 새롭거나 전환적인 상황에 발 맞춰 종종 수정되기도 하기 때문이다.[10] 어쨌거나 이 족보들을 서로 다른 두 부류의 민족이 작성했다고 추측하는 것은 지극히 합리적인 일이다. 해 당 족보들을 면밀히 살펴보면 이 추측은 더욱 설득력 있게 다가온다. 창

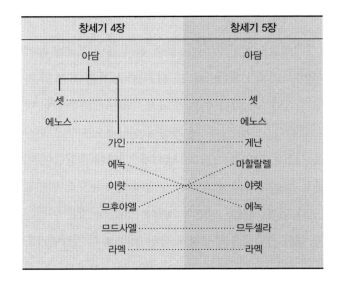

10_ 계보나 족보의 장르에 대한 개괄적 접근을 위해서는 *ATSHB*, 354-57; Robert R. Wilson, *Genealogy and History in the Biblical World* (YNER 7; New Heaven: Yale University, 1977)을 보라.

세기 4장에 나오는 족보는 한 가정에서 벌어진 일화적인 사건들(anecdotal details)을 족보에 삽입시키는 형태로 구성되어 있기 때문에 사건들의 순서를 정확히 반영하지 않은 데 반해, 창세기 5장에 기록된 족보는 일화적인 사건들을 전혀 포함하지 않은 채 광범위한 연대기만 제공한다. 이러한 차이점들은 우주가 생성된 지 얼마 지나지 않은 시점과 인간의 초기 역사를 설명하는 서로 다른 두 가지의 전략이 반영되었다고 이해할 수 있다.

첫 번째 족보(창 4장)를 기록한 저자는 문명의 기원에 대해 깊은 관심이 있었던 것으로 보인다. 그래서 이 족보를 기록한 저자는 그 족보에 언급된 많은 사람들 중에서 누가 제일 먼저 도시를 건설했는지, 그리고 누가 악기들을 발명했으며, 또 누가 처음에 쇠로 된 도구들을 만들어냈는지 등의 다양한 일화들을 그 족보 안에 함께 배치했다. 결과적으로 창세기 4장을 기록한 저자는 이처럼 직선적이기보다는 세분화된 계보를 사용하여 당시 윤리적으로 서로 다른 배경을 갖고 있던 두 부류의 가계를 기초로 한 인류를 묘사해내고자 했던 것이다. 그중 한 부류의 가계를 통해서는 마지막 의인이었던 노아가 태어났고, 또 다른 한 부류는 점점 더 타락하여 마침내 파멸에 직면하게 됐다. 아담의 아들이었던 셋과 가인이 바로 이 서로 다른 두 혈통의 조상이었다. 셋 계열이 신앙적으로 매우 헌신적인 삶을 살았다는 사실은 셋이 살아 있던 당시에 "그때에 사람들이 비로소 여호와의 이름을 불렀더라"(창 4:26)라는 구절에 의해 두드러지게 제시된다. 반면에 살인과 함께 시작된 가인의 계열은, 의도한 것은 아니지만 자신에게 상처를 입힌 사람들을 부당하게 죽인 것을 마치 자랑이라도 하듯이 떠들어댔던 난폭한 사람 라멕의 대에서 끝이 난다(창 4:23). 이 족보를 기록한 저자가 이처럼 신학적인 사안뿐만 아니라 문명을 발명해낸 사람들이나 도시를 세운 이들처럼 인류의 초기 역사 시대의 사람들과 관련한 구체적인 사항들에 대해서도 관심을 가지고 있었으므로, 이제부터 이 저자를 "고고학적 신학자"(Antiquarian Theologian, 내지는 편의상 "고고학자"[Antiquarian])라고 부르도록 하자.

창세기 5장에 기록된 족보는 직선적인 형태로 구성되어 있다는 사실과 더불어 그 주된 주제와 연대기 차원에서 (앞에서 살펴본 창 4장의) 고고학적인 족보와는 사뭇 다르다. 이 족보상의 목록은 이스라엘의 조상인 아브라함까지 이어진다(창 11장). 따라서 이 족보는 인류의 기원 전반에 대한 것이라기보다는 이스라엘 민족의 기원을 설명하기 위해 기록되었다고 보는 것이 적절하다. 창세기 5장에 나오는 족보에 이름을 올린 족장들은 각자 첫 아들을 낳은 해의 나이와, 그가 그 후 얼마나 더 오래 살았는지, 그리고 숨을 거둘 때 몇 살이었는지에 관한 기록과 함께 소개된다. 이 족보에 기록된 셋에 관한 항목이 좋은 예라 할 수 있다.

셋은 백오 세에 에노스를 낳았고, 에노스를 낳은 후 팔백칠 년을 지내며 자녀들을 낳았으며, 그는 구백십이 세를 살고 죽었더라(창 5:6-8).

우리는 홍수 이전 시대를 풍미했다고 성경에 소개된 이 영웅적인 인물들이 긴 수명을 누렸다는 이야기와 메소포타미아 왕들의 이름이 실려 있는 목록들이 평행을 이룬다는 점을 이미 살펴보았다. 그러나 이 두 문헌이 평행을 이룬다는 사실은 더 심오한 의미를 지닌다. 창세기 5장에 나오는 연대기적인 수치들을 면밀히 들여다보면, 그 수치들이 문자적인 차원이 아니라 상징적인 차원으로 사용되었음이 확연히 드러난다. 거의 대부분의 수치들은 마지막 자리 숫자가 0, 2, 5, 아니면 7로 끝난다. 무작위적으로 주어진 나이들이 이 숫자들의 순서로 나열될 확률이 0.00000006% 정도밖에 안 된다는 점을 고려한다면, 이 수치들이 해당 인물들의 연령을 그저 평범한 차원으로 기록한 것이 아님을 확인할 수 있다.[11] 이 숫자들과 함께 고대 근동의 문헌들에서 찾아볼 수 있는 증거들을 비교해보면 두 가지 사례―성경과 메소포타미아 왕 목록―모두 천문학과 수학적인 수치를 차용했거나, 적어도 영향을 받았다는 것을 알 수 있다.[12] 따라서 창세기에 나오는 인물들의 수명을 토대로, 어셔 주교나 다른 이들이 그랬던 것처럼,[13] 실제적으로 인류의 역사를 재구성하려는 시도는 항상 오류로 귀결될 수밖에 없다. 창세기 5장과 메소포타미아 전승 사이에 존재하는 또 다른 평행적인 사항은 그 두 가지 목록 모두에서 일곱 번째로 등장하는 인물과 관련이 있다. 메소포타미아 왕의 목록은 일곱 번째 왕(흔히 엔메두란키[Enmeduranki]로 간주되는 인물)과, 죽지 않고 "하늘로 승천한" 그의 현명한 책사(흔히 우투압주[Utuabzu]라는 이름으로 알려진 인물)를 집중적으로 조명한다. 그리고 창세기 5장은 일곱 번째 족장인 에녹의 특별한 생애를 다음과 같이 묘사한다. "에녹이 하나님과 동행하더니 하나님이 그를 데려가시므로 세상에 있지 아니하였더라"(창 5:24).

창세기 5장에 나오는 족보를 기록한 저자가 창세기 4장에 보존된 족보(고고학적 족보)를 재구성하여 새로운 족보를 만들어냈다고 추론할 수도

11_ 이 산술적인 결과는 비교적 단순하다. 위에 사용된 네 개의 숫자 중에서 아무 숫자나 무작위로 선택할 확률("0.4")을 그 무작위로 숫자를 선택할 수 있는 수치(18)로 제곱하면 0.4^{18} 혹은 6.87×10^{-8}이라는 결과가 나온다.

12_ C. J. Labuschagne, "The Life Spans of the Patriarchs," *New Avenues in the Study of the Old Testament: A Collection of Old Testament Studies* (ed. A. S. van der Woude: OTS 25; New York: Brill, 1989), 121-27; Donald V. Etz, "The Numbers of Genesis V 3-31: A Suggested Conversion and Its Implications," *VT* 43 (1993): 171-89; Dwight W. Young, "The Influence of Babylonian Algebra on Longevity among the Antediluvians," *ZAW* 102 (1990): 321-35; idem, "A Mathematical Approach to Certain Dynastic Spans in the Sumerian King List," *JNES* 47 (1988): 123-29; idem, "On the Application of Numbers from Babylonian Mathematics to Biblical Life Spans and Epochs," *ZAW* 100 (1988): 332-61.

13_ James Barr, "Why the World was Created in 4004 B.C.: Archbishop Ussher and Biblical Chronology," *BJRL* 67 (1985): 575-608.

있다. 하지만 그 저자는 창세기 5장에서 족보 전체를 직선적인 형태로 달리 제시하는데, 연대기를 덧붙이되, 서로 관련이 없는 언급들을 대부분 제거하고, 홍수 이전의 일곱 번째 영웅에 관한 이야기를 삽입시켰다. (이러한 흔적은) 누가 보더라도 홍수 이전에 메소포타미아에서 생존했던 왕들의 이름이 소개된 목록들과 비슷하다. 즉 이 저자는 홍수 시대 이전에 살았던 인물들에 관한 족보를 만들려는 동기로 창세기 5장에 나오는 족보를 기록한 것이 확실하다. 그렇다면 이 저자는 무슨 이유 때문에 그렇게 하려고 했던 것일까?

이스라엘 사람들과 유대인들은 이스라엘의 전체 역사 중에서도 특히 바빌로니아 포로기 이래로 메소포타미아의 두 개의 주요 국가였던 아시리아와 바빌로니아 그리고 이 두 제국을 상속한 페르시아가 통치하던 기간 동안 폭정 아래서 신음하며 살아야만 했다. 그런 압제의 상황 중에는 인류학자들에 의해 "엘리트주의를 표방한 모방"(elite emulation)이라고 불리는 요소들이 종종 나타나게 된다.[14] 엘리트주의를 표방한 모방은 탄압을 받는 문화가 억압을 가하는 압제자의 권력의 형상들(the oppressor's images of power)을 통해 자신의 정체성(identity)을 표현할 때 발생한다. 이스라엘의 경우, 유대인 서기관들이 메소포타미아의 왕의 목록과 같이 바빌로니아의 가장 강력한 권력에 관한 표현과 기록들을 모방하여 자신들이 저술한 문헌들 내에 삽입시킴으로써 메소포타미아의 이데올로기에 반응한 것으로 사료된다. 나를 포함하여 많은 학자들은, 이 창세기 5장의 저자가 당시 유대인들이 메소포타미아의 문화에 동화되어가는 흐름에 저항

14_Carolyn R. Higginbotham, *Egyptianization and Elite Emulation in Ramesside Palestine: Governance and Accommodation on the Imperial Periphery* (CHANE 2; Leiden: Brill, 2000); Kenton L. Sparks, "Enûma Elish and Priestly Mimesis: Elite Emulation in Nascent Judaism," *JBL* 126 (2007): 625-48을 보라.

하는 것을 돕고자 하는 동기에서 해당 족보를 기록했다고 생각한다. 다니엘과 그의 친구들, 그리고 에스더와 모르드개 이야기는 포로기와 포로기 이후 시대에 유대인들이 메소포타미아의 문화에 동화되어가는 것이 매우 실제적인 위협거리였음을 잘 보여준다.[15] 이러한 차원에서 창세기 5장에 나오는 족보를 저술한 저자를 "민족적인 옹호자"(Ethnic Apologist)나 "변론가"(Apologist)라고 부르도록 하겠다.

앞에서 우리는 창세기 4장과 5장에 나오는 족보에서 두 가지 문학적인 프로파일을 찾아보았다. 그럼 이 프로파일들은 창세기 10장과 11장에 나오는 족보들까지 확장되는 것일까? 의심할 여지없이 그렇다. 창세기 11장에 나오는 족보는 창세기 5장에 기록된 족보가 중단된 부분에 이어서 다시 시작될 뿐만 아니라, 창세기 5장의 족보 구성방식과 유사한 직선적인 형태로 매우 자세한 연대기적 정보를 포함하고 있다. 이 두 가지 특징 모두 변론가가 보여줄 만한 모습이다. 이 족보의 저자가 (메소포타미아의) 왕의 목록과 같이 홍수 이후 시대까지 그 족보를 확장시켰다는 점은, 더 이른 시기에 기록되었을 뿐 아니라 당시 매우 신빙성 있게 생각했던 메소포타미아의 왕의 목록 전승과 유사하게 보이기를 원했다는 사실을 입증해줄 만한 근거라 할 수 있다. 즉 이스라엘은 "왕가"(royal)의 혈통을 이어받았다는 의미다.

반면에 창세기 10장에 기록된 족보는 더 많은 논의가 필요하다. 이 족보는 열방 나라들의 "가계도"(family tree), 혹은 고대 이스라엘 주변에 거주하던 여러 민족의 사회적 경계에 대한 설명을 제공하고 있기 때문에 관례상 열방 나라들의 명단(Table of Nations)이라 불린다. 그런데 이 족보는

15_ 이 문제에 대해 보다 심도 있는 논의를 위해서는 W. L. Humphreys, "A Life-Style for Diaspora: A Study of the Tales of Esther and Daniel," *JBL* 92 (1973): 211-23을 보라.

여기저기 편집된 것이 확실하다. 단적인 예로 앗수르와 하윌라는 이 목록에서 각기 다른 곳에 기록되어 있다.[16] 따라서 이 족보 전체를 한 사람이 수집했다고 가정할 수 없을 것 같다.[17] 그럼에도 불구하고 열방 나라들의 이름이 수록된 이 목록의 전체적인 외형은 앞에서 살펴보았듯이 고고학적인 족보인 창세기 4장에 나오는 족보와 많은 면에서 유사하다. 두 족보 모두 세분화되어 있으며, 인간 문화의 기원에 주의를 기울이고 있을 뿐만 아니라, 해당 족보에 등장하는 몇몇 영웅적인 인물과 관련한 일화에도 관심을 나타내고 있다.

창세기 10장에 관해서는 해야 할 말이 더 많지만 여기서 다 다룰 수는 없다. 하지만 역사성에 대해 논한다면, 창세기 10장의 특징 중 다음 한 가지는 반드시 짚고 넘어가야 한다. (창 10장에 나오는) 족보를 기록한 고고학적 저자가 각 나라와 족속들의 기원을 설명하기 위해서 그 열방들의 시조들(eponyms)을 거론한 것을 생각해본다면, 이 족보 전체는 열방들의 기원을 소개하는 데 주된 목적이 있다고 할 수 있다. (시조들이라는 용어는 각 나라가 그 나라의 이름을 갖게 한 조상까지 거슬러 올라가 추적할 수 있다는 민족지학적 이론을 반영한 것이다.)[18] 즉 그 고고학적 신학자 내지는 저자가 미스라임이라는 나라는 미스라임이라고 불리던 어떤 사람의 후손이었고, 리비아는 리비아라고 불리던 사람의 후손이었으며, 가나안은 가나안이라고 불리던 사람의 후손이었고, 여타의 나라들도 마찬가지였다고 설명하고 있다는 것이다. 인류학자들은 고대 그리스를 포함한 여러 문화권 내에 존재한 이런 민족지학적인 전략들을 관찰해왔다. 예를 들어, 기원전 7-6세기

16_ 앗수르에 대해서는 10:11과 22절을, 하윌라에 관해서는 10:7과 29절을 보라.

17_ 이 사안에 관한 개요와 대안에 대해서는 Clause Westermann, *Genesis: A Commentary* (3 vols.; Minneapolis: Augsburg, 1984-86), 1.495-530을 보라.

18_ Laura Bohannan, "A Genealogical Character," *Africa* 22 (1952): 301-15.

에 기록된 여성들의 목록(Catalogue of Women)은 그리스 사람들의 기원을
헬레네(Hellen)까지 거슬러 올라가고, 그리스와 도리스, 아이올리스 족속
들의 기원을 도로스(Dorus)와 아이올로스(Aeolus)까지 거슬러 올라가 추적
한다.[19] 물론 이 나라들이 실제로 그 나라와 똑같은 이름으로 불리던 조상
에 의해 기원된 것은 아니다. 따라서 이 족보와 관련한 자료들은 실제 역
사를 논할 때에 꼭 고려해야 할 만한 것들에 포함되지는 않는다. 그럼에
도 불구하고 이 족보들은 고대 이스라엘 사람들이나 그리스 사람들이 다
른 민족들과 비교하여 자신들을 어떻게 인식했는지를 이해하는 데 상당
히 유용하다.

지금까지 논의한 바를 간단히 요약하자면, 원시 역사 시대(창 1-11장)
에 기록된 세분화된 족보들은 문화의 기원에 대해서, 또 고대 이스라엘
이 다른 문화들과 맺고 있는 관계에 대한 정보를 제공해준다. 그 첫 번째
예로, 직선적으로 구성된 족보들은 기존에 존재하던 바빌로니아 사람들
의 정체성을 대체할 만한 대안으로서 유대인들의 자기 정체성을 제시해
준다. 둘째로, 이 족보들은 태곳적 시대와의 연결을 시도하여 이스라엘과
다윗계 왕들의 족보를 형성한다.

창세기 1-11장에 사용된 신화들

다양한 방식으로 정의를 내릴 수 있긴 하지만, 우리가 논의하고자 하는
목적과 관련해서 "신화"(myth)란 여러 신들이 주요 인물로 등장하며 우
주가 생성된 초기 시대나 하늘을 배경으로 하는 이야기들을 지칭한다고
간주할 수 있다. 하늘에서 다른 신들과 대화를 나누거나 서로 싸우는가

19_ 이를 반박하는 학자들이 많이 있다. 그중에서도 헤시오도스가 전통적인 저자다. M. L. West,
    The Hesiodic Catalogue of Women: Its Nature, Structure, and Origins (Oxford: Oxford University
    Press, 1985), 173을 보라.

하면, 지상에서 인간들과 무모한 시합을 벌이기도 하는 신들의 세계를 상상하게 하는, 이 신화라는 장르에 대해서 독자들은 즉각적으로 여러 가지 생각을 떠올릴 것이다. 신화에 대한 이러한 캐리커처를 전적으로 부적합하다고 치부할 수는 없다. 장르와 관련하여 주의를 요하는 단어가 이미 개입되어 있기 때문이다. 오늘날 독자들은 "신화"가 "과학"과 "역사"와 상반된 특성을 갖는다고 성급하게 지레짐작하는 경향이 있다. 그러나 고대의 저자들은 그렇게 생각하지 않았다는 증거가 있다. 바로 에누마 엘리시(*Enuma Elish*)라는 신화다. 이 신화는 바빌로니아에서 발굴된 일종의 과학적인 문헌으로서, 우주의 지형도를 제공한다는 점에서 메소포타미아 학자들이 창조를 설명하기 위해 주저하지 않고 참조하는 자료이기도 하다.[20] 신화와 우주생성론 사이에 긴밀한 관계가 있음을 밝혀낸 이집트에 관한 연구 역시 신화들을 명백히 "실제로 발생했던"[21] 일들로 간주한다. 바빌로니아 제사장이었던 카티-일라니-마르두크(Kati-ilani-Marduk)가 그의 에라 서사시(Erra Epic)와 관련하여 주장했던 것처럼,[22] 고대 신화를 기록한 저자들이 자신들이 쓴 신화들을 종종 영감에 의존했으며(inspired) 실제로도 신뢰할 만하다고 믿었을 가능성에 대해서도 따져보아야 한다. 따라서 우리는 고대에 신화를 기록한 저자들이 모든 사례마다 신화와 사실을 일대일로 일치하게끔 그려냈다고 생각할 필요는 없지만, 동시에 그 신화와 사실이 모든 면에서 완전히 상응하지 않는다고 단정 짓

20_ 메소포타미아의 "Cosmic Geographies," *ATSHB*, 321-22를 보라.

21_ 이집트의 우주(생성)론에 관해서는 *ATSHB*, 325-26을 보라. *hprt*("실제로 발생했던 것") 그리고 *gnwt*("연대기")의 이집트식 표현들을 살펴보려면 Donald B. Redford, *Pharaonic King-List, Annals and Day-Books* (JSSEA Publication IV; Mississauga: Benben, 1986), 86, 92-93을 참고하라.

22_ 이 신화는 기원전 1100-750년 사이에 바빌로니아에서 발생한 어려움들을 (네르겔이라고도 알려진 바 있는) 신 에라(the god of Erra)의 탓으로 돌린다. *ATSHB*, 319-20을 보라.

는 것도 바람직하지 않다.

만약에 우리가 신화를 이렇게 간주한다면, 창세기 1-11장에는 세 개의 에피소드 안에 두 개의 신화가 포함되었다고 볼 수 있다. 창세기 1장의 창조 신화 그리고 창세기 2-3장의 낙원/타락 이야기(paradise/fall story)가 바로 그 신화들이다. 수많은 세부 사항을 통해 우리는 이 두 개의 신화가 한 명의 저자에 의해서 한 번에 쓰인 것이 아님을 확인할 수 있다. 창세기 1장과 2장에 나오는 동물과 인간의 창조 순서와[23] 창조 방법이 각기 다르게 기술되어 있다. 창세기 1장에서는 하나님이 말씀으로 세상을 창조하시지만, 창세기 2장에서는 하나님이 에덴동산을 창설하시고, 흙으로 사람을 지으시되, 그 사람의 갈빗대를 취하여 (하와)를 만드신다. 이 두 개의 신화는 하나님에 대해서도 각기 다른 이름을 사용하는데, 창세기 1장은 엘로힘을, 창세기 2장은 야웨를 사용한다. 또 첫 번째 신화를 마무리하는 결론부는 창세기 1장의 저자가 원래 창세기 2장에 바로 연이어 또 다른 신화를 첨부하려고 계획한 것이 아니었음을 잘 보여준다. "천지와 만물이 다 이루어지니라"(창 2:1). 다시 말하자면, 우리는 두 명의 저자가 기록한 다른 신화들을 읽고 있는 셈이다. 그럼 창세기 2장과 3장에 나오는 낙원/타락에 대한 신화를 먼저 살펴보도록 하자.

인류는 오늘날과 더불어서 드라마처럼 펼쳐진 역사 전체를 통틀어 복과 저주, 선과 악, 아름다움과 추함이 한데 뒤섞여 있는 세상을 살아왔다. 원칙적으로는 세상이 그렇게 돌아가면 안 된다는 것을 우리도 깊이 인식하고 있다. 정신분열증을 앓고 있는 것 같은 이 우주와 뒤틀려버린 우리의 직관 배후에는 과연 무엇이 도사리고 있는 것일까? 창세기 2-3장에

23_ 창 1장에는 동물이 인간보다 앞서서 창조되었다고 기록되어 있지만, 창 2장에는 먼저 아담이 창조된 다음 하와가 창조되기 이전에 창조되었다고 기록되어 있다.

기록된 낙원/타락 이야기는 이 질문에 대한 답을 제시해준다. 인류는 한때 하나님께서 창조하신 에덴동산에서 아무런 부족함 없이 서로를 기뻐함은 물론 자신들이 이루어놓은 것들을 즐기며 안전하고 평화롭게 지내고 있었다. 하지만 그 동산은 인류의 소유물이 아니라 야웨 하나님의 것이었다. 그 동산 지기들이었던 인류는 "선악을 알게 하는 나무의 열매는 먹지 말라"(창 2:17)고 하나님께서 명하신 단 한 가지의 법을 지키는 조건으로 그곳에서 사는 것이 허용되었다. 하지만 인류가 그 법을 어긴 불순종은 실로 엄청난 결과들을 불러왔다. 그 동산에서 누릴 수 있었던 전원적인 삶을 상실했으며, 사망의 영향력으로부터 우리를 보호해줄 뿐만 아니라 우리로 하여금 영원한 생명을 얻게 해주는 생명나무의 과실에도 접근할 수 없게 되었다. 에덴동산에서 쫓겨난 인류의 운명은 그렇게 낙인이 찍히고 말았다. 즉 이 이야기는 말 그대로 우리가 왜 우리의 영혼 깊은 곳에서부터 무엇인가가 아주 심각하게 잘못되었다고 하는 의심 가득한 생각들을 떨쳐버릴 수 없는지에 대해 설명해주는 그 무엇에 지나지 않는다. 인류는 하나님께서 명하신 법을 어기고 금지된 나무의 실과를 따먹음으로써 너무나 경이로운 그 무엇인가를 상실해버리고 말았던 것이다.

(아담과 하와가 그랬던 것처럼) 우리가 저지른 과오를 하나님 탓으로 돌리지 않도록 하기 위해서, 이 신화는 그 잘못이 창조주에게 있는 것이 아니라 전적으로 피조된 인류에게 있음을 설명한다. 인류 최초의 부부였던 아담과 하와는 뱀에게 속아 하나님의 말씀 대신 뱀의 거짓말에 귀를 기울였다. 신적인 지식을 획득하려는 욕망에 이끌린 나머지, 그들은 금지된 나무의 과실을 먹고 말았다. 여자가 먼저 유혹에 빠졌고, 이후 그녀의 남편도 그 유혹에 넘어갔지만, 그 둘과 온 우주 모두 타락과 상실을 처절하게 경험해야만 했다. 아담과 하와는 동산에서 추방되었고, 모든 사람은 죽음을 피할 수 없게 되었으며, 저주를 받은 이 땅은 수고와 고통이 늘 떠나

지 않게 되었고, 그렇게 인류는 남편과 아내의 조화로운 관계마저 깨져버린 세상에 처하게 되었다. 더구나 인류는 에덴동산에서 하나님과 친밀하게 지내던 삶 자체를 상실하고 말았다. 이 모든 이야기가 끔찍하게 들리겠지만, 그것은 죄가 이 세상에 들어오는 출산의 고통에 지나지 않았다. 왜냐하면 더 큰 인류의 죄악이 꿈틀거리고 있었고, 결국 하나님의 아들들과 사람의 딸들이 동거하여 기괴하고 악한 네피림들을 낳고 말았기 때문이다(창 6:4). 이러한 차원에서 타락 이야기는 인류의 죄악과 교만이라는 주제를 다룰 수 있는 무대로 기능하는 동시에, 창세기 1-11장을 관통하는 두 가지 주제를 서로 유기적으로 연결시킨다. 즉 인류는 선악을 알게 하는 신적인 지식 및 하나님과 같이 되려는 특권을 손에 넣으려는 잘못된 욕망을 그 마음속에 품고 있었다.

이 신화는 메소포타미아 문헌들과 비견될 만한 여러 가지 비슷한 주제들을 상기시킨다. (1) 고대 근동의 다른 신화들과 마찬가지로,[24] 하나님이 흙으로 아담과 하와를 "지으신다." (2) 인류는 그 신적인 존재가 불어넣은 능력으로 생명을 얻는다. 성경에는 이 신적인 능력이 "하나님의 생기(숨)"로 기록되어 있지만, 바빌로니아 문헌의 경우 대부분 "신적 존재의 피"가 그 매개체로 제시된다.[25] (3) 거룩한 창조는 이미 존재하는 물질들(ex material)로 혼란스럽던 지구에 구체적인 구조와 질서를 부여하는 방식으로 진행되었다. 다시 말하자면, 신약성경에서 찾아볼 수 있는 식의 무에서의 창조(ex nihilo)[26]와는 다른 차원의 이야기를 들려주고 있는 셈이다.

24_ 진흙이나 흙으로 사람을 창조하는 모티프에 대해서는 엔키(Enki)와 닌마(Ninmaḫ) 신화 (ATSHB, 309)를 비롯해서, KAR 4 (ATSHB, 311)와 아트라하시스(ATSHB, 313-14) 신화들, 왕의 창조 신화(Myth of the King's Creation; ATSHB, 321)를 참고하라.

25_ KAR 4 (ATSHB, 311), 아트라하시스(ATSHB, 313-14), 에누마 엘리시(ATSHB, 314-16)를 보라.

26_ 히 11:1-3.

(4) 에덴 "동산의 하나님"과, 지극히 높은 산에서 다스린다고 생각됐던 메소포타미아의 "동산의 신들"[27] 사이에는 여러 가지 비슷한 점이 존재한다. 이 주제들을 고려해본다면, 우리는 창세기를 통해 에덴 식의 세계(Edenic world)를 떠올릴 것이 아니라, 결국 아담과 하와가 쫓겨나게 될 어둡고 험악한 세상이 그 주변을 둘러싸고 있는 야웨의 평범한 동산을 상상하게 된다. 이와 동일한 주제가 에스겔 28장에서도 발견되는데, 해당 본문은 두로 왕이 산 정상에 위치한 하나님의 동산에서 쫓겨날 것을 예언한다. (5) 에덴동산을 경작하고 유지해야 했던 아담의 역할은 인간들에게 노동을 부과하는 수메르와 바빌로니아 창조 신화의 한 장면을 연상시킨다. (6) 에덴동산에 있었던 생명나무는 길가메시 서사시에서 뱀이 훔치려 했던 영원한 생명을 주는 할루푸(haluppu) 나무를 떠올리게 한다.[28] (7) 창세기에서 아담과 하와가 뱀과 대화를 나눈 것처럼 메소포타미아의 첫번째 현자인 아다파(Adapa)도 매우 유사한 일을 경험한다.[29] 최고의 신 아누(Anu)는 아다파에게 영원한 생명을 얻게 해주는 떡과 음료를 하사한다. 그러나 아다파는 신 에아(Ea)가 정작 그 음식은 "죽음을 불러오는 떡과 음료"(bread and water of death)라고 미리 일러준 경고를 떠올리며 그것을 먹지 않는다. 이 이야기가 거의 끝나가는 결론 부분에서, 아누는 에아가 아다파에게 "하늘과 땅의 길"을 알려주었다며 통탄하는데, 이는 창세기에 나오는 "선악에 대한 지식" 그리고 "하나님처럼 되는 것" 등의 주제와 매우 밀접한 관계가 있는 것이 틀림없다. 이외에도 비슷한 점을 더 열거할 수 있겠지만, 이 정도만으로도 낙원/타락 이야기가 당시 고대 세계에서

27_ "Dispute between Grain and Sheep"은 신들이 사는 곳을 거론한 매우 이른 시기의 자료에 해당하는데, 여기에 "The hill of heaven and earth"라는 문구가 포함되어 있다(COS 1.180: 575-78).

28_ 길가메시 서사시에 관해서는 ATSHB, 275-76을 보라.

29_ ATSHB, 317-19.

통용되던 신화적인 전통을 따르고 있다는 사실을 밝히기에는 충분할 것 같다.

성경을 기록한 저자가 신화적인 주제들과 관련이 있는 레퍼토리를 사용하긴 했지만, 모든 신화들이 그런 것처럼 어떤 특별한 관점을 부각시키기 위해 그 레퍼토리를 통합하거나 새로운 모양으로 엮어냈다는 것을 기억할 필요가 있다. 낙원/타락 이야기는 다른 여타의 신화들보다 더 많은 주제를 메소포타미아의 전례로부터 빌려온 것으로 보이는데, 이는 고대에 발생한 여러 사례와 서로 비교하여 확인할 수 있는 이 신화만의 매우 독특한 특징이다. 낙원/타락 이야기가 갖는 이러한 특징들은 나를 비롯하여 다른 많은 학자들이 생각하는 바와 같이, 성경 저자가 자신의 시대 이후로 펼쳐질 역사에 대한 새로운 패러다임을 구축하기 위해서 시작부터 완전히 새로운 신화를 만들어야 한다고 인식했음을 시사한다.[30] 그러니까 성경을 기록한 저자는 그 당시 매우 심오하고 중요한 신학적인 주장을 전개하기 위해서 원시 시대의 다양한 창조 전승들로부터 온 익숙한 주제들을 하나로 통합시켰다고 볼 수 있다. 이를 달리 표현하자면, 인류는 처음부터 하나님의 법을 지키는 일은 안중에도 없었기 때문에 본향에서 쫓겨나 끝을 알 수 없는 추방 길에 오르게 되었다는 것이다. 나는 성경 저자가 이러한 관점을 부각시켜서 유다의 멸망과 포로됨을 인간의 타락이라고 하는 보다 큰 맥락 안에 배치시켰다고 생각한다. 이스라엘을 위시한 모든 인류는 본향에서 추방되었다. 그래서 사도 바울은 다음과 같이 역설한다. "모든 사람이 죄를 범하였으매 하나님의 영광에 이르지 못하더니"(롬

30_Kenton L. Sparks, "The Problem of Myth in Ancient Historiography," *Rethinking the Foundations: Historiography in the Ancient World and in the Bible, Essays in Honour of John Van Seters* (ed. S. L. McKenzie and T. Römer; BZAW 294; Berlin and New York: de Gruyter, 2000), 269-80; Paul Humbert, *Études sur le récit du paradis et de la chute dans Genèse* (Mémoires de l'Université Neuchâtel 14; Neuchâtel: Secrétariat de l'Université, 1940), 7.

3:23). 그렇다면 성경 저자가 아무리 고대로부터 전해 내려오는 전승들의 일부를 차용했다고 하더라도, 기원전 586년에 시작된 바빌로니아 포로기의 어떤 시점에 도달하여 이 역사를 기록했다고 보는 것이 타당하다.[31] 사실 바빌로니아 포로기는 부분적으로나마 성경 저자가 왜 그토록 메소포타미아의 문헌들을 잘 알고 있었는지를 설명해주는 중요한 단서이기도 하다. 아무튼 그 고고학적 신학자(성경 저자)는 언어와 문학이 갖는 의미에 정통한 매우 탁월한 학자였다.

해당 논제와 관련하여 논의를 절반 정도 이끌어온 이 시점에서, 앞서 이야기한 단서를 바탕으로 내가 믿고 있는 [창세기 1-11장의 해석 문제를 해결할] 핵심 사안을 밝혀야 할 것 같다. 낙원/타락 이야기에 나타난 창의성을 깊이 숙고한다면, 저자가 이 신화를 엄밀한 차원에서 역사적인 사건으로 간주했다고 결론 내릴 수 있을지 매우 의심스럽다. 해당 신화는 단지 두 사람(아담과 하와)에 대한 이야기로 그치는 것이 아니라, 온 인류를 연결하는 알레고리와 상징성이 다분한 신학적인 저작물이다. 후대의 독자들이 선악을 알게 하는 나무와 말하는 뱀에 관한 구절들을 상징적으로 읽지 않고 지극히 문자적이요 역사적으로 해석해왔다는 사실은 그리 놀라운 일이 아니다. 왜냐하면 앞에서 언급했다시피 옛 시대의 독자들도 현대 독자들처럼 신화를 종종 "실제로 있었던 일"[32]로 해석했기 때문이다. 그렇게 해석한다고 해서 독자들의 잘못이라고 할 수는 없는 노릇이다. 엄밀히 말해서 신화는 사실이 아닐 수 있다. 설사 그렇다 하더라도, 저자가 그 역사에 대해 아무것도 믿지 않았다는 식으로 추론하지는 말도

31_ 학자들은 창세기에 포함된 이 부분(1-11장)이 바빌로니아 포로기 때 기록되었다고 추정한다. Kenton L. Sparks, *The Pentateuch: An Annotated Bibliography* (IBR Bibliography 1; Grand Rapids: Baker, 2002), 22-36을 보라.

32_ Redford, *Pharaonic King-List, Annals and Day-Books*, 86, 92-93.

록 하자. 은유를 잘 사용하면 현실 세계에 대해 효과적으로 말할 수 있기 때문이다. 실제로 고대 시대를 살았던 저자들은 역사와 허구 사이의 경계를 확고히 지켜야 한다는 식으로 장르적인 순수성을 고집하는 신고전학적(neo-classical) 이상에 사로잡힌 사람들이 아니었다. 이 창조 신화를 쓴 사람도 인류 최초의 커플이 존재했으며, 어느 시점에선가 그들이 잘못을 저질러서 실낙원의 현실을 초래하게 되었다고 믿었을 것이다. 그는 다른 문헌들에서 발견되는 여타 전승들의 역사적 진실성에 대해서도 신뢰했을 것이다. 어쨌든 이 문제는 나중에 다시 다루도록 하겠다.

만일 창세기 2-3장에 나오는 창조 신화가 고고학적 신학자에 의해 쓰였다고 한다면, 창세기 1장에 기록된 창조 신화는 그의 동료인 변론가적인 저자에 의해 기록된 것이 확실하다. 나는 이 사실을 증명할 만한 증거를 얼마든지 찾을 수 있다고 생각한다. 앞으로 계속해서 살펴보겠지만, 메소포타미아 문헌들은 낙원/타락 이야기(창 2-3장)보다도 창세기 1장에 나오는 6일 동안의 창조 신화에 더욱 직접적인 영향을 끼쳤다. 즉 창세기 5장과 11장에 기록된 족보들처럼, 이 변론가적인 저자는 메소포타미아 문헌들을 모사하는 데 수고를 아끼지 않았다. 먼저 그 해당 이야기 자체를 들여다보도록 하자.

하나님은 단 6일 만에 온 우주가 존재하도록 말씀하셨다. 먼저 며칠은 생물이 거할 공간을 창조하는 데 할애된 반면, 나머지 날들 동안은 그 공간에 거할 생물들이 창조되었다. 그 생물들 중에서도 인류의 창조야말로 하나님이 보시기에 "심히 좋았던" 최고의 성과였다. 오늘날 독자들은 해와 달이 넷째 날에 창조되었다는 언급이 그 앞에 셋째 날이 "문자적인"(literal) 3일이 아님을 보여주는 단서라고 흔히 생각한다. 그러나 이 이야기를 기록한 저자는 해를 문자적인 하루를 지칭하는 표지로 사용할 필요는 없었던 것으로 보인다. 오히려 그의 주된 목적은 안식일에 관한 신학적 기초를 마련하는 데 있었다. 즉 이 신화를 통해 그가 의도한 것은 문자 그대로 한 주였다. 저자는 문자 그대로의 안식일을 염두에 두고 있었기 때문이다. 하나님은 그날에 안식하셨다. 그래서 우리도 안식해야 한다.

성경에 기록된 창조 신화와 이집트의 몇몇 우주론과의 어떤 잠재적인 상관관계가 존재한다고 하더라도,[33] 성경의 창조 신화와 바빌로니아 전승들 사이에서 발견되는 유사성과는 비할 바가 못 된다. 특히 바빌로니아의 창조 신화 에누마 엘리시(Enuma Elish)가 그렇다. 첫째, 고대 신화들에서 자주 발견되는 것처럼, 이 두 개의 문헌 모두 시간을 나타내는 절(temporal clause)로 시작한다. 즉 성경의 신화는 베레쉬트(Bereshit, "태초에")로, 바빌로니아 신화는 에누마 엘리시("저 높은 [하늘이 아직 명명되지 않았던] 때에")로 각각 시작된다. 둘째로, 이 두 개의 문헌 모두 영역이나 공간을 나누는 일을 바탕으로 한 창조 사역과 관련이 있다. 창세기에서 하나님은 궁창 아래의 물과 궁창 위의 물을 나누시지만, 바빌로니아 신화에서는 바빌로니아의 최고 신 마르두크(Marduk)가 바다 괴물 티아마트(Tiamat)의 몸을 둘로 가른다. 이 괴물의 이름은 창세기 1장에 바닷물을 묘사하기 위해 사용된 히브리어 단어(tĕhôm)와 어원이 같다. 셋째, 이 두 개의 신화 모두 하늘에 반구(dome) 형태로 고정되어 있는 궁창 위에 물이 존재한다고 묘사한다.[34] 이러한 묘사는 태곳적 시대에 대해 당시에 통용되던 생각을 그대로 반영한 것으로, 일반인들은 물론이거니와 (오래전에 이미 칼뱅이 말한 것처럼) 많은 학자들도 같은 의견을 가지고 있었다.[35] 넷째, 창세기("우리가 사

33_ 이 시리즈에 글을 기고한 사람 중 하나인 Hoffmeier가 지적한 바 있다. James K. Hoffmeier의 "Some Thoughts on Genesis 1 & 2 and Egyptian Cosmology," *JANES* 15 (1983): 39-49를 보라.

34_ 참조. 창 1:6-7과 에누마 엘리시 IV.137-147; 이집트의 "Book of Nut" (*ATSHB*, 325)도 살펴보라.

35_ John Calvin, *Commentaries on the First Book of Moses called Genesis* (trans. J. King; 2 vols.;

람을 만들고")와 에누마 엘리시("마르두크가 최고의 신들을 [천상] 회의에 불러들였다")에서 확인할 수 있는 것처럼, 이 두 개의 문헌 모두 인간 창조와 그 세계를 관장하는 천상 어전회의(heavenly assembly)에 대해 언급하고 있다. 다섯째, 이 두 가지 문헌에서 똑같이 사람은 가장 늦게 창조된다. 그럼에도 불구하고 사람은 신적 존재가 생기를 불어넣어 창조한 형상으로서, 창조 사역과 관련한 가장 중요한 성취로 묘사된다. 다만 창세기에서 사람은 하나님의 형상대로 창조되는 반면, 에누마 엘리시에서는 반역을 일으킨 신의 혈액을 통해서 생기를 얻는다.

위에 제시한 평행 요소들만으로도 창세기 1장과 에누마 엘리시 두 문헌이 서로 긴밀한 관계가 있음을 밝히기에 충분하지만, 그 관계를 "확증할 수 있는"(seals the deal) 추가적인 증거가 하나 더 있다. 에누마 엘리시는 매년 메소포타미아의 신년 축제(Mesopotamian New Year festival) 중 다섯째 날에 낭송되었다.[36] 그리고 바로 그날 악령에 의해 더럽혀진 마르두크 신전을 청결하게 하기 위해서 쿠푸루(kuppuru) 제의가 진행되었다. 그렇다면 성경을 기록한 저자들이 에누마 엘리시와 쿠푸루 제의를 알고 있었다는 증거가 존재할까? 의심의 여지없이 그렇다. 우리는 레위기 16장에서 쿠푸루 제의와 이름, 형식, 기능, 그리고 그 제의가 집행되는 시기까지 정확히 일치하는 이스라엘의 제의를 발견할 수 있다. 키페르(kipper)라고 불리는(여기서 욤 키푸르가 나온 것이다) 이 제의는 매년 새해가 시작되는 시점에 이스라엘 성전 구역을 정결하게 하기 위한 일환으로 거행되었다. 앞서 살펴본 두 문헌 사이의 유사한 특성은 물론이거니와, 죄를 제거하는

Edinburgh: Calvin Translation Society, 1847-1850), 1,86-87.

36_ 추가적인 논의와 참고문헌을 위해서는 Sparks, *"Enûma Elish and Priestly Mimesis,"* 632-35를 보라. 에누마 엘리시와 상응하는 제의적인 문헌(ritual text)을 위해서는 *ANET*, 331-34를 살펴보라.

제의적 속죄(키페르의 피, the kipper blood)가 죄를 전가하는 제의적 대속물(이른바 희생양, the so-called scapegoat)을 통해 부정함을 제거하는 더욱 오래된 제의에 추가되었다는 사실은,[37] 성경 저자가 바빌로니아 사람들이 행하던 쿠푸루 제의를 차용해왔음을 시사한다.

모든 "비교"라고 하는 작업이 그렇듯이, 비교를 통한 유사점은 오히려 차이점을 더욱 부각시킨다. 변론가적인 저자가 쓴 이 창조 이야기는 태고의 바다(the *těhôm*)를 생명이 없는 것으로 묘사하는 동시에, 하나님이 말씀으로 창조 사역을 성취하신다는 로고스 신학(*logos* theology)을 표방한다는 점에서 특이한 면모를 갖추고 있다.[38] 이 주제들은 유일신 사상을 향한 저자의 확고한 입장을 반영한다. 즉 하나님께 필적할 만한 (티아마트와 같은) 천계의 정적을 그 존재 자체마저도 인정하지 않는 것으로, 흙을 주무르고 피를 만듦으로써 하나님의 이름을 더럽힐 수 있다는 것도 완전히 부인한다.[39] 이런 의미에서 창세기 저자는 바빌로니아 창조 이야기를 "비신화화"(demythed)했거나 그보다는 덜 신화적인 모델로 제시했다고 할 수 있다. 창세기의 창조 이야기를 기록한 이 변론가적인 저자가 인간을 하나님의 형상을 지닌 존재로 묘사한 것 역시 상당히 주목할 만한 대목이다. 왜냐하면 이 묘사는 메소포타미아 전승과의 확실한 단절을 의미하기 때문이다. 메소포타미아의 신학은 신의 능력을 힘입은 인간이 생명을 얻게 되었다고 주장하긴 하지만, 모든 인류가 신의 형상을 지녔다고 말하진 않

37_ Sparks, "*Enûma Elish* and Priestly Mimesis."

38_ 내가 아는 한, 이와 같은 "logos theology"는 오직 이집트의 "Memphite Theology" (*COS* 1.15:21-23)와, 독자가 어떻게 읽느냐에 따라 수메르의 "Dispute Between Grain and Sheep" (*COS* 1.180:575-578)에서만 찾아볼 수 있다.

39_ 이 저자는 천사들과 같은 다른 신적인 존재들이 있었음을 믿었으나(참조. "우리의 형상을 따라 우리의 모양대로 우리가 사람을 만들자") 그들을 하나님과 같은 신성이 있는 존재들로 이해하지는 않았다.

는다. 그저 평범한 남성들과 여성들은 창조 시에 하위 신(minor deity)―대개 과거에 반역을 일으켰던 신―의 피를 공급받아 생명을 얻은 것으로 이해했기 때문이다. 아시리아 왕의 즉위식에서 드려진 기도들과 신바빌로니아(Neo-Babylon)의 "창조신"(Creation of the King) 신화에서 볼 수 있는 것처럼,[40] 완벽하게 신의 형상을 이루려고 소망한 사람은 왕뿐이었다. 이 사실을 바탕으로, 이 창세기 창조 이야기를 기록한 변론가적인 저자는 하나님의 형상을 온 인류에게 부여함으로써 인류 전체를 왕복(royal garb)을 입고 있는 왕적인 존재로 제시하려 했다고 추론할 수 있다. 이러한 인식은 인류로 하여금 창조세계의 모든 생물을 "다스리라"는 하나님의 명령을 기록한 기록과 바빌로니아의 왕 목록들을 본뜬 창세기 1-11장에 기록된 족보들을 통해서 더욱 강력한 지지를 얻는다. 다시 말하자면, 이 변론가적 저자는 바빌로니아 전승을 모방하여 역사를 시작부터 끝까지 매우 전략적으로 다시 전개한 것이다. 즉 이 저자는 자신이 무엇을 하고 있는지 분명하게 인지하고 있었다.

창세기 1-11장에 포함된 이야기와 전설

모든 사회는 그 사회가 걸어온 과거의 발자취에 대해 이야기하고 또 그 이야기들을 기록하기 마련이다. 그런데 이 이야기들은 사실(fact)이라기보다는 해당 사회가 속한 문화의 설화, 즉 허구(fiction)를 기초로 한다. 오늘날 많은 학자들은 이 전통적인 이야기들 안에 포함된 내러티브에서 발견되거나 그 내러티브의 진실이라고 할 수 있는 특성들을 찾아내어 그 이

40_Sparks, *ATSHB*, 100, 321; W. R. Mayer, "Ein Mythos von der Erschaffung des Menschen und des Königs," *Or* 56 (1987): 55-68; Alisdair Livingstone, *Court Poetry and Literary Miscellanea* (SAAS 3; Helsinki: Helsinki University Press, 1989), 26-27; John Van Seters, "The Creation of Man and the Creation of the King," *ZAW* 101 (1989): 333-42.

름으로 삼는 경향이 있다. "전설", "이야기", "소설", "서사시"가 그 이름들에 해당하는데, 다른 이름들도 얼마든지 있다. 내 생각으로는 원시 역사(창 1-11장)에 나오는 네 개의 에피소드, 즉 가인과 아벨 이야기, 노아 홍수 이야기, 가나안 저주 이야기, 바벨탑 사건 이야기는 잠시 전에 거론한 것처럼 전통적인 이야기들을 아우르는 다소 넓은 범주의 장르에 잘 들어맞는다. 그런데 이 네 개의 이야기들은 문자 그대로 역사에서 영감을 얻어 기록된 것이 아니다. 왜냐하면 (계속 살펴보겠지만) 어떤 농부(가인)가 어느 양치기(아벨)를 죽인 사건은 인류 최초의 살인이라고 할 수 없고, 온 세상을 뒤덮는 홍수도 존재하지 않았으며, 하나님은 함이 그의 아버지 노아의 벌거벗은 모습을 보았다는 이유로 가나안의 후손들을 저주하지 않으셨으며, 하나님의 개입으로 인류가 각기 다른 언어를 사용하게 되었다는 것을 잘 설명할 수 없기 때문이다. 그러나 이 네 개의 이야기 모두 너무나 중요하다. 왜냐하면 그 이야기들 안에는 고대에 하나님의 백성이 맞닥뜨려야만 했던 쟁점과 의문, 그리고 여러 가지 문제점과 씨름하며 해결하려 했던 그들의 노력이 고스란히 남아 있기 때문이다.

가인과 아벨의 이야기(창 4장)는 고고학적 족보와 긴밀히 연결되어 있으며, 그 고고학적 저자가 생각하는 원시 역사에 속해 있다. 나는 이 이야기를 단편소설을 지칭할 때 적합한 "허구적인 짧은 내러티브와 같은 이야기"(tale)라고 부르고자 한다.[41] 이 이야기에 허구적인 면모가 있다는 사실은 성경 안팎의 근거들을 바탕으로 얼마든지 추론해볼 수 있다. 먼저 성경 본문 안에 존재하는 증거는 주요 등장인물들의 이름에서 찾아볼 수 있는데, 가인과 아벨의 이름은 문자 그대로의 의미보다는 상징적인 의미가

41_ 이미 앞에서 밝힌 바 있듯이("장르에 관한 사색"을 보라), "허구적인 짧은 이야기"와 같은 장르에 대한 이름들은 고정적이지 않으며 딱히 정의를 내리는 것도 쉽지 않다. 그러나 해석학자들이 만들어낸 이런 부류의 이름들은 언어적 담화들을 연구하고 이해하는 데 매우 유익하다.

훨씬 크다. 가인은 겐 족속 유랑인들의 조상과 이름이 같다.[42] 또 아벨은 전도서에 등장하는 "헛됨"(meaningless)과 같은 뜻이다. 즉 짧디짧은 아벨의 수명을 지칭하는 암시임이 틀림없다. 성경 바깥에 존재하는 근거로는, 원시 인류가 200,000년 전(아마도 이보다 훨씬 이전)에 그 모습을 나타냈다는 점을 들 수 있다. 그때 인류는 육축을 기르거나 농사를 짓지 않았다. 인류는 신석기 시대(기원전 10,000)에 이르러서야 비로소 육축을 기르고 농사를 짓기 시작했다.[43] 그러므로 인류 최초의 두 아들—목자였던 아벨과 농부였던 가인—이 빚는 갈등을 묘사한 이 이야기는 원시 시대를 배경으로 삼고 있다고 보기 어려울뿐더러 역사적으로 받아들이기도 어렵다. 그럼에도 불구하고 이 이야기가 현실 세계를 반영하고 있는 것은 확실하다. 의심할 여지없이 이 이야기는 인간이 자행한 여러 형태의 폭력에서 비롯된 것으로서 성경 저자가 관찰한 인간의 행위들을 세세하게 묘사하고 있다. "양과 곡물의 다툼"(Dispute between Sheep and Grain)이라는 제목으로 알려진 훨씬 오래된 수메르 문헌에서 확인할 수 있는 바와 같이,[44] 성경 저자는 자신의 내러티브를 보완하고 돋보이게 하려는 목적으로 전통적으로 전승되어오던 목자들과 농부들 사이의 갈등 이야기를 취하여 발전시킨 것이다.

가인의 아내가 갑자기 등장하고 에덴동산 바깥 지역에서 다른 민족이 살고 있었다는 것을 시사하는 성경상의 에피소드는 또 다른 자료를 빌려온 것이다. 그러나 "죄-벌"이라는 이 이야기의 기본 구조는 확연히 고고

42_ 겐 족속이 가인의 후손이라는 점과 관련해서는 Baruch Halpern, "Kenites," *ABD* 4:17-22를 보라.

43_ Graeme Barker, *The Agricultural Revolution in Prehistory: Why did Foragers become Farmers?* (Oxford: Oxford University Press, 2006).

44_ *COS* 1.180:575-78; 참조. *ATSHB*, 64-65.

학적 편집의 흔적이 남아 있는 낙원/타락 에피소드와 상당히 흡사하다.[45] 고고학적 관점으로 이 문헌을 편집한 저자가 이 이야기에 그토록 관심을 갖게 된 이유에 대해서도 충분히 생각해볼 수 있다. 이 고고학적 저자는 타락 에피소드에서 인간의 깨어진 상태를 묘사해내면서, 인간의 깨어짐의 상태를 두 종류로 구별한다. 한 종류는 에덴동산 밖으로 쫓겨나긴 했지만 동산 밖에서 여전히 에덴동산에서의 삶을 살 수 있도록 허락받은 아담과 하와와 같은 상태다. 그리고 나머지 한 종류는 에덴동산에서의 삶마저도 허락받지 못한 가인과 같은 상태다. 특히 가인의 후손(씨)은 난폭한 성향 때문에 추가적으로 저주를 받는다. 네피림에 의해 타락의 정도가 심화된 이 난폭한 후손은 결과적으로 아담의 다른 후손들보다 더 광범위하게 빠른 속도로 세상에 퍼져나갔고, 마침내 대홍수(의 심판)를 초래한다.

창세기 6-9장에 나오는 노아 홍수 이야기는 가인과 아벨의 이야기보다 훨씬 더 길고 복잡하다. 추측하건대, 이 이야기는 실제로 발생했던 재앙에 가까운 사건에서 간접적으로 비롯되었을 것이다. 나는 창세기 6-9장에 기록된 노아 홍수 이야기 배후에 "흑해 홍수"(Black Sea Deluge) 이야기가 자리하고 있다고 생각한다.[46] 결국 이 재앙이 당시 사람들로 하여금 온 땅에 홍수가 발생했다고 믿게 했고, 결과적으로 그 홍수가 왜 발생했는지 그리고 인류와 동물들은 어떻게 살아남게 되었는지 ―즉 거대한 배를 통해― 에 대한 설명으로 이어진 것이다. 성경을 기록한 저자들이 이 이야기를 접했을 때는 해당 이야기가 전승의 형태로 전해진 지 이미 수천 년이 지난 뒤였다.[47] 어디까지나 추측에 불과하지만, 고대 시대의 모든 학

45_ Westermann, *Genesis*, 1.285-86.

46_ Valentina Yanko-Hombach, ed. *The Black Sea Flood Question: Changes in Coastline, Climate and Human Settlement* (Dordrecht: Springer, 2007).

47_ 홍수에 관한 문헌 중 가장 오래된 것들은 기원전 제2천년기까지 거슬러 올라간다. 그러나 그

자들과 대부분의 사람들은 이 (홍수) 이야기가 사실이라고 생각했을 것이고 또 그렇게 믿었을 것이다. 이 이야기가 비교적 복잡하고, 신뢰할 만한 전승에 의존하고 있으며, 문화적인 영웅에 초점을 맞추고 있다는 차원에서, 나는 이 이야기를 "전설"(legend)[48]이라는 장르로 설명하고자 한다.

우리는 고고학적인 저자와 변론가적인 저자가 동일한 전승을 기초로 서로 평행 관계를 형성하되, 각기 다른 이야기를 하고 있다는 점을 앞서 살펴보았다. 그렇다면 이 저자들은 노아 홍수 이야기에 대해서도 자신만의 고유한 이야기들을 갖고 있었다고 볼 수 있을까? 우리는 메소포타미아에서 전해 내려오는 자료들을 통해서 서기관들 사이에 여러 종류의 바빌로니아 홍수 이야기 판본들이 떠돌아다녔다는 사실을 확인할 수 있다. 다시 말하자면, 고대 이스라엘(의 홍수 이야기)도 이와 다를 것이라고 생각할 필요가 전혀 없다는 것이다. 성경에 나오는 홍수 이야기를 자세히 들여다보면, 창세기 6-9장에 두 개의 이야기가 혼합되어 있다는 사실을 그리 어렵지 않게 알아차릴 수 있다. 사려 깊은 독자들은 이미 오래전부터 다음과 같은 특이한 사항들을 지적해왔다. (1) 홍수에 대한 선언이 두 번 기록되어 있고, (2) 방주에 동물을 태우라는 명령이 각각 다르게 두 번 제시되어 있으며(한 쌍의 동물을 태우라는 명령과 정결한 동물들을 일곱 쌍씩 태우라는 명령), (3) 방주에 승선하는 일에 대한 두 가지 다른 언급(홍수가 시작되기 7일 전과 홍수가 시작된 당일)이 발견되고, (4) 홍수가 지속된 기간에 대해서도 서로 다르게 기록(40일과 1년)되어 있으며, (5) 이 홍수 이야기가 마무리되는 결론부에 하나님이 하신 약속(다시는 세상을 파괴하지 않으시겠다는 하나님

문헌들의 배후에 있는 수메르 전승이야말로 가장 오래된 것이라고 할 수 있다. *ATSHB*, 310-11을 보라.

48_ 흔히 "전설"은 "해당 문화의 영웅들이나 제도들과 관련이 있는 전통적인 이야기"라고 정의를 내린다. 이 정의에 대한 논의와 참고문헌이 필요하면 *ATSHB*, 271-304를 참고하라.

의 약속과, 그 세상을 **비로** 심판하지 않으시겠다는 하나님의 약속)이 각기 다른 방식으로 기록되어 있다. 이처럼 두 이야기 사이에 존재하는 평행적인 요소들은 두 가지 창조 기사와 마찬가지로, 엘로힘(Elohim)에서 야웨(Yahweh)로 하나님의 이름이 전환되는 것과 완벽하게 맞물려 있다. 다르게 표현하자면, 우리 앞에는 서로 긴밀하게 결합된 두 개의 이야기가 놓여 있다는 것이다. 그럼 각각의 이야기를 하나씩 살펴보기에 앞서서 먼저 두 이야기 사이의 비슷한 부분들에 대해 논의해보도록 하자.

히브리 성경에 실려 있는 두 개의 홍수 이야기는 주제와 내용 면에서 서로 유사할 뿐만 아니라 고대 근동의 다른 문헌들과도 상당히 비슷하다. 이 이야기들은 다음과 같은 모티프들을 함께 공유한다. (1) 심판의 일환으로 홍수를 땅에 보내겠다는 신의 결정, (2) 영웅적 인물에게 홍수가 일어날 것이라는 경고와 더불어 커다란 배를 만들라는 명령이 주어짐, (3) 그 영웅적 인물의 특별한 자격과 상징적인 이름, (4) 그 배가 제작되는 과정에 대한 자세한 설명, (5) 홍수와 관련한 영웅적 인물의 가족과 땅의 짐승들이 그 배에 승선하게 됨, (6) 그 배의 문이 닫힘, (7) 홍수가 지속된 기간에 대한 언급, (8) 배가 어떤 산꼭대기에 도착하게 됨, (9) 홍수로 세상을 벌한 것에 대한 신의 후회와 다시는 세상을 홍수로 심판하지 않겠다는 결심. 나중에 또 살펴보겠지만, 여기에 제시한 것들 이외에 두 개의 모티프가 더 있다. 즉 새를 배 밖으로 날려 보내는 에피소드와 홍수가 끝난 이후에 제사를 드린다는 모티프는 변론가적인 작가가 기록한 홍수 이야기를 제외한 모든 홍수 문헌에서 발견된다. 고대 근동의 홍수 이야기들에서 발견되는 너무나도 명백한 이 유사점들은 성경 저자들이 각기 자신만의 고유한 관점을 부각시킴으로써 메소포타미아의 다른 홍수 이야기들과 차별성을 갖게 했다는 차원으로 우리의 이해를 전환시킨다.

고고학적인 저자가 기록한 홍수 이야기와 고대 근동의 다른 홍수 이야기들을 비교했을 때 가장 극명하게 드러나는 차이점이 있다. 바로 고고학적 저자의 유일신 사상이다. 단일 신이나 다수의 신들이 홍수를 계획하고 또 다른 신들이 홍수와 관련된 어떤 영웅에게 홍수를 일으킬 계획을 미리 누설하는 수메르와 아카드의 전설들과 달리, 성경에 기록된 홍수 이야기에서 야웨는 홍수를 계획하고 그 비밀을 (홍수와 관련된 영웅, 즉 노아에게) 알려주는 두 가지 역할 모두를 수행하신다. 또 이 고고학적인 저자는 여타의 홍수 이야기들과는 다른 홍수의 원인을 제시한다. 메소포타미아의 홍수 전승은 신들이 인류의 떠들썩하고 야단스러운 작태 때문에 진절머리가 난 나머지 인류를 선하든 악하든 상관없이 무차별적으로 단번에 쓸어버리기로 작정했다고 묘사한다. 이와 달리 고고학적 저자는 홍수의 원인을 인류의 도덕적인 결함 탓으로 돌리고 인류 전체를 매우 어두운 색채로 그려낸다. 이는 원시 역사에 대한 고고학적 저자의 일관된 관점과 일치하는 주제이기도 하다. 그럼에도 불구하고 이 고고학적 저자는 야웨 하나님을 의인화하여 그려내는데, 이러한 경향은 메소포타미아 전승에서도 흔히 발견된다. 이 두 가지 홍수 이야기 모두 신(신들)은 홍수 이후에 사람이 올려드린 제사에 흡족한 나머지 세상을 물로 심판한 것을 후회하고 다시는 홍수로 인류를 심판하지 않겠다고 약속한다. 곁들여서 이야기하자면, 이것이 바로 일곱 쌍의 정결한 짐승들에 관한 언급이 고고학적 홍수 이야기에 포함된 이유다. 동물들이 한 쌍씩만 존재했다면 제사를 위해 사용된 동물들의 종(species)은 다 멸망하고 말았을 것이다!

변론가의 관점으로 기록된 홍수 이야기는 고고학적 홍수 이야기와 여타의 고대 근동의 홍수 전승들에 대한 반응으로 저작되었다. 변론가적인 저자가 쓴 홍수 이야기에는 (한 쌍의 동물들 이외에 정결한 짐승들을 일곱 쌍씩 방주에 태웠다는) 동물들에 대한 추가적인 언급은 고사하고, 홍수와 관련한 영웅적인 인물이 홍수가 끝난 다음에 하나님께 제사를 드렸다는 이야기도 포함되어 있지 않으며, 세세한 사항에서도 여타의 홍수 이야기들과 구별된다.[49] 오히려 이 이야기는 홍수를 초월하는 하나님의 언약적인 약속과 그 언약을 근거로 기능할 무지개에 관한 언급으로 마무리된다. 성경에 기록되어 있는 것과 같이, 이 무지개는 하나님이 그것을 보고 노아와 맺은 언약을 기억하시기 위한 것이었다. 홍수 전승들 중에서 이 무지개 모티프는 꽤 독특하긴 하지만, 나는 이 모티프를 완전히 새로운 것이라고 생각하진 않는다. 왜냐하면 무지개는 고대 시대에 이미 길조를 뜻하는 징조로 여겨져왔으며,[50] 성경에 사용된 것 역시 메소포타미아의 홍수 이야기들에서 발견되는 특징을 기초로 하기 때문이다. 여신 이쉬타르(Ishtar)는 홍수가 끝난 다음 또다시 그와 같은 일이 반복되지 말아야 함을 상기시키기 위해 다른 신들에게 청금석(lapis lazuli)으로 된 목걸이를 바쳤다. 그런데 이 목걸이는 모양과 빛깔, 그리고 중요성이라는 차원에서 제사장의 병기(Priestly bow)를 떠올리게 한다.[51] 우리가 계속 살펴보고 있는 이 변론가적인 저자는 자신이 기록한 (원시) 역사 도처에서 메소포타미아의 홍수 이야기들의 패턴을 모방하여 사용했지만, 그것들을 "비신화화"하여 다신적인 면모(polytheistic profile)를 제거했다.

49_ 많은 학자들이 이미 오래전부터 인정해왔듯이, "제사장문서 저자"(Priestly Writer)로 알려진 이 저자는 모세가 성막을 세우기 전까지 합법적인 제사가 허용되지 않았다는 입장을 취한다. 이 제사장문서 저자의 역할에 대해서는 Sean E. McEvenue의 *The Narrative Style of the Priestly Writer* (AnBib 50; Rome: Biblical Institute Press, 1971)에 잘 설명되어 있다.

50_ Hermann Hunger, ed. *Astrological Reports to Assyrian Kings* (SAAS 8; Helsinki: Helsinki University Press, 1992), 18, 255.

51_ 아트라하시스와 길가메시 서사시에 나오는 홍수 이야기에 관한 참고 문헌으로는 Stephanie Dalley, *Myths from Mesopotamia: Creation, The Flood, Gilgamesh, and Others* (Oxford: University Press, 1989), 34, 114를 보라. 또 이 사안에 대한 논의를 위해서는 Anne D. Kilmer, "The Symbolism of the Flies in the Mesopotamian Flood Myth and Some Further Implication," *Language, Literature, and History: Philosophy and Historical Studies Presented to Erica Reiner* (ed. F. Rochberg-Halton; AOS 67; New Heaven, CT: American Oriental Society, 1987), 175-80을 보라.

변론가적인 저자 역시 고고학적 저자의 유일신 사상을 어느 정도 공유한다. 하지만 전자(前者)의 신학은 후자(後者)에 비해 하나님을 의인화하는 데 치중하지 않는다. 또 전자는 하나님을 홍수 이전에나 이후에나 심정적으로 전혀 변함이 없으신 분으로 묘사하는 반면에, 후자는 하나님을 이 세상에 홍수를 보내시고 난 후 세상을 홍수로 심판한 것을 후회하시는 분으로 그린다. 변론가적인 성격이 다분한 이 저자는 하나님이 창조 시에 확정하신 모든 사항—하나님이 인류를 향해 복을 주심, "생육하고 번성하여 땅에 충만하라"고 하신 명령, 사람을 하나님의 형상대로 지으심, 창조세계로 인하여 기뻐하고 즐거워하라(창 9:1-7)고 하심—을 홍수 이후에 다시금 확증한다. 그런데 이 변론가적인 저자는 앞의 주제들에다가 두 개의 법을 새롭게 추가한다. 하나는 고기를 먹되 그 생명 되는 피째 먹지 말라는 것이고, 또 다른 하나는 살인을 하지 말라는 것이다. 이 저자는 살인에 대한 죗값으로 주저함 없이 사형을 선고함으로써, 사형보다는 추방을 선고한 고고학적인 저자보다 훨씬 더 엄격한 입장을 취한다(참조. 창 4:12; 9:6). 그러나 자신이 속한 민족을 옹호하는 변론가적인 저자와 신학적인 성향의 고고학적인 저자 모두 노아에게 영원한 생명이 주어졌다고는 말하지 않은 채 이야기를 마무리 짓는다. 메소포타미아의 홍수 이야기에 등장하는 주인공들이 늘 영원한 생명이라는 상급을 받는 것과 다르게 말이다.

고고학적인 저자가 기록한 홍수 이야기가 끝난 직후 술에 취한 노아를 묘사한 유명한 에피소드가 바로 뒤따라오는데, 이 에피소드는 최종적으로 가나안 사람들에 대한 저주로 종결된다. 일반적으로 노아가 잘못을 저질렀다는 증거가 있다는 식으로 해석을 하기도 하지만, 이러한 해석은 결코 저자가 목적한 바가 아니다. 원시 시대부터 페르시아에서 전해 내려오는 전승들이 기술하고 있는 것처럼,[52] 노아는 포도원을 일군 첫 번째 사람이었는데, 포도주가 사람을 취하게 만든다는 사실을 우연히 알게 된 것이다. 이 에피소드는 문화 예술의 발명과 전문직 종사자들의 길드(guilds, 가령 포도 재배 조합과 같은 경우를 들 수 있다)에 대한 고고학적 저자의 관심사를 여과 없이 그대로 반영한다. 그러나 가인과 아벨 이야기의 경우는 초기 역사 시대의 사람들에게 알려지지 않았던 농사와 관련한 관례들을 전제로 하고 있다. 물론 포도 재배법은 저자의 주된 관심사가 아니다. 이 이야기의 핵심 주제는 노아가 자기 후손들 중에 어떤 이들에게는 복을 준 반면에, 다른 후손들에게는 저주를 선포했기 때문에 발생하게 된 첨예한 갈등이다. 즉 셈의 후손들에게는 복이 선포되지만, 함(가나안의 아버지)이 술에 거나하게 취한 아버지(노아)에게 무례히 행했다는 이유로 노아의 손자인 가나안의 후손들은 장차 저주를 받아 마땅한 사람들로 지목당한다. 이러한 결정은 우리에게 충격을 안겨줄 만큼 너무나 공정하지 못하지만, 이 이야기의 요점은 몇 가지 도덕적인 교훈을 제공하는 데 있지 않다. 이 이야기는 이스라엘이 가나안 땅을 정복하고 그곳에 거주하는 모든 사람과 육축들을 학살해도 된다는 식의 특권을 옹호하기 위해 치밀하게 고안되었다. 따라서 이 이야기는 교회 역사 전반에 걸쳐 독자들에게 매우 심각한 윤리적 문제들을 안겨주었다(그 윤리적 문제들을 여기서 더 자세히 다룰 수 없음을 이해해주기 바란다).

이어서 바벨탑 에피소드는 홍수 이야기에 비해 훨씬 짧지만 한 가지 중요한 고대 전승을 반영하고 있다. 곧 인류의 언어가 다양해진 이유를 신이 간섭했기 때문에 초래된 결과라고 설명할 수 있다는 것이다. 고

52_Mirkhond, *History of the Early Kings of Persia* (trans. D. Shea; London: Oriental Translation Fund of Great Britain and Ireland, 1832), 103-4.

대 근동의 문헌들 중에서 이 바벨탑 에피소드에 비견할 만한 완전한 이야기가 존재하는지 잘 모르겠다. 하지만 "인류의 언어들을 창조한 현명한 엔키의 역할"을 간단하게라도 언급하는 것이 좋을 듯하다. 수메르 서사시에 나오는 이 문헌은 엔키가 "사람의 혀에 넣어주어 말할 수 있게 해준 많은 언어들을"[53] 변화시킴으로써 결국 인류를 한 가지 구음으로 회복시킬 것이라고 예언한다. 물론 이런 종류의 전승들은 고대 학문이 남긴 좋은 사례로 마땅히 평가되어야 한다. 그러나 안타깝게도 이 전승들은 "어떻게 그리고 왜 언어가 오늘날의 형태로 발전하게 되었는가"라는 물음에 대해서 현대 독자들에게 이렇다 할 설명을 제공해주진 못한다.

아무튼 바벨탑 이야기에서 발견되는 언어 모티프는 엔키 이야기에서 발견되는 언어 모티프와 흡사하기 때문에 설화와 전설에 관한 사항들을 반영하고 있음을 충분히 고려해볼 수 있다. 하지만 바벨탑 이야기에는 더 많은 것들이 포함되어 있다. 어떤 성경신학자는 이 이야기가 기원전 722-705년에 걸쳐 신-아시리아(Neo-Assyria)를 통치한 왕이었고, 이스라엘을 정복하는가 하면, 유다를 속국으로 만들어 팔레스타인 지역에서도 명성을 떨친 사르곤 2세(Sargon II)에 반하여(against) 기록되었다는 설득력 있는 주장을 내놓았다.[54] 이 이야기는 야망으로 가득했던 사르곤이 추진한 건축 프로젝트와, 이 세계를 통폐합시키되 "하나의 언어"만을 사용하는 세계로 통합했다는 그의 주장과, 결국 두르-샤루킨(Dur-Sharrukin, "사르곤의 요새"[Fortress of Sargon])을 완공하는 데 실패한 것을 풍자했기 때문이다. 만일 이러한 해석이 틀리지 않았다면(나를 비롯한 여러 학자들이 믿

53_Herman Vanstiphout, *Epics of Sumerian Kings: The Matter of Aratta* (Atlanta: Society of Biblical Literature, 2003), 65.

54_Christoph Uehlinger, *Weltreich und "eine Rede": eine neue Deutung der sogenannten Turmbauerzählung (Gen 11, 1-9)* (OBO 101; Freiburg: Universitätsverlag, 1990).

는 바와 같이),[55] 바벨탑 이야기는 아시리아의 정복과 식민 통치에 항거하기 위한 목적으로 유래되었다고 보아야 한다. 이 이야기의 말미에 짧게 추가된 부분(창 11:9)과 관련해서도 추가적인 설명이 필요하다. 즉 후대에 한 서기관이 이 부분에 기록된 아시리아를 향한 비판을 바빌로니아를 향한 것으로 바꾸어놓았는데, 이로써 이른바 "바벨탑" 이야기가 만들어진 것이다. 이 경우 고고학적 저자가 바벨탑 이야기를 직접 저작한 것이 아니라 전수받았다고 결론 내려야 한다.

이 이야기가 본래 아시리아와 바빌로니아의 교만함을 통렬하게 비판한다는 식의 견해는 고고학적 저자의 신학적 목적과도 잘 부합한다. 다시 말하자면, 고고학적 저자는 전수받은 이야기를 약간 수정하되, 낙원/타락 이야기, 가인과 아벨 이야기, 노아 홍수 이야기에서 발견되는 "죄와 벌"(crime and punishment) 구도를 이 바벨탑 에피소드에도 적용한 것이다. 위에서 살펴본 일련의 이야기들은 인간의 오만함이야말로 하나님의 심판을 불러오는 인간의 근본적인 결함이라는 매우 중요한 신학적 메시지를 우리에게 던져준다. 이 주제는 "민족적 변론가"(Ethnic Apologist)가 내는 목소리 때문에 생기는 방해에도 불구하고 매우 크고 분명하게 울려 퍼진다.[56]

선집자 소개하기

창세기 1-11장에는 문학적으로 구별 가능한 프로파일이 두 개 존재한다. 이론상으로는 한 명의 저자가 서로 평행을 이루는 대칭적 구조들을 문체적이거나 예술적인 도구로 사용했을 가능성이 없지 않다. 그러나 이런

55_David M. Carr, *The Formation of the Hebrew Bible: A New Reconstruction* (Oxford: University Press, 2011), 245도 함께 참고하라.

56_David J. A. Clines, *The Theme of the Pentateuch* (JSOTSup 10; Sheffield: JSOT, 1978), 61-73.

견해만으로는 창세기 내에 평행을 이루는 대칭물들이 왜 그토록 다양하고 때로는 서로 모순되는 관점을 제시하는지에 대해서는 이렇다 할 설명을 하기 어렵다. 창세기 1-11장을 단일한 저자가 기록했다면, 왜 그 저자는 창세기 1장에서는 동물들이 인간보다 먼저 창조되었다고 기록한 반면에, 바로 다음 장에서는 남자와 여자가 지음을 받는 그 사이에 동물들이 창조되었다고 기술한 것일까? 또 왜 저자는 창세기 7:11-13에서는 홍수가 발생한 첫째 날에 노아가 방주로 들어갔다고 기록한 반면, 창세기 7:1-10에서는 홍수가 시작되기 7일 전에 노아가 방주로 들어갔다고 말한 것일까? 이러한 물음들은 꼬리에 꼬리를 물고 계속 이어진다. 창세기는 인류의 초기 역사와 관련하여 각기 다른 이해를 가지고 있던 적어도 두 사람에 의해 기록된 것이 분명하다. 이는 고고학적 신학자와 민족적 변론가가 기록한 비슷한 두 종류의 이야기를 다른 그 누군가가 하나의 이야기로 엮어낸 것임을 의미한다. 그렇지 않다면 과연 누가 어떻게 기록했단 말인가?

어떤 학자들은 이미 존재하고 있던 고고학적인 사료에다가 몇몇 부분을 첨가한 민족적 변론가가 이 이야기의 최종 편집자라고 주장한다.[57] 또 (이 책에 자신의 글을 기고한) 어떤 학자는 거꾸로 변론가적인 저자가 남긴 역사에 고고학적 신학자가 몇 가지 사항을 보충적으로 첨가했다는 입장을 취하기도 한다.[58] 이 두 가지 의견을 뒷받침해줄 수 있는 합리적인 주장들을 추가적으로 더 발전시킬 수도 있겠지만, 나는 이 두 가지 의견 모두 성경에 존재하는 근거들을 적절하게 평가했다고 생각하지 않는다. 앞에서 살펴보았듯이, 두 명의 히브리 역사가(Hebrew historians)가 남긴 기록과 관

57_ 예를 들어, Frank Moore Cross, "The Priestly Work," *Canaanite Myth and Hebrew Epic* (Cambridge: Harvard University Press, 1973), 293-325.

58_ Gordon J. Wenham, "The Priority of P," *VT* 48 (1999): 240-58.

점 사이에는 현저한 차이가 존재하며, 그들이 그 기록을 남긴 의도 역시 확연히 다르기 때문이다. 따라서 나는 어느 한 사람이 다른 사람의 기록에 자신의 목소리를 덧입히는 정도로 만족했을 것이라고는 생각하지 않는다. 창세기 중에서 1-11장을 제외한 나머지 부분들 그리고 모세 오경의 나머지 부분들에서도 이 두 저자가 기록해놓은 여러 개의 평행적 대칭구조들이 발견된다는 점을 고려해본다면,[59] 내가 바로 앞에서 제시한 주장은 더욱 분명해질 것이다. 이 두 역사가가 제시한 특정 안건들에 대해서 깊이 관여하지 않은 또 다른 저자가 그 두 종류의 역사를 한 권의 책으로 엮었다고 보는 것이 훨씬 그럴 듯한데, 대부분의 학자들 역시 나와 같은 견해를 가지고 있으며, 그 견해에 따라 이 문제에 대한 결론을 내린다.

서기관들이 고대 이스라엘의 역사를 평행적으로 기록한 사례들을 살펴보면 성경에서 발견되는 장르와 관련한 근거들도 이 점을 지지한다고 볼 수 있지 않을까? 이 시점에서 사무엘서/열왕기 그리고 역대기를 기록한 저자가 (사무엘서/열왕기에 반영된) 역사를 새롭게 다시 기록한 것을 언급할 필요가 있을 것 같다. 이 쌍둥이 역사는 창세기에서 찾아볼 수 있는 두 개의 쌍둥이 역사에 비견될 정도는 아니지만, 많은 학자들은 역대기 역사가와 (창세기의) 변론가적인 저자가 미묘한 차이가 있는 이스라엘의 제사장 제도와 희생제에 대해 상당히 유사한 관점을 공유하고 있음을 주목해왔다. 그래서 혹자는 이 두 저자들이 이스라엘의 초기 역사를 제사장적인 관점으로 각각 새롭게 각색했다는 차원에서 서로 일치한다고 주장하

59_ 우리는 창세기에서 두 개(혹은 세 개)의 아브라함 언약을 발견할 수 있다. 또 야곱 이야기에서는 야곱이 팔레스타인을 떠나는 것을 묘사한 두 개의 이야기, 그리고 그가 팔레스타인을 떠나야만 했던 이유에 대한 두 가지 설명, 또 그가 도착하려는 두 개의 최종 종착지, 벧엘이라고 이름을 짓게 된 두 가지 이유, 야곱이 이스라엘로 불리게 된 두 가지 사연, 그리고 야곱이 팔레스타인으로 돌아오게 되는 과정에 대한 두 가지 묘사가 발견된다. 모세 오경을 구성하는 다른 책들을 포함시키면 이 목록을 얼마든지 더 확장시킬 수 있다.

기도 한다. 이 두 저자 사이에 다른 점이 있다면, 한 명의 편집자가 변론가적인 역사를 그것과 쌍을 이루는 고고학적 역사와 최종적으로 하나로 묶어 모세 오경에 포함된 창세기라는 책을 내놓았다는 점이다.

창세기와 모세 오경의 독특한 특징은 그 책들이 선택적으로 수집되었다는 사실에서부터 비롯된다. 왜냐하면 창세기라는 책은 편집자가 초기 이스라엘에 관한 두 종류의 역사를 하나로 통합시키되, 이스라엘의 초기 역사와 관련해서 구전되던 설화와 전승들을 일종의 선집으로 엮어낸 것이기 때문이다. 그런 이유로 창세기에는 신화, 전설, 우화, 민담, 노벨라(novella), 역사, 연대기, 원인론(etiology), 제의와 관련한 여러 가지 묘사, 제의적 처방, 족보, 왕의 목록, 맹세, 조약, 윤리적인 의지 등 믿기 어려울 정도로 다양한 장르 형태가 포함되어 있다. 즉 창세기 편집자는 전승들의 가치를 높이 평가하여 위에 열거한 다양한 자료들을 수집하는 데 집중한 반면, 그 전승들이 서로 잘 부합하는지 아닌지에 대해서는 크게 개의치 않았다는 것이다. 이러한 차원에서 해당 편집자의 성향은, 신 호루스(Horus)가 어떻게 셋(Seth)을 물리쳤는지에 대해서 여러 가지 "모순적인"(contradictory) 설명들을 하나의 문헌에 그대로 포함시킨 채 비문으로 남긴, 에드푸(Edfu) 지역의 이집트 제사장과 상당히 비슷하다.[60] 그 편집자가 만일 현대 역사가였다면 그렇게 하지 않았겠지만 말이다.

결론적으로 말하자면, 창세기를 편집한 편집자가 구전으로 전해 내려오는 이스라엘(의 역사)에 관한 설화와 전승들을 수집해서 하나의 문서(창세기) 안에 모두 포함시키려 했기 때문에, 나는 창세기의 편집자를 선집자(anthologist)라고 명명하고 그의 작품인 모세 오경을 민족적 선집(*ethnic anthology*)이라고 부르는 것이 타당하다고 생각한다.

60_*ATSHB*, 328.

결 론

창세기를 관심 어린 눈으로 살펴본 독자라면 누구나 자연스럽게 역사적인 질문들을 품게 된다. 현대 과학이 에덴동산과 우리 세계 사이의 차이를 분명히 하기 한참 이전에, 오리게네스(Origen)와 같은 기독교 학자들은 창세기를 문자 그대로의 역사로 간주하려는 입장에 선뜻 동의하지 않았다. 왜냐하면 그는 창세기를 문자적으로 해석할 수 없는 다른 성격의 것들까지 "한데 섞여 있는 집합체"(altogether blend)라고 인식했기 때문이었다.[61] 이에 대하여 창세기의 완벽한 역사성을 신봉한 시리아의 에프렘(Ephrem the Syrian)을 위시한 다른 기독교인들은 정반대의 입장으로 응수했다.[62] 코헬레트가 남긴 유명한 말처럼, "해 아래에는 새 것이 없다"(전 1:9). 이러한 논쟁들은 합리적이라기보다는 직관적인 인식을 반영하고 있다. 즉 성경 본문의 역사성 내지는 본문에 역사성이 부족하다는 말은 그 본문을 인간의 목소리와, 궁극적으로는 하나님의 음성이 담겨 있는 담화로 어떻게 이해할 수 있느냐는 물음과 연관이 있다. 우리가 던지는 모든 질문이 정답으로 귀결된다고 장담할 수는 없다. 그러나 아무런 근거도 없이 성경 본문을 실제로는 그렇지 않음에도 불구하고 다른 어떤 무엇으로 간주하기보다는 실수를 범하더라도 계속 물음을 던지는 것이 훨씬 더 현명하다.

성경 본문에 관한 역사적인 물음은 다른 사안들과 결부되는 경우가 많다. 앞에서 나는 그 사안들을 다음 세 가지의 각기 다른 질문들에 초점

61_Origen, *de Principiis*, 4, 16. Alexander Roberts, James Donaldson, eds. *Ante-Nicene Fathers* (10 vols.; Buffalo: Christian Literature Publishing, 1885), 4,365.

62_Ephrem the Syrian, *Commentary on Genesis, 1.1.* Edward G. Mathews Jr. trans., *The Fathers Of The Church: A New Translation, v. 91* (Washington: Catholic University of America, 1994), 74.

을 맞추어 설명했다. (1) 성경을 기록한 저자들은 그 내러티브를 모든 요소요소마다 역사적으로 신뢰할 수 있게끔 기록하려고 의도한 것일까? (2) 그 저자들은 성경에 기록된 모든 내러티브 배후에 역사적인 사실이 자리 잡고 있다고 믿었을까? (3) 그 저자들은 사실상 역사적일 수 없는 어떤 것을 역사로 받아들이려고 했던 것은 아닐까?

성경의 저자들은 모든 면에서 신뢰할 수 있는 역사를 기록한 것일까? 내가 보기에 이 질문에 대해서는 "아니오"라고 답해야 할 것 같다. 우리는 성경 저자들이 여러 문헌과 자료들을 서로 비교하되 자신들이 갖고 있던 자료들을 구성 및 재구성하는 일에 깊이 관여했다는 사실을 이미 확인했다. 그러나 그 저자들에게는 그들이 남긴 기록을 실제로 있었던 역사적인 사건들과 유사하게 보이게 하려는 의도는 없었다. 고고학적인 저자는 뱀이 인간처럼 말을 할 수 없다는 것을 알고 있었다. 그렇다고 해서 성경 저자들이 알레고리를 구사하는 것처럼 완전히 역사적인 사안들을 회피했다는 말은 결코 아니다. 다만 역사적인 물음들은 당시 성경 저자들이 중요하게 여기던 핵심 사안이 아니었다는 뜻이다. 즉 그들은 역사적인 문제 이외에 다른 것들을 생각하고 처리하는 데 주력했던 것이다.

그렇다면 그 저자들은 자신들이 기록한 성경 내러티브 배후에 역사적인 사실이 존재하고 있다고 믿었을까? 분명히 그렇다. 하지만 이 대답을 성경에 기록된 모든 내러티브에 똑같이 적용할 수는 없다. 변론가적인 저자가 6일 동안의 창조를 문자적으로 믿었을 것 같아 보이지는 않는다. 더구나 고고학적인 저자가 에덴동산과 그 동산 내의 나무들에 관한 기록들을 문자 그대로 믿었을 리는 더더욱 만무하다. 하지만 이 두 저자 모두 한 분 하나님이 이 세상을 창조하셨고, 태곳적에 한 쌍의 인류가 존재했으며, 인간 창조야말로 하나님의 창조 사역 중에서 가장 위대한 업적이었다고 믿었다는 점에는 의심의 여지가 없다. 또 두 저자 모두 홍수 이야기에 나오는 방주, 동물들, 그리고 홍수와 관련된 영웅적 인물(노아)에 대한 기본적인 개요를 역사적인 것으로 수용했음이 틀림없다. 그럼에도 불구하고 그 저자들은 그 홍수 이야기를 새롭게 재구성하여 자신들만의 신학적인 메시지를 이끌어내기에 조금도 주저하지 않았던 것만큼 역사적인 사실에 매이지도 않았다.

그렇다면 성경 저자들은 사실상 역사적일 수 없는 어떤 것을 역사로 받아들인 것일까? 경우에 따라서 그렇다고 볼 수 있는데, 홍수 이야기가 가장 적합한 사례다. 고대에 살았던 모든 사람은 현대 지질학(geology)과 진화생물학(evolutionary biology)적인 식견과 통찰을 알지 못했기 때문에, 엄청난 규모의 대홍수가 실제로 발생했었다고 믿었던 것이다. 이 점과 관련해서 성경 저자들은 아무런 잘못이 없다. 또 고대인들이 바빌로니아라는 곳에 같은 이름으로 불리던 바빌로니아 조상들이 살고 있었고 바로 그곳에서 언어가 혼잡해지게 된 일이 발생했다고 믿었다 하더라도, 이들에게 동일한 은혜를 베풀어야 할 것이다. 그러나 수천 년이 지난 오늘날에도 고대인들과 같은 방식의 이해를 고집한다면, 우리는 난색을 표하지 않을 수 없다.

창세기 1-11장의 문학적인 장르와 관련한 문제들을 살펴봄으로써 우리가 배운 것이 있다면, 창세기 11장 그리고 창세기 1-11장을 구성하는 여러 가지 요소들은 오늘날 역사적인 사실들과 현대 과학적인 결과물들이 결코 지지해줄 수 없는 고대의 장르적 전통과 깊이 관련되어 있다는 사실이다. 우리의 기존 가치관과 이해에 혼란이 생긴다고 하더라도 이런 한계점을 직접 다뤄보아야, 지극히 초라한 수단으로 주어졌던 성경을 더욱 삼가는 마음으로 마주 대할 수 있을 것이다. 또 우리가 할 수 있는 한 최선을 다한다면, 고대의 저자들이 성경을 통해 말하려고 했던 것들을 들을 수 있는 귀가 열리게 될 것이다. 정확한 역사적 재구성이나 과학적인 결과들이 인류를 구원하는 것은 아니다. 우리는 하나님이 이 세상에 직접 개입하시고 간섭하심을 통해서, 즉 참사람 예수 그리스도를 통해서 구원을 얻는다. 창세기 1-11장을 사려 깊게 들여다본다면, 창세기 1-11장은 우리에게 다름 아닌 그분을 가리키고 있음을 발견하게 될 것이다.

논평

제임스 K. 호프마이어

"고대 역사 편찬 문헌으로 이해한 창세기 1-11장"이라는 제목으로 켄톤 스팍스가 쓴 글은 독자들에게 고대 근동 지역의 역사 편찬학과 창세기 1-11장을 면밀하게 비교 연구한 결과를 제공해줄 것이라는 기대감을 품게 한다. 그러나 그 기대에 부응하진 못한다. 오히려 스팍스는 신화의 집합체가 고대 근동의 역사를 기록하고 편찬하는 일에 큰 원동력이 되었다는 다분히 원론적인 글을 써냈다. 게다가 그는 그의 글 전반부에서 현대 과학적인 이론이야말로 성경을 읽는 독자들이 창세기 1-11장을 해석하는 데 필요한 궁극적인 권위를 갖고 있다고 주장한다. 성경을 해석할 때 현대 과학적인 이론에 우선순위를 두어야 한다는 주장에 동의를 얻어내기 위해서, 그는 믿음이 없는 이들의 비웃음이나 조롱을 사는 방식으로 성경을 해석하지 말라고 당부했던 아우구스티누스와 아퀴나스의 글을 인용한다. 기독교인들은 "[성경에서] 오류가 발견되었을 경우에는 그 부분과 연관된 [권위나 진실성]을 단념하도록 도와주는 [성경의] 특성에 대한 설명을 견지해야만 한다. 그래야 성경이 불신자들에게 조롱거리가 되는 것을 막을 수 있고 또 그들이 믿음을 갖는 데 방해물이 되지 않도록 할 수 있기 때문이다."

어느 누구든지 성경을 해석함에 있어서 한 치의 오류도 없어야 한다는 입장에 대해서는 반대하기 어렵다. 그러나 창세기가 틀렸다는 의심을 거의 거두지 않는 반면에, 과학은 의심의 여지없이 항상 맞다는 식으로 이해의 충돌을 이어가는 스팍스의 견해는 분명 문제가 된다. 이러한 차원에서 위에 인용된 아퀴나스의 글귀는 그가 강조하며 내세웠던 다른 주장들과 함께 균형적으로 이해해야 할 필요가 있다. 즉 인간의 지식과 성경의 내용이 충돌을 일으킬 때 계시된 진리는 인간의 과학과 이성을 대체한다는 사실 말이다.

> 거룩한 가르침은 인간의 과학을 그 원리로 전제하지 않는다. 오히려 우리의 모든 지식 위에 있는 최고의 지혜를 바탕으로 하나님의 과학(divine science)으로부터 그 원리를 상정한다.…이 과학의 지식이 특별한 것은 그것이 자연 이성에서 비롯된 것이 아니라 바로 계시를 통해 드러난 진리에 대해 조명한다는 점에 있다.[1]

스팍스의 주장에서 가장 큰 문제는 창세기 1-11장을 "간단히 손쉽게 기록된 역사"로 읽는 것을 미연에 차단해버리려 한다는 점이다. 그에게 창세기 1-11장은 과학적인—특히 진화론적 생물학과 유전학—발달의 산물과 다르지 않다. 하나님께서 친히 아담과 하와를 지으셨다는 성경의 기록(창 1:26-28 그리고 2:7ff)은 오늘날 인류학이나 유전자 연구들이 말하는 인류의 기원에 대한 가르침과 조화를 이루지 못한다. 더구나 스팍스는 창세기 4장에 농업과 양 떼를 먹이는 목축업 문화가 존재했던 신석기 시대의 인물로 가인과 아벨이 묘사된 것과, 인류학적인 자료에 따라 살펴볼

1_ St. Thomas Aquinas, *Summa Theologiae* (trans. Thomas Gilby; New York: McGraw-Hill, 1964), 1:23. 『신학대전』(바오로딸 역간, 2014).

수 있는 인간의 발달 과정 사이에 모순이 존재한다고 주장한다. 고고학자들의 주장처럼, 신석기 혁명은 사냥-수렵의 단계(구석기 문화)를 거쳐 비옥한 초승달 지역에서는 기원전 8-7천 년 전에,[2] 그리고 아나톨리아 지역에서는 일찍이 기원전 만천 년에서 만 년 전 사이에 시작된 신석기 시대로의 인간의 발달 과정상의 전환을 의미한다.[3] 그리고 네안데르탈인과 크로마뇽인은 신석기 시대보다 수십만 년이나 앞선 시기에 존재했다.

또 스팍스는 다음과 같이 자신의 주장을 이어나간다. "에덴동산은 없었고, 생명나무와 선과 악을 알게 하는 나무도 없었으며, 실제로 뱀이 인간과 의사소통이 가능했을 리 만무하고, 거대한 배에 오른 사람들을 제외한 이 세계에 속한 모든 생명체의 목숨을 앗아간 하나님이 보내셨다는 그런 홍수도 당연히 없었다." 그에게 과학의 발달은 성경에 기록된 이야기들을 "믿음의 조상들이 문자 그대로의 역사로 믿었던" 것으로 더 이상 지지하지 않는다.

스팍스가 창세기 1-11장에 기록된 내러티브들이 실제로 발생한 사건을 묘사했다고 받아들이는 데 어려움을 주는 두 번째 장애물은 문학 자체의 특성에 대한 이해에서 기인한다. 그는 먼저 다음과 같은 시의적절한 이해를 제시한다.

성경 전체 내지는 창세기와 장르적인 모든 면에서 일치하는 고대 근동 문헌은 존재하지 않는다. 다른 모든 문헌과 마찬가지로 성경은 자신만의 독특한

2_ 메소포타미아 지역에서 가장 오래된 신석기 유적지로는 북이라크의 자르모(Jarmo)라는 곳이 있다. Patty Jo Watson, "Jarmo," *OEANE* 3, 208-9를 보라. 이집트 지역에 나타난 이러한 인류의 발전에 관해서는 Michael Hoffman, *Egypt Before the Pharaoh* (London: ARK Paperbook, 1984), 4-6장을 보라.

3_ Ronald Gorny, "Anatolia, Prehistoric," *OEANE* 1, 122-24.

장르(*sui generis*)를 형성하기 때문이다.

이는 스팍스가 제시한 여러 견해 중에서 내 동의를 이끌어낸 유일한 대목이다. 고대 근동 문헌은 분명 여러 가지 형태로 이루어져 있지만, 창세기의 형태와 정확히 일치하는 문헌은 그 어떠한 것도 아직까지 발견되지 않았다. 그러나 스팍스는 이처럼 창세기가 (특별히 창 1-11장이) 그것만의 고유한 장르를 형성함으로써 문학적으로 매우 독특한 형태로 존재함을 인정하긴 하지만, 창세기 1-11장을 그와 같은 이해에 걸맞은 방식으로 해석하지는 않는다. 오히려 그는 그 이야기들이 장르별로 다양함을 지적하면서도 결국 그것들이 신화·전설·설화 등 고대 근동의 여러 장르를 답습했으며, 창세기 앞부분에 소개된 내러티브들은 바빌로니아 포로기 때 메소포타미아의 여러 모형을 차용한 것에 지나지 않는다는 식으로 결론을 내린다.

스팍스의 방법론은 자명하다. 즉 과학이야말로 우리가 믿을 수 있는 것에 대해 일러준다는 것이다. 이는 과학이 모든 것의 우위를 점한다(*Wissenschaft über alles*)는 식의 세계관뿐만 아니라 창세기 1-11장에 대한 그의 독법을 그대로 반영해준다. 너무나 명백하게도 이러한 접근법은 (아퀴나스의 주장과 정반대로) 이성과 합리성이 계시(revelation)보다도 우선한다는 계몽주의 혹은 현대적인 세계관을 담아낸 것인데, 결국 자연적인 것에 의해 초자연적인 것들을 무효화시키는가 하면, 과학이라는 이름으로 하나님을 지극히 수동적인 "역할자"(actor)로 축소시키려 한다. 이처럼 문제투성이의 가설이 불러온 결과로, 스팍스는 창세기 1-11장이 역사적인 실재를 반영한 내러티브일 가능성을 일축해버린다. 그렇다면 스팍스는 창세기 1-11장이 도대체 어떤 범주(장르)에 해당하는 문헌인지를 밝혀야만 한다. 스팍스에게 창세기 1-11장은 실제로 발생했던 사건들과는 아무런 상관이 없음에도 불구하고 신학적인 메시지를 도출하기 위해서 읽고 해석해야 하는 것 그 이상도 이하도 아니기 때문이다.

이어지는 논평은 과학(성경과 해석)과 장르(문학과 역사) 두 분과를 세분하여 제시하도록 하겠다.

과학(성경과 해석)

나는 누구든지 책임감 있게 성경을 해석해야 한다는 스팍스의 조심스러운 태도에 어느 정도는 찬성한다. 여기에 한 가지 더 보태자면, 주석적으로 가능한 범위 내에서 그리고 불필요한 당혹감을 불러일으키지 않는 선에서 그래야 한다. 스팍스가 제안하는 것처럼 창세기 1-11장과 관련하여 어떤 것이 실제이고 믿을 수 있는 것인지를 가늠하는 최종 결정권을 과학에게 내어주면, 기독교 신앙의 기저를 이루고 있는 기초적인 교리들에 대해서도 그 신뢰성에 관한 의문을 품게 된다는 해석학적 문제가 발생한다. 예수 그리스도의 부활이야말로 이 문제에 딱 들어맞는 사례다. 사도 바울은 철학에 능통한 아테네 사람들에게 복음을 전파하다가 이 문제에 봉착했다. "그들이 죽은 자의 부활을 듣고 어떤 사람은 조롱도 하고"(행 17:32). 그럼에도 불구하고 사도 바울은 복음을 변개하지 않았다. 왜냐하면 예수 그리스도께서 십자가에서 죽으셨다가 다시 사신 사건은 인간의 이성이나 지성으로 받아들일 수 있는 사안이 아니기 때문이다. 바울도 이 점을 인정한다. "십자가에 못 박힌 그리스도를 전하니…이방인에게는 미련한 것이로되"(고전 1:23).

그렇다면 예수 그리스도의 성육신, 동정녀 탄생, 십자가에서 죽으심, 그리고 3일 만에 다시 살아나심을 그 어떤 생물학적 법칙과 원리로 설명하는 것이 정말 가능한지를 따져보려 할 것이다. 그러나 바울은 믿는 자들의 부활의 소망이 예수 그리스도의 부활과 연결되어 있다고 주장한다 (고전 15:16-19). 바울의 이러한 주장은 우리가 과학이 모든 것에 대해 우위를 점한다는 식의 해석학적 입장을 취할 때 정통 기독교가 굳건히 붙들고 있는 성경의 핵심 사항에 심각한 문제가 생길 수 있음을 여실히 보여 준다. 부활은 그것을 "조롱하는 자들"을 설득시키거나 여러 가지 과학적인(생물학적인) 시험들을 통과할 수 없다. 이와 동일한 원리로 창세기 1-11장을 해석해야 한다고 주장한 스팍스가 부활의 역사성을 단번에 포기해 버릴 것이라는 점은 불을 보듯 뻔하다.

이처럼 부활에 대해서 과학이 제기하는 문제점에도 불구하고 스팍스는 부활에 관한 누가의 증언을 객관적인 역사로 받아들인다. 성경비평학자들이 "자신감에 차서 내세우는 결과들"을 아무런 비판 없이 수용하는 그의 경향을 고려할 때, 혹자는 스팍스가 왜 루돌프 불트만(Rudolf Bultman)이나 예수 세미나(the Jesus Seminar), 바트 어만(Bart Ehrman)처럼 누가복음이 실제로 발생했던 사건들을 기록한 역사는 아니라고 생각하는 신약성경학자들과 동일한 입장을 취하지 않는지 의아해할 것이다.

스팍스는 그의 글 전반에 걸쳐 과학적인 사실에 반하는 해석적 문제들을 성경에서 들춰내고, 또 성경을 수정주의적 입장으로 읽는 것이 그 문제들을 해결하는 방법이라고 계속해서 주장한다. 내가 생각하건대 그는 문자 그대로의 역사와 허구 둘 중에 어느 하나만을 선택해야 한다는 식의 잘못된 이분법적 결론을 제시한 것으로 보인다. 그래서 그는 "창세기 1-11장이…인류의 역사가 시작되기 이전과 초기에 실제로 있었던 어떤 사건들을 문자 그대로 설명한 것은 아님을 시사한다"고 주장한다. 이러한 입장은 결과적으로 다음과 같이 두 개의 진영을 첨예하게 구분하게 되는데, 첫 번째 진영은 과학을 수용하여 성경을 전적으로 과학적인 사실에 입각해서 해석해야 한다는 일군의 학자들의 의견을 대변한 것이고, 또다른 진영은 성경을 문자 그대로 해석하기 위해서 과학을 거부하는 성경주의자들 혹은 근본주의 기독교인들로 구성된다는 논리다. 하지만 지식을 두루 갖춘 기독교인들이 정말 두 번째 진영의 논리를 취할 수 있을까? 스팍스가 옳게 지적한 것처럼, 우리가 과학의 발견들을 수용할 때 생기는 가장 큰 문제는 누가 보더라도 더 이상 아담의 역사성을 고수하기 어렵다는 점이다. 물론 나라고 해서 이 문제에 대한 답을 어떻게 알겠는가? 다만 DNA가 이 점을 시사할 뿐이다!

마찬가지로, 스팍스는 창세기 1장을 문자 그대로의 역사로 읽는다는 것은 천지창조가 다 이루어지기까지 100억 년이 넘는 기간이 소요되었다고 보는 과학적 인식과 달리, 그 천지창조 사역이 단 6일 만에 완성되었음을 용인해야만 한다고 주장한다. 독자는 또 한 번 과학과 성경 중 단 하나만을 선택해야 하는 어려움에 직면하게 된다는 것이다. 그러나 이러한 스팍스의 의견은 불필요한 방식으로 잘못된 이분법적 사고를 양산해낸다. 나는 지금까지 기독교 대학에서 약 40년 동안이나 가르쳐왔다. 그러나 문자 그대로의 6일 창조와 젊은 지구 이론을 옹호하거나 지지하지 않았다.

최근 들어 많은 성경신학자들과[4] 복음주의 신학자들이[5] 우주 생성에 대해 언급하고 있는 고대 근동의 문헌들의 관점에서 미묘한 의미상의 차이나 문학적인 특성에 상당히 예민하게 반응하며 창세기를 해석하는 경

4_ 이 시리즈 첫 장에서 이미 Gary Rensburg, Isaac Kikiwada, Patrick Quinn의 연구를 언급한 바 있다.

5_ 이 시리즈 첫 장에서 다룬 Gordon Wenham의 주석들과 그의 소논문들이 가장 적절한 예라고 할 수 있다. 거기에 John Walton의 여러 가지 책을 포함할 수 있다. 예를 들어, *Genesis 1 as Ancient Cosmology* (Winona Lake, IN: Eisenbrauns, 2011). 『창세기 1장과 고대 근동 우주론』(새물결플러스 역간, 2017).

향이 있는 것은 사실이다. 보수 기독교에 대해 열렬한 신뢰를 표명하고 젊은 지구 이론의 지지자로 유명세를 얻은 조니 밀러(Johnny Miller)와 존 소덴(John Soden)이 얼마 전 『태초에…우리가 오해했다』는 제목으로 우리의 눈길을 끌 만한 책을 내놓았다.[6] 그런데 이들은 고대 근동의 다양한 우주생성론에 창세기 1장을 비교하여 도출해낸 해석과 과학 발달에 대한 이해를 기초로 하여 젊은 지구 이론, 보다 늦은 시기에 이루어진 창조, 그리고 문자적인 6일 창조 이론을 더 이상 지지하지 않는다. 게다가 이 책은 복음주의자들이 과학이 융성하게 발달하기 이전 시대에 창세기에 나타난 창조 내러티브들을 사고하는 전형적인 방식을 잘 담아내지 못했음을 여실히 드러낸다.

그러나 인간의 유전자와 진화론적 생물학에 대한 최근의 이해와 연구가 스팍스가 생각하는 것처럼 정말 우리로 하여금 아담과 하와, 에덴동산, 그리고 인간의 타락의 역사성을 부인하도록 요구할까? 그렇지 않다. 사실 역사적인 아담을 주장하면서도[7] 다양한 정도로 인간의 진화를 받아들이는 구약학자들도 많다.

인간의 진화와 생물학과 연관된 여러 가지 과학 분야는 실제 현상을 있는 그대로 기술해내는 것을 특성으로 한다. 이들 분야는 누가 혹은 무엇이 그런 일이 벌어지게 했는지, 그리고 누가 혹은 무엇이 물질을 만들어내었고 무생물을 생명이 있는 유기체로 변화시켰는지에 대해서는 아무런 답도 제공하지 못한다. 설사 우리가 생물학적 진화가 이루어졌음을 인

6_Johnny Miller, John Soden, *In the Beginning…We Misunderstood* (Grand Rapids: Kregel, 2012).

7_*Four Views on the Historical Adam* (eds. M. Barrett & A. Caneday; Grand Rapids: Zondervan, 2013; 『아담의 역사성 논쟁』, 새물결플러스 역간, 2015)에 실린 소논문들을 참고하라. 최근 이 론에 관한 논의를 위해서는 C. John Collins, *Did Adam and Eve Really Exist?* (Wheaton: Crossway Books, 2011, 121-31; 『아담과 하와는 실제로 존재했는가』, 새물결플러스 역간, 2019)을 보라.

지한다고 하더라도, 성경은 우리로 하여금 하나님께서 **어떻게** 창조하셨는가의 관점으로 그것을 이해하도록 요구한다. 하나님은 창조가 이루어지는 모든 과정의 배후에 계셨던 분이시고, 그분의 뜻과 의지에 따라 주권적으로 그 모든 것을 주장하신 분이다. 이렇게 성경은 인류가 그토록 알고자 염원했던 근원적인 물음들에 대한 해답을 제공해준다.

만일 누구든지 복음주의자라면, 창조주 하나님이 오랜 기간에 걸쳐 창조 사역을 성취해가면서 창세기 1장과 2장에 사용된 언어가 의미하는 바와 같이 천사들이 기뻐 노래하는 동안(욥 38:7), 마치 장인이 그의 일을 즐거워하듯이 하나님도 당신이 이루신 창조 사역으로 인해 기뻐하고 즐거워하셨다고 생각하기 어렵지 않을 것이다. 또한 하나님이 인간 혹은 인류(초기 생명체들과의 유전적 관계와 더불어)를 택하시되, 그를 첫 번째 참 "사람"('ādām)으로 만드시고, 하나님의 형상대로(창 1:26-27; 5:1b-2; 9:6b) 유일하고 독특하게 특별한 존재로 창조하셨다는 것도 인정할 것이다! 이러한 이해가 역사적으로 아담을 신석기 시대의 인물로 추정하고 묘사하는 것에 꼭 반하지는 않는다.

물론 아담과 그의 아내(하와)가 모든 인류를 대표하는 만큼 원형적(archetypal)일 가능성은 다분하다. 하지만 그렇다고 해서 이 부부가 역사적으로 존재하지 않은 것처럼 상황이 바뀌는 것은 아니다. 만일 아담과 하와가 역사적으로 존재하지 않았다면, "(사람들이 아는 대로 요셉의 아들)" 예수를 그 계보를 거슬러 올라가 아담에게 연결시키려는 누가의 노력(눅 3:23-38)은 잘못되었다고 결론 내려야만 한다. 아담의 죄(타락)를 근거로 하여 모든 인류가 죽을 수밖에 없게 되었지만 죄악에 빠진 인간이 그리스도 안에서 다시금 생명을 얻게 되었다(고전 15:22, 45)는 바울의 신학적인 주장도 마찬가지다.

신약성경의 관점에서 보더라도, 창세기 3장은 꾸며낸 원인론(fictive

etiology) 그 이상의 의미를 갖는다. 그러나 스팍스에게 "이 이야기는 말 그대로 왜 인류가 그 영혼 깊은 곳에서부터 무엇인가 아주 심각하게 잘못되었다고 하는 의심 어린 생각들을 떨쳐버릴 수 없는지 그 이유를 설명해주는 그 어떤 것에 지나지 않는다. 인류는 그 법을 어기고 금지된 나무의 실과를 먹음으로써, 너무나 경이로운 그 무엇인가를 상실하고 말았다." 그러나 동시에 스팍스는 "고고학적 저자[즉 창세기 2-3장 배후에 존재하는 자료]가 에덴동산과 그 동산 내의 나무들에 관한 기록들을 문자 그대로 믿었을 리는 더욱 만무하다"고 단언한다. 그에게 "낙원/타락 이야기는 고대 세계의 신화적인 전통을 따르고 있을 뿐만 아니라" 동시에 "이 이야기는 왜 인류가 그 영혼 깊은 곳에서부터 무엇인가 아주 심각하게 잘못되었다는 의심 어린 생각들을 떨쳐버릴 수 없는지 그 이유에 대해서도 말해준다. 다시 말하자면 인류는 너무나 경이로운 그 무엇인가를 상실하고 말았다." 그렇다면 이 의심 어린 생각들은 도대체 어디서 온 것일까? 상실했다고 여겨지는 경이로운 그 무엇을 애초에 가지지 않았다면 인류는 어떤 모습이었을까? 그리고 왜 신자들은 하나님과 어긋나고 깨져버린 교제의 관계가 다시 회복될 것이며, 또 예언자 에스겔이 먼 미래에 생명나무와 그 열매들 그리고 "약 재료가 될"(겔 47:12) 그 잎사귀를 향해 손을 뻗어 닿게 할 수 있다고 소망했음에도 불구하고, 존재하지 않는 생명나무에 다시 가까이 다가갈 수 있다고 소망하는 이유는 무엇일까? 이 생명나무는 요한계시록 22장에서 새 하늘과 새 땅으로 다시금 새롭게 묘사되는데, 에덴의 "생명수의 강"이 하나님의 보좌로부터 흘러나오고, 그 강 좌우에는 치료하는 잎사귀들이 무성한 생명나무가 서 있다(계 22:1-2). 창세기 2장에 제시된 원형으로서의 인간의 타락에 관한 이야기가 없었다면, 이 종말론적인 소망을 결코 온전히 이해할 수 없었을 것이다.

장르(문학과 역사)

성경을 읽을 때는 문학적인 특성에 각별한 주의를 기울여야만 한다. 성경 본문을 이해하고 해석하는 데 장르가 매우 중요한 요인이라는 점에 대해서는 나도 기꺼이 동의한다. 기독교 신앙을 믿는 독자가 창세기 1-11장을 한 장 한 장 읽어나가면서 문학적인 특성에 예민하게 반응해야 한다는 것은 지극히 맞는 말이지만, 그는(혹은 그녀는) 성경 해석과 관련하여 앞서 언급한 아퀴나스의 입장을 견지해야 한다. "자연 이성에서 비롯된 것이 아니라 바로 계시를 통해 드러난 진리에 대해 조명한다."[8]

창세기 1-11장에 관한 스파크스의 문학적 접근 방식은 구약 비평학계에서도 가장 급진적인 진영의 입장을 대변한다. 스파크스가 창세기 1-11장의 주요 자료들을 고고학자, 변증학자, 선집자라고 명명하면서 모세 오경에 대한 자료 비평법을 그대로 수용한 사실을 가면 뒤에 숨기고 있는 것도 같은 이유 때문이다. 벨하우젠의 야웨문서 저자(Jahwist, J), 제사장문서 저자(the Priestly writer, P), 그리고 편집자(editor/redactor)가 스파크스가 그 가면 뒤에서 상상력을 동원하여 제시한 친구들에 해당한다.[9] 그런데 스파크스는 J 문서가 기원전 10세기에 생성되었을 것이라고 추정하는 전통적인 견해를 따르지 않고, 오히려 한참 뒤인 포로기에 기록되었다는 입장을 취한다. 스파크스가 J 문서의 저작 시기를 포로기로 상정한 것은 그의 스승이자 멘토였던 존 반 시터스(John Van Seters)가 주창했던 의견과 정확히 일

8_Aquinas, *Summa Theologiae*, 1:23.

9_이들의 정체성에 대한 설명을 위해서는 Kenton Sparks의 "The Problem of Myth in Ancient Historiography," *Rethinking the Foundations: Historiography in the Ancient World in the Bible, Essays in Honour of John Van Seters* (eds. S. L. McKenzie & T. Römer; Berlin: de Gruyter, 2000), 269-80.

치한다. 우연의 일치라고 말하기에는 놀랄 만한 사안이 한둘이 아니지 않은가?[10]

여기서 자료비평에 관해 자세한 논의를 전개하려는 것은 아니다. 다만 나에게 할애된 지면을 활용하여 최근 구약학계의 연구 동향이 자료비평에 입각한 접근 방식에서 벗어났음을 간략하게나마 피력하고 싶을 뿐이다. 포스트모더니즘의 관점으로 성경을 연구하는 구약성경학자인 데이비드 클라인스(David Clines)는 자신이 쓴 짧은 글에서 벨하우젠의 전통적인 성경 연구에 대해 다음과 같이 풍자한 적이 있다.[11] 클라인스는 "곰돌이 푸 연구에 관한 새로운 방향들"(New Directions in Pooh Studies)이라는 글에서, 두 번째로 기록된 『푸 코너에 있는 집』(The House at Pooh Corner)보다 더 오래된 전승들을 포함하고 있는 『위니 더 푸』(Winnie-the-Pooh; 이후로는 W로 줄여서 씀)에 대한 우스꽝스러운 독법을 제시한다.[12] (만약에 우리가 구약학자들이 하나님을 가리키는 각기 다른 이름들에 입각하여 창세기의 자료들을 분리해내는 방식을 『위니 더 푸』에 그대로 적용한다면), 『위니 더 푸』를 지칭하는 서로 다른 이름들(푸와 곰돌이)을 사용하여, 곰돌이 에드워드(Edward Bear), 위니 더 푸(Winnie-ther-Pooh), 곰돌이 푸(P. Bear), 곰 푸 선생(Sir Pooh de Bear)이라

10_ Sparks는 이 시리즈에 실린 그의 글에서 그가 제시한 자료들이 기록된 연대에 대해 분명히 밝히진 않았다. 그러나 "성경 저자"가 "메소포타미아의 신화들을 차용하고 수용함으로써 유대인들이 메소포타미아의 문화에 동화되는 것을 막는 데 일조했다"는 의견을 피력한 바 있다. Sparks가 창 2-3장의 기원과 관련하여 공공연하게 주장한 저작 연대에 대해서는 "The Problem of Myth in Ancient Historiography," 277-80을 보라. J 문서의 생성 연대를 후대로 새롭게 상정한 Van Seters의 견해에 관해서는 *Abraham in History and Tradition* (New Haven: Yale University Press, 1975)와 *Prologue to History: The Yahwist as Historian in Genesis* (Louisville: Westminster/ John Knox Press, 1992)를 보라.

11_ David Clines, "New Directions in Pooh Studies: Überlieferungs-un Religionsgeschichtliche Studien zum Pu-Buch," *On the Way to the Postmodern: Old Testament Essays* (2 vols.; Sheffield: Sheffield Academic Press, 1992), 2:830-39.

12_ 앞의 책, 2:830.

는 다른 이름들이 사용된 푸-단락(P[ooh]-corpus)과 달리, W 사본에서는 "많은 자료들이 짜깁기된 확실한 흔적"을 발견할 수 있다고 클라인스는 주장한다.[13] 클라인스가 이처럼 밀른(Milne)의 동화를 불손한 방식으로 해석한 것은, 창세기를 구성하는 여러 가지 자료의 정체를 밝혀내고 그것들을 따로 분리해낼 수 있을 뿐만 아니라 아무런 외적 보강 증거 없이도 그 자료들이 언제 생성되었는지를 파악할 수 있다고 주장하는, 벨하우젠의 문서설을 옹호하고 지지하는 학자들을 조롱하기 위함이었다.

스팍스의 글이 갖는 또 다른 문제는 역사적인 문헌을 편찬하는 데 있어서 신화를 핵심 요인으로 생각하는 그의 방법론과 관련이 있다. 그 역시 신화의 정의를 내리는 일이 쉽지 않음을 온당하게 인정하지만, 내가 지지하는 종교 현상학자들이 내린 신화의 정의와는 완전히 다른 것에 천착한다. 솔직히 나는 스팍스가 채택한 신화의 정의와 용도 덕분에 다소 당혹스럽기까지 하다. 왜냐하면 그는 자신이 쓴 글 곳곳에서 문학적인 범주들을 매우 사려 깊게 다루었을 뿐만 아니라, "실제로 있었던 사건들"을 다루는 "역사적인 신화"(historical myths)에 대해서도 자신만의 의견을 피력한 바 있기 때문이다.[14] 스팍스가 창세기 1-11장과 관련하여 이 문학적인 범주(역사적인 신화)를 채택/적용하지 않은 이유를 분명히 밝히지는 않았지만, 아마도 과학에 대한 그의 맹종 때문일 것이다.

역사 문헌 편찬과 역사 기록에 관해 이야기하자면, 지난 30여 년 동안 고대 근동의 역사 문헌 편찬과 구약성경의 관계를 논한 많은 책이 세상에 쏟아져나왔는데,[15] 그중에서도 스팍스가 따르고 지향한 학파는 역사적인

13_ 앞의 책, 2:830-31.

14_ Sparks, "The Problem of Myth in Ancient Historiography," 270-76, 274에서 인용했다.

15_ 1970년대에 출판된 주요 저작들에 대한 논평을 살펴보려면 James K. Hoffmeier, *Israel in Egypt* (New York: Oxford University Press, 1996), 10-13을 참고하라. 1970년대부터 1990년대 전

문헌을 편찬하는 데 신화와 전설을 현저히 많이 사용한[16] 그리스 철학의 영향을 많이 받은 반 시터스 학파였다.[17]

역사 문헌 편찬과 관련하여 반 시터스가 이해하는 방식에 대해 내가 우려하는 것은, 역사를 다루는 고대 근동의 방법론보다 더 나은 개선안이라도 되는 것처럼 서구(그리스)의 접근법을 그대로 수용한다는 점이다. 스팍스가 창세기 1-11장에 소개되는 에피소드를 "신뢰할 만한 역사"(reliable history)로 분류하지 않고, 오히려 "실제로는 역사적일 수 없는" 역사요, "의존적인 역사", 그리고 이집트 출신의 한 저자가 역사를 서술하는 방식을 차용하여 기록한 것으로서, "현대 역사가였다면 그렇게 기술하지 않았을" 역사라고 반복해서 말하는 것도 사실 같은 이유에서 비롯된 것이다. 그런데 이러한 이해는 성경 저자들을 포함하여 고대 근동의 역사를 기록한 저자들에게는 오늘날 현대 역사가들과 같은 분석적이고 객관적인 능력이 부족했다는 식의 의미를 갖는다. 하지만 오늘날 역사가들은 점점 더 역사를 객관적으로 기술하지 않는다. 특히 포스트모더니즘을 표방하는 학파의 역사가들은 자신들의 정치적인 의제에 맞추어 기존의 관점을 새롭게 수정하는 방식으로 역사를 기술한다. 키스 윈드셔틀(Keith Windschuttle)이 저술한 『역사 죽이기: 문학 비평가들과 사회 이론가들이 우리의 과거를 살해하는 방법』이라는 책의 제목은 이 점을 너무나

반에 걸쳐 학계에 소개된 연구 문헌들과 복음주의 진영의 상호작용 및 영향에 대해서는 *Faith, Tradition and History: Old Testament Historiography in Its Near Eastern Context* (A. R. Millard, J. K. Hoffmeier & D. W. Baker; Winona Lake, IN: Eisenbrauns, 1994)에 실린 글들을 보라.

16_ John Van Seters, *In Search of History: Historiography in the Ancient World and the Origins of Biblical History* (New Haven: Yale University Press, 1983), 8-54.

17_ 이 책에 기고한 자신의 글에서 Sparks는 Van Seters의 방법론과의 연계성을 공개적으로 명시하지는 않았다. 하지만 그는 각주 31에서 자신의 소논문 "The Problem of Myth in Ancient Historiography"을 언급하는데, 그 소논문에서 Sparks는 Van Seters의 가설과 결론에 대한 전적인 동의를 표한 바 있다.

분명하게 잘 묘사해준다.[18]

이 시점에서 나는 어떤 국가의 역사를 기술하고 편찬하는 일과 관련하여 단 한 가지의 장르나 방법만이 존재하는 것은 아님을 지적하고 싶다. 아주 딱딱하게 연대기를 소개하는 방식이 있는가 하면, 서사시로 노래할 수도 있고, 또 내가 창세기에 관해 제안했던 것처럼 어느 가문의 계보에 입각하여 역사를 기술할 수도 있다. 즉 오늘날 서구의 역사가가 고대 근동의 역사가들이 역사를 기록하는 방법과 문화를 그대로 복기할 수는 없다는 뜻이다.

요세푸스는 거의 2000년 전에 이미 그리스의 방법론으로 근동 지역의 역사를 서술하는 경향이 고조되는 것에 대해 경고를 던진 바 있다.

원시 역사를 연구함에 있어서, 그리스 사람들만이 다른 사람들의 이목을 집중시킬 수 있는 대상으로서의 자격이 있다거나, 우리 유대인들뿐만 아니라 이 세상의 그 어떤 민족에 속한 사람들도 신뢰할 수 없기 때문에 진리는 오직 그리스 사람들에 의해서만 추구되어야 한다는 식의 작금의 세태에 대해 나는 놀라움을 감출 수가 없다. 나는 오히려 그 반대의 경우가 맞다고 생각하기 때문이다.…이집트 사람들, 갈대아 사람들, 그리고 페니키아 사람들이야말로 아주 옛적이면서도 영구적인 과거에 관한 기록들을 스쳐 지나온 이들이다.[19]

요세푸스가 이처럼 그리스의 방법론으로 역사를 서술하는 것에 대해 반

18_Keith Windschuttle, *The Killing of History: How Literary Critics and Social Theorists are Murdering Our Past* (San Francisco: Encounter Books, 1996).

19_Flavius Josephus, *Against Apion* (trans. H. St. J. Thackerary; LCL; Cambridge: Harvard University Press, 1926), 1.6-8.

대한 것은, 그리스(서구)식으로 역사 문헌을 기록하고 편찬하는 전통은 신뢰할 만한 반면에 고대 근동과 이스라엘의 역사 서술 방식은 그렇지 못하다고 생각하는 오늘날 많은 이들에게 경종을 울리는 예방 조치라고 할 수 있다. 요세푸스가 제기한 이 이견은 나 자신 역시도 불필요하게 유럽을 중심으로 하는 사고의 틀에서 벗어나게 해주었다.

나는 창세기 1-11장이 본질상 신학적인 서술이며 궁극적으로는 그리스도를 가리킨다고 본 스팍스의 주장을 환영한다. 그러나 그는 창세기 1-11장에 기록된 대부분의 내러티브가 포로기 동안에 메소포타미아의 신화와 전설들을 차용하여 새로운 형태로 재구성되었다(히브리풍으로 만들어졌다는 궁켈의 발상)고 확신한다. 하지만 포로기에 유일신 신앙을 갖고 있던 유대인 저자들이 이교도의 허구적인 이야기들을 빌려다가 자신들의 우주생성론과 선사 시대의 역사를 기록했다는 주장은 납득하기 어려워 보인다. 이 책의 첫 장에 실린 글에서 주장한 것처럼, 실제로 우리는 다니엘서에서 포로기에 바빌로니아로 끌려간 유대인들이 다신교적인 제의를 받아들이지 않고 격렬하게 저항하는 모습을 묘사한 이야기들을 확인할 수 있지 않은가?

이처럼 메소포타미아에서 허구적인 신화와 전설들을 빌려와 그리스도를 지칭하는 것으로 탈바꿈해놓았다는 스팍스의 논리는 일견 가치가 있다고 평가할 수는 있다. 그럼에도 불구하고 창세기 1-11장에 대한 스팍스의 입장은 결국 아벨과 에녹 그리고 노아가 역사적으로 존재하지 않았다는 식으로 히브리서 11장에 등장하는 믿음의 선진들을 축소시키는 결과까지 초래하고 말았다.

논평

고든 J. 웬함

나는 켄톤 스팍스가 펼친 주장에 대한 내 논평을 이미 앞에서 제임스 호프마이어에게 한 논평을 재차 확인하면서 시작하고 싶다. 거듭 이야기하지만, 창세기 1-11장이 제시하는 메시지에 대한 우리의 이해는 상당 부분 일치한다. 스팍스는 인간의 타락을 묘사한 내러티브를 내가 깊이 공감하는 바대로 아주 훌륭하게 읽어낸다. 또 스팍스는 전설이나 설화 그리고 신화와 같은 핵심 용어들에 대한 자기만의 깊은 이해를 바탕으로 논의를 전개해나간다. 그래서 아주 생생하고 이목을 집중시키는 방식으로 독자들을 자극하고 또 그의 글에서 눈을 떼지 못한 채 계속 읽게 만든다.

그러나 스팍스가 창세기 1-11장을 제대로 읽고 해석했는가 아닌가 하는 것은 별개의 문제다. 그는 현대 과학이 발견해낸 것들과 이론들을 아무런 거리낌 없이 받아들일 뿐만 아니라, 19세기 후반의 성경비평학 가설들을 전폭적으로 지지한다. 또 스팍스는 성경을 공부하는 지극히 평범한 학생이라 할지라도 그 이론들을 충분히 입증해낼 수 있다는 식의 무책임한 견해를 주저하지 않고 개진한다. 의심스럽고 미심쩍은 부분이 있음에도 불구하고 그는 다음의 가설들을 내세운다. (1) 창세기 4장과 5장에 나오는 족보들은 사실 같은 족보를 다른 형태로 구성해놓은 것이고, (2) 창세기에 묘사된 홍수 이야기는 두 가지 서로 다른 이야기를 결합시켜놓은 것이며, (3) 바벨탑 이야기는 사르곤 2세의 건설 프로젝트를 반영한 것이고, (4) 마지막으로 모세 오경은 포로기 동안 유대인들이 직면한 압제와 억압의 상황을 담아낸 것이다.

그런데 이런 종류의 가설들은 내가 신학교에서 공부하던 시절에 많은 사람들이 "비평학 이론들을 확신하여 얻어낸 결과들"로 두루 회자되던 것들이었다. 실제로 그 후 수십 년 동안 구약학계의 많은 저명한 학자들은 이 가설들에 대해 의문을 제기해왔다.[1] 예를 들어, 노만 와이브레이 (Norman Whybray)는 그의 저서 *The Making of the Pentateuch*에서[2] 문서설을 옹호하는 주장들을 완전히 무너뜨려버렸다. 그는 문서설을 지지하는 이들이 어떻게 다음 두 가지 사안을 모두 독차지하려고 하는지를 아주 예리하게 지적했다. 그들은 한편으로 일관성이야말로 자료(혹은 문서)가 존재하는 흔적이라고 주장하면서도, 또 다른 한편으로 자료들이 결합되어 만들어진 문서에서는 모순이 발견될 수도 있다고 주장한다. 선집자에 대한 논의를 전개하면서 스팍스도 이와 비슷한 주장을 내세운다. 이 문제에 대해 유럽(대륙)에서 롤프 렌토르프(Rolf Rendtorff)는 기존의 문서설이 믿는 것처럼 독립적인 자료들이 짜깁기된 것이 아니라 성경 본문들이 점진적으로 결합되었다고 주장함으로써 비평학의 새로운 지평을 열었다.[3] 한편, 문학비평의 거장인 유대인 학자 로버트 알터(Robert Alter)[4]와 메이르

1_ 모세 오경 연구에 대한 논쟁들을 살펴보려면 Gordon J. Wenham, "Pondering the Pentateuch: the Search for a New Paradigm," *The Face of Old Testament Studies* (eds. Bill T. Arnold and David W. Baker; Grand Rapids: Baker Books, 1999), 116-44를 참고하라.

2_ R. Norman Whybray, *The Making of the Pentateuch: a Methodological Study* (Sheffield: JSOT Press, 1987).

3_ Rolf Rendtorff, *The Problem of the Transmission of the Pentateuch* (Sheffield: JSOT Press, 1990).

4_ Robert Alter, *The Art of Biblical Narrative* (New York: Basic Books, 1981).

스턴버그(Meir Sternberg)[5]는 성경 본문을 해석할 때는 어느 정도 추측 가능한 이른 시기의 본문 형태보다 최종적인 형태의 중요성을 강조했다. 즉 이들은 성경에서 종종 발견되는 반복과 모순들을 자료들이 존재한다는 사실을 입증해주는 증거가 아니라, 성경 저자들이 미묘하고 섬세하게 창출해내는 의미의 세계로 독자들을 안내해주는 관문으로 이해해야 한다고 설득력 있게 주장한다. 호프마이어는 이런 경향들을 잘 인지하고 있는 반면에, 스팍스는 이를 의도적으로 무시하고 있다.

이렇게 비평학과 관련된 다양한 의견이 존재하고 있는 마당에 어느한 가지 입장만을 고집하는 것은 시대착오적인 자세라고 생각할 수밖에 없다. 그러나 아주 조심스럽게 접근해야 하는 또 다른 사조가 있다. 바로 포스트모더니즘이다. 포스트모더니즘은 학문을 연구함에 있어서 특히 주관적 이해와 상대주의적인 자세를 강조한다. 극단적으로 말하자면, 포스트모더니즘의 최종적인 결론은 절대적인 진리가 존재하지 않는다는 것이다. 즉 참된 진리와 의미는 독자나 해석하는 사람에 의해 얼마든지 창출될 수 있다는 말이다. 이는 너무나 지나친 생각이다.[6] 그럼에도 불구하고 성경 본문을 해석할 때 독자가 큰 변수로 작용한다는 인식은 지극히 타당한 지적이다. 따라서 우리가 성경 본문을 해석할 때는 우리의 해석이 신학적·문학적 문맥과 조화를 이루는 충분히 가능한 해석인지 아닌지를 겸손하게 따져보아야 한다. 단순히 그렇게 해석할 수 있는 가능성이 있다고 해서 그렇게 해석하는 것이 꼭 맞는 것처럼 확실하게 이야기해서는 안 되기 때문이다.

위에서 말한 시도는 어디까지나 성경 본문의 의미를 조명하기 위한

5_Meir Sternberg, *The Poetics of Biblical Narrative* (Bloomington: Indiana University Press, 1985).

6_이 논의와 관련해서 Kevin J. Vanhoozer의 *Is There a Meaning in This Text?* (Grand Rapids: Zondervan, 1998)를 참고하면 도움이 될 것이다.

조치인데, 그 본문이 기록된 형성 과정을 추적해야 할 필요가 있을 때는 반드시 그렇게 해야 한다. 스팍스는 그런 연구 작업의 필요성을 거듭 강조한다. 예를 들자면, 스팍스는 창세기에 나오는 가인의 족보는 고고학적 저자(J)가 기록했으며, 그것을 기초로 변론가적 저자(P)가 다시 셋의 족보를 썼다고 주장한다. 그러나 이런 저작 과정을 입증해줄 만한 근거는 매우 빈약하다. 족보에 등장하는 이름들이 각기 다른 순서로 기록되어 있으며, 단지 두 개의 이름만이 일치하기 때문이다. 그 외에 다른 이름들은 확연히 다르다. 그런데도 스팍스는 자신이 내세우는 가설이 타당하다는 것을 강조하기 위해서 그 유사성을 지나치게 과대평가한다. 스팍스는 이처럼 족보에 등장하는 대부분의 이름이 다른 것은 해당 족보를 메소포타미아의 왕 목록들의 형태와 비슷하게 만들기 위해 저자가 변형시켰기 때문이라고 주장한다. 그렇다면 스팍스가 말하는 "변론가적인 저자"(P)가 도대체 왜, 그리고 언제 그렇게 한 것일까? 이 물음에 대해서 그는 유대인들이 바빌로니아에 포로로 잡혀갔을 당시에 그와 같은 작업들이 진행됐다고 주장한다. 스팍스에 따르면, 유대 왕들도 혈통과 족보를 가지고 있었다는 사실이야말로 창세기 5장이 전하려는 메시지였다는 것이다. 하지만 그런 방식으로 역사적인 사건들을 재구성할 수 있는 근거가 무엇이냐고 물었을 때, 그가 제시할 수 있는 것은 별로 없다. 우리는 창세기 5장을 기록한 저자가 창세기 4장을 참고했는지 정확히 알 수 없다. 다만 한 가지 확실한 것은 유대인들이 바빌로니아에 포로로 끌려갔다는 역사적 사실뿐, 실제로 창세기가 그곳에서 기록되었는지 아닌지의 여부에 대해서도 확인할 수 있는 것이 거의 없다. 달리 표현하자면, 스팍스의 (역사적인) 재구성은 어디까지나 추측에 지나지 않는다는 것이다. 따라서 그가 주장하는 가설들과 이론들은 창세기 1-11장 내지는 창세기 4장과 5장의 장르를 결정하는 데 이렇다 할 근거나 결정적인 기준을 제공해주지 못한다.

이 책 1장에 실린 호프마이어의 글에 대해서도 이야기했지만, 성경 본문의 장르를 결정하기 위해서 꼭 성경 본문이 기록된 과정을 창의적으로 이해하고 그 과정에 의존해야 하는 것은 아니다. 우리가 꼭 해야 할 일은 오히려 성경 본문의 최종적인 형태에 주목하는 것이다. 창세기 5장에 기록된 족보에는 아담으로부터 노아에 이르기까지 열 명이 소개되는 반면에, 창세기 4장에는 아담으로부터 라멕까지 단 일곱 명의 이름만 등장한다. 가인과 셋의 아버지이기 때문에 자연스럽게 중요한 의미를 갖는 아담을 제외하면, 이 두 개의 족보 사이에는 에녹과 라멕 오직 두 사람의 이름만 일치한다. 그런데 여기서 우리는 가인의 후손인 에녹과 셋의 자손인 에녹을 혼동하지 말아야 한다. 또 동명이인인 라멕에 대해서도 헷갈리지 말아야 한다. 창세기가 그들의 업적을 각기 다르게 평가하고 있기 때문이다. 가인의 후손인 에녹은 도시를 세우는 일에 심혈을 기울였다고 기록되어 있지만, 셋의 자손인 에녹은 하나님과 동행한 인물로 묘사되어 있다. 이와 마찬가지로, 가인 계열의 라멕은 두 명의 아내를 둔 것과 잔인한 폭력성 때문에 악명이 높았던 반면에, 셋 계열의 라멕은 그의 아들 노아를 축복했다고 알려져 있다. 창세기 5장에 열거된 족장들 중에 에녹과 셋 두 사람에 대해서는 이러저러한 평이 뒤따라 언급되는 데 반해서, 다른 여타의 족장들은 족보에 그저 이름만 소개된다. 스팍스가 주장하는 대로 창세기 4장을 바탕으로 저작되었다고 추측되는 창세기 5장을 논외로 한다면, 이처럼 에녹과 셋에 대한 추가적인 언급들은 아담으로부터 이어지는 자손들을 소개하는 두 개의 족보 사이에 서로 다른 점을 강조한다고 볼 수 있다. 즉 (창 5장에 등장하는) 에녹은 4:17-18에 나오는 에녹과 다른 사람이며, (창 5장에 등장하는) 라멕 역시 4:19-24에 매우 잔혹한 모습으로 묘사된 라멕과 동일인이 아니다. 결국 창세기 4장과 5장에 나오는 두 개의 족보는 서로 나란히 배열된 채, 발전을 거듭해온 두 가지 유형의 인류의 발자취를 추적한 것이다. 그 첫째는 세상 물정에는 밝을지언정 때때로 포악하고 잔인한 민낯을 드러낸 가인 계열의 후손들이다. 그리고 그 둘째 유형은 하나님의 거룩한 형상으로 지음을 받은 존재라는 말에 걸맞게 경건한 삶을 살아온 자들로서 에녹과 라멕, 노아와 같은 성현들뿐만 아니라 "하나님과 동행했다"는 평가를 받은 두 명의 이름을 포함한 셋 계열의 후손들이다.

스팍스 역시 호프마이어와 마찬가지로, 창세기 본문 자체가 특별한 관심을 기울이고 있는 노아 홍수 이야기를 설명하기 위해서 아트라하시스가 등장하는 길가메시 서사시를 인용한다. 비록 스팍스는 창세기에 나오는 노아 홍수 이야기와 길가메시 서사시의 유사성을 지나치게 강조하긴 하지만, 내가 생각하기에 이러한 시도는 꽤 유용하고 적절해 보인다. 그러나 고대 근동 지역에서 살았던 사람들이 창세기를 처음 접했을 때, 창세기와 길가메시 서사시가 서로 비슷하다고 해서 그리 놀라지는 않았을 것이다. 그들은 그것을 당연하게 여겼을 것이다. 오히려 그 사람들은 두 문헌 사이에 차이점이 존재한다는 사실에 대해서 큰 충격을 받았을 것이다. 즉 야웨 하나님이야말로 전적인 주권으로 만물을 통치하고 다스리시며, 죄를 미워하시지만 그분의 뜻에 순종하는 이들에게 상을 주시는 분이라는 이야기 등등, 그 하나님만이 참되고 유일하신 신이라고 주장하는 창세기의 유일신 사상 때문에 크게 놀랐을 것이다.

하지만 스팍스는 창세기 6-9장도 두 가지 서로 다른 자료로 구성되었다는 가설에 의존함으로써, 서로 대칭을 이룬다고 추정되는 부분들에도 차이점이 존재한다는 사실을 간과하는 과오를 범한다. 예를 들어, 노아는 미래에 어떤 일이 발생할지에 대한 경고와 더불어 방주를 만들고 그 안에 양식을 비축하라는 명령을 받는다. 그리고 나서 노아는 동물들과 함께 그 방주에 승선하라는 명을 받는다. 이 대목에서 노아에게 방주에 승선하라는 서로 다른 두 가지 명령이 주어졌다는 식으로 해석하는 것은 문학적인 구성법(plot)의 발전에 대한 몰이해에서 비롯된 결과에 지나지 않는다. 스팍스는 자기가 재구성한 자료들을 따로 분리해서 다루면서, 그 자료들이 각각 다른 관심사를 반영하고 있다고 주장한다. 그러나 이러한 스팍스의 독법과 독해 과정은 어디까지나 (창 6-9장에) 정말 두 개의 서로 다른 자료들이 존재할 때에만 유효할 수 있다. 앞에서 나는 이 독법의 적실성과 실효성에 대해 여러 번에 걸쳐 의구심을 표명했다. (창 1-11장에 대한) 스팍스의 접근 방식과 방법론이 틀리지 않았다고 하더라도, 스팍스는 (그가 주장하는 것처럼) 두 개의 자료가 하나로 결합된 최종적인 형태가 기여하는 바에 대해서는 여전히 이렇다 할 이야기를 하지 않는다. 결과적으로 스팍스는 노아 홍수가 있기 이전에 세상에 죄악이 관영했던 것과 홍수 이후 살인을 범한 사람을 사형에 처하는 제도가 수립된 것 사이에 관련성이 있다는 점에 대해서는 그 어떤 설명도 제시하지 못했다. 이 시점에서 다루어야 할 또 다른 핵심 주제가 있다. 바로 파멸(de-creation)과 새창조(re-creation)다. 하나님이 처음 창조하셨던 피조세계는 홍수로 인해 파멸되었고 온 세상은 마치 태초로 되돌아간 것처럼 물로 뒤덮여버리고 말았다(창 1:2). 그러나 하나님이 바람을 불게 하셨을 때에(창 8:1; 참조. 1:2) 물이 줄어들었고, 마른 땅이 드러났으며, 새로운 잎사귀들이 돋아나고, 동물들도 다시 출현하여 땅에서 생육하고 번성할 수 있게 되었다. 이제 피조세계는 다시 회복되었고, 새로운 시작이 가능해진 것이다. 따라서 노아와 그의 아내는 새로운 아담과 하와로 자리매김하게 되었다. 모든 인류가 그들의 후손이 될 것이기 때문이다. 창세기 6:9(참조. 7:1)은 노아를 의인이요 당대에 완벽한("흠이 없는") 사람으로 묘사한다. 결과적으로 인류의 미래에 대한 모든 것들도 장밋빛처럼 긍정적으로 비춰진다. 그러나 아담이 그랬던 것처럼, 노아도 나무의 소산을 지나치게 탐닉한다. 그러나 이번에는 (선과 악을 알게 해주는 나무의 열매가 아니라) 포도나무의 열매가 문제가 된다. 아무튼 노아는 포도주에 취하여 곤드레만드레가 되었고, 자신의 아들 함에게 비난을 받는다. 이 이야기는 마치 (아담과 하와가) 타락하게 된 과정을 재연하는 듯하며, 동시에 죄악과 잔혹한 폭력이라는 커다란 파도에 인류가 수장되는 것을 막아줄 수 있는 더 나은 아담이 필요하다는 것을 은연중에 부각시킨다.

　창세기 1-11장을 서로 상관없는 몇몇 이야기들의 모음집이 아니라 짜임새 있게 하나로 결합된 이야기로 읽는다면 해당 본문에 반영된 관심 사항에 대한 보다 풍성하고 큰 그림을 얻을 수 있다. 그런데 창세기 1-11장을 구성하는 개개의 이야기들이 서로 연결되어 있다고 읽을 때 그 본문에 관한 발전적이고 진전된 그림을 얻을 수 있다고 하더라도, 그것이 꼭 역사를 의미할까? 이 질문의 답은 어디까지나 우리가 역사를 통해 이해하려고 하는 것이 무엇인지에 달려 있다. 스팍스는 그것을 "문자 그대로의 역사" 내지는 "실제로 있었던 일에 대한 정확한 기술"로 이해한다. 그래서 그는 만약에 어떤 사물이나 사건을 역사적으로 기술한 것이라면, "그 저자가 해당 사물이나 사건에 대해 바르게 기술했는지 또 정확히 묘사했는지를 반드시 따져보아야 한다"고 주장한다. 스팍스에 의하면, 창세기 2-3장에 나오는 이야기는 "엄격한 차원에서 역사"가 아니다. 그 이야기는 엄밀히 말하자면 사실에 기반을 두지 않았기 때문이다. 또 스팍스는 가인과 아벨의 이야기가 단편소설처럼 "허구적인 짧은 내러티브와 같은 이야기"에 지나지 않는다고 말한다. 결국 스팍스는 성경을 기록한 저자들에게는 역사적으로 신뢰할 수 있는 그런 내러티브를 기록하려는 의도가 없었다고 주장한다.

　이 문제와 관련하여 역사의 본질에 대해 좀 더 숙고해보는 것이 좋을 듯싶다. 한편으로 역사란 일정 기간 동안 발생한 연속된 사건들을 지칭한다. 그러나 다른 한편으로, 역사는 과거에 있었던 사건들을 어떤 사람의 관점에 따라 기술해놓은 설명이기도 하다. 역사에 대한 이 두 가지 정의를 서로 혼동하기 쉬운데, 창세기 1-11장이 역사적인가 아니면 역사적이지 않은가를 가늠하려면 우리는 먼저 그 본문이 과거의 사건들을 묘사하고 있는가 아닌가를 살펴보아야 한다. 그런데 스팍스는 역사란 무엇인가에 대한 정의를 내리면서 정확성과 사실성이라는 기준을 추가로 끼워 넣는다. 그는 과거에 있었던 일들에 대해 아무런 편견 없이 객관적으로 기술할 수 있으며, 또 정확성과 사실성을 확보한 것들만을 역사로 간주해야 한다고 생각하는 것 같다. 스팍스가 내세우는 이러한 입장은, 과거를 실제 일어났던 그대로(wie es eigentlich gewesen [“as it actually was”]) 기술하는 것이야말로 역사 문헌을 편찬하는 목적이라고 말한 폰 랑케(von Ranke)의 견해를 지지한다고 이해해도 별 무리는 없어 보인다. 그러나 해석되지 않은 날것 그대로의 사실을 다룬다는 것은 사실상 불가능하다. 왜냐하면 모든 역사는 과거에 있었던 일들을 관찰한 후에 그 사건들을 다시 기술함으로써 새롭게 해석된 인간의 증언을 바탕으로 하기 때문이다.

설사 과거에 발생한 사건들에 대한 해석이 확연히 드러나지 않는다고 하더라도, 기술하고자 하는 사건들을 선택하는 과정에서부터 이미 주관성과 편견이 개입될 수밖에 없다. TV에 나오는 뉴스를 한번 생각해보자. 과거에 대해 하나도 빠짐없이 완벽히 설명해주는 기록은 존재하지 않는다. 역사가들이 후대에 자신들이 저술한 기록에 포함시킨 다양한 증언이 있을 뿐이다. 나는 지금 과거에 있었던 사건들에 관한 모든 기록이 정확하지 않다거나 꾸며낸 이야기라고 말하려는 것이 아니다. 다만 역사에 관한 기록들이 불가피하게 역사가의 주관적인 관점을 반영할 수밖에 없으며, 이 사안을 우리가 진행하고 있는 창세기 1-11장에 관한 논의에 그대로 적용하기에는 부적절하다고 말하려는 것이다.

그러므로 나는 과거에 있었던 일들을 서술한 기록이나 문헌에서 다소 부정확한 부분이 발견되었다고 해서 그것이 역사가 아니라 허구를 의미한다는 식의 스팍스의 주장에 반대한다. 스턴버그가 지적한 것처럼,[7] 과거에 있었던 사건들에 대해 기술한 기록이 역사적인지 아닌지를 판가름하는 일은 전적으로 저자의 의도에 달려 있다. 그 저자의 기록이 모든 면에서 정확한지 아닌지는 어디까지나 부차적으로 따져보아야 할 사항이다. 따라서 우리가 이야기나 신화로 분류할 수 있는 것들도 그것을 기록한 저자의 의도에 따라 역사로 간주할 수 있다.

7_Sternberg, *The Poetics of Biblical Narrative*, 23-34.

▶ 결론
▶ 우리는 서로 의견이 다르다. 그렇다면 어떻게 해야 할까?

인간의 눈에 비친 우주를 이해하는 것은 마치 미로를 여행하는 것과 같다. 모
든 면에서 가는 곳마다 모호함투성이다. 물체들과 지표들 모두 속이고 기만
하는 것들로 가득하다. 자연 역시 그 외관마저 울퉁불퉁한 마디마디로 되어
있는가 하면, 얽히고설켜 있기 때문에 불규칙하기 짝이 없다.

_프랜시스 베이컨, *The Great Instauration*

우리는 계속 변화하는 현실 세계에 살고 있다. 이 현실 세계에 우리 자신을
적응시키는 일은 해초가 물살과 수압 때문에 이리저리 휘감기는 것과 별반
다르지 않다.

_주세페 디 람페두사, *The Leopard*

우리는 이 책을 어떻게 활용해야 할까? 이 한 권의 책에 실린 꽤나 긴 세
편의 글에서 세 명의 전문학자는 각자 자신들의 입장을 개진하고, 연이어
다른 학자들의 견해에 내제된 단점에 대해 정도를 달리해가면서 비평을
가했다. 이 책을 기획한 여러 가지 목적이 있지만, 그중 하나는 독자들이
창세기 1-11장과 역사의 관계를 이해하는 데 도움을 주는 것이었다. 이
문제와 관련하여 이 책에서 각자의 견해를 설명한 세 명의 학자들이 서로

의견상의 일치를 이루지 못했는데, 성경의 서두를 장식하는 창세기 1-11장에 대해서 과연 흔들림 없는 확고한 결론에 도달할 수 있을까? 이 책에서 세 명의 전문학자들이 서로 의견상의 일치를 보지 못했다는 사실은 우리로 하여금 기독교인으로서 어떤 삶을 살아야 하는지에 대한 매우 중요한 교훈을 준다.

완전한 의견상의 일치를 이루지 못했지만, 그중에서도 서로 동의한 사안과 그렇지 못한 사안

이 책에 글을 기고한 세 명의 저자는 서로 다른 주장을 내세우고 있는데, 어떤 사안에 대해서는 서로 완전히 다른 입장을 표명하기도 한다. 호프마이어 교수는 창세기 1-11장에 기록된 사건들이 실제로 있었던 일이며, 이스라엘의 서기관들이 메소포타미아나 이집트에서 여러 가지 신화를 빌려온 것이 아니라, 창세기 1-11장은 그 신화적인 이야기들에 대한 정반대의 관점으로 기록되었다는 이해를 기초로 하여 성경의 신학적인 담론이 시작된다고 주장한다. 즉 이스라엘의 서기관들은 권위가 있고 역사적으로도 정확한 기록들을 바탕으로 당대의 오해들과 신화들을 바로잡으려 했다는 것이다. 이와 달리 웬함 교수는 역사적인 실재의 근간을 이루는 핵심 부분이 창세기 1-11장에 포함된 것은 사실이지만, 그것을 기술하고 있는 창세기를 통해—마치 인상파 화가가 그린 그림처럼—실제로 발생했었던 일들에 대해서 대략적으로 어렴풋이 파악할 수 있을 뿐이라고 일축한다. 반면에 스팍스 교수는 성경을 기록한 저자들 역시 고대 근동 지역에서 역사 문헌 편찬을 위해 널리 사용되던 (문학적인) 양식들을 채택했지만, 특정 장소와 시대에 발생한 사건들을 정확하게 기록하고 전달하려는 목적은 없었다고 간주한다. 다만 하나님은 어떤 분이시며 어떤 성품을 가지셨는지에 대한 깊은 통찰을 제시하기 위해서 이 서기관들(성경 저자들)이 고대 근동 지역에서 신학적인 이야기들을 차용해서 사용한 것이라고 주장한다.

이 세 명의 학자들은 성경 전체의 서론을 형성하는 창세기 1-11장의 장르에 대해서 저마다 다른 의견을 제시하고 있지만, 창세기 1-11장이 하나님에 대해 진술하게 이야기하고 있다는 점에는 모두 동의한다. 호프마이어는 창세기 1-11장을 역사적인 사건들이 문자 그대로 기록된 역사적인 내러티브로 이해하고, 웬함도 정도의 차이는 있을 수 있지만 창세기 1-11장이 거시적인 관점에서 역사적이라고 간주한다. 그러나 스팍스는 하나님은 어떤 특정한 공간과 시대에 실제적으로 일어나지 않은 어떤 사건들에 대한 기록을 기초로 하는 신학적인 담론을 활용해서 말씀하실 수 있다고 생각한다.[1]

이 세 학자들이 주장하는 바를 살펴보는 작업은 어느 정도까지는 매우 고무적이고 의미 있는 일이다. 이 학자들의 견해 중 서로 공통된 부분들은 결과적으로 그 차이점들을 더욱 크게 부각시키기 때문이다. 가령, 창세기에 나오는 이야기들은 정말 역사적으로 일어났던 사건들을 다룬 것일까? 이 질문에 대해 호프마이어는 "그렇다"고 대답하고, 웬함은 그런 "종류의 사건들"이라고 대답하는 반면에, 스팍스는 "그럴 가능성이 거의 없다"고 답한다. 그렇다면 창세기는 누가 기록했을까? 이 물음에 대해 호

1_Sparks가 이 관계성에 대해 직접적으로 언급한 것은 아니다. 그러나 그의 글을 읽으면서 나는 Sarah Gorham이 "예술가들은 진실을 말하기 위해 종종 요점을 얼버무린다"(*Study in Perfect* [Athens, GA: University of Georgia Press, 2014], 66)라며 그녀가 관찰한 바에 대해 이야기한 것을 떠올리게 되었다. 즉 Sparks의 논리에 따르자면, 창세기를 기록한 저자들은 하나님에 대한 진리를 실제로 발생하지도 않은 이야기들을 통해 설명할 수 있을 정도로 문학적으로 뛰어난 예술가들이었다. 이것은 예수님께서 비유를 통해 교훈하신 것과 아주 흡사하다.

프마이어는 역사적으로 존재했던 모세를 저자라고 생각하는 듯하지만, 웬함은 오늘날 창세기라고 불리는 책에 통합된 여러 부분을 편집한 복수의 저자들이 존재했다고 믿는다. 스팍스는 웬함이 주장한 것처럼 창세기를 다수의 저자들이 기록했다는 데 동의한다. 그러나 창세기를 구성하는 큰 문단의 덩어리들이 기록되고 편집된 순서를 웬함과 조금 다르게 재구성한다. 우리는 창세기 1-11장의 저자에 대한 물음의 의견은 물론이거니와, 창세기 1-11장에 기록된 사건들이 실제로 있었던 일인지 아닌지에 대해서도 첨예한 입장 차이를 보일 정도로 창세기 1-11장에 관한 서로 상반된 해석이 존재한다는 사실을 알게 되었다. 그렇다면 이러한 상황에 봉착한 우리는 어떻게 대응해야 할까?

해석에 영향을 끼치는 복잡한 특징들

오늘 우리는 초기 교회 시대에 믿음의 선조들과 같은 방식으로 창세기 1-11장을 읽지 않는다. 그들은 대개 창세기를 비유적으로, 곧 상징적으로 읽어나가는 방식에 관심이 있었다. 오늘날 우리는 대체로 그와 같은 방식으로 성경을 읽지 않는다. 초기 교회 시절의 성경 해석가들은 창세기 1-11장이 실제로 역사를 반영했는지, 안 했는지의 문제에 대해서는 그리 큰 관심이 없었다. 그들은 그저 성경이 사실이라고만 생각했으며, 성경을 역사적이거나 과학적인 패러다임 대신에 윤리적이고 신학적인 범주로 다뤘다.[2] 그러나 상황이 완전히 달라졌다. 오늘날 우리는 과학기술이 급속

2_Peter C. Bouteneff, *Beginnings: Ancient Christian Readings of the Biblical Creation Narratives* (Grand Rapids: Baker Academic, 2008), 169-83.

히 발전하는 시대에 살고 있다. 따라서 오늘날 독자들이 성경을 과학적인 관점으로 읽으려 한다든지, 장르에 관한 질문을 갖는다든지, 창세기 1-11장에 기록된 원시 역사가 천체 물리학자들과 유전 생물학자들 그리고 고대 근동의 역사를 연구한 역사학자들이 재구성한 역사와 조화를 이루는지 따져본다든지 하는 것은 지극히 자연스러운 일이다. 더구나 초기 교회의 성경 해석자들 이래로 헤르만 궁켈(Hermann Gunkel)이 장르에 관한 분야를 특정 연구 영역으로 상정하기까지는 약 1500여 년의 시간적 간격이 존재한다.

그러나 더욱 엄밀히 말하자면 오늘을 살아가는 우리는 약 150여 년 전에 살았던 사람들과 같은 방법으로 성경을 읽지는 않는다. 실제로 19세기 초반의 학자들은 창세기 1-11장을 메소포타미아의 세계관이나 문화에 대해 반대하는 관점을 나타낸다는 식으로 읽지 않았다. 그 이유는 매우 간단하다. 오늘날 논의되는 대부분의 메소포타미아 문헌들이 그때까지는 거의 발견되지 않았기 때문이다. 그런데 이 책에 글을 게재한 세 명의 학자들은 모두 이스라엘의 서기관들이 고대 근동의 여러 가지 신화나 비유, 수사법에 어떤 형태로든 연관되어 있었다는 데 동의한다. 너무나 당연한 이야기지만 이런 인식은 그들이 창세기 1-11장을 해석하는 데 중요한 요인으로 작용한다.

하지만 우리가 이 책을 통해 성취하고자 하는 목표는 과거 성현들의 사고 유형(thought patterns)을 다시 복구하려는 것이 아니다. 고대인들이나 오늘날 독자들 모두 해답을 얻고자 하는 그들만의 의문사항이 있다. 이와 같이 우리도 창세기 1-11장에서 알았으면 하는 우리만의 질문들을 갖고 있다. 물론 옛 시대를 살아간 사람들과 오늘날 우리들 사이에도 서로 공통된 부분이 꽤 있다. 지극히 평범한 보통 사람으로서 인간 경험을 공유하는 것처럼 말이다. 그러나 이 시대 서구 사회에서 살아가는 우리의 삶은 고대 사람들의 삶과 모든 면에서 일일이 헤아릴 수 없을 만큼 너무나 다르다.[3] 따라서 우리가 고대 사람들과 다른 방식으로 창세기 1-11장을 대하는 것은 너무나 당연한 일일뿐더러 또 피할 수 없는 결과이기도 하다. 아우구스티누스와 아퀴나스, 그리고 루터와 칼뱅 같은 옛 시대의 성현들은 자신들이 처한 상황에 맞춰 이 점을 정확하게 이해했다. 그들은 자신들과 같은 시대에 살던 사람들이 성경을 새로운 방법으로 생각하고 해석하도록 독려하기를 주저하지 않을 만큼 대담했고, 혁명적이었으며, 매우 창의적인 신학자들이었다. 그들은 자신들의 해석에도 얼마든지 오류가 있을 수 있다는 것과 다음 세대의 사람들이 그 오류들을 수정해야 한다는 사실도 자각하고 있었다.

아우구스티누스는 창세기를 읽는 독자들은 대담하게 기존의 사고와 해석과는 사뭇 다른 변화들을 받아들일 수 있도록 열린 자세로 다가가야 한다고 주장했다. "우리가 이해하기 어렵다거나 우리가 내다볼 수 있는 범위를 넘어서는 문제들에 대해서는…너무 성급하게 달려들기보다는 한쪽에 서서 우리의 입장을 더욱 견고히 해야 한다. 진리를 추구한다는 명목으로 성급하게 계속 탐구를 진행하는 일은 오히려 우리의 입장을 약화시키는 결과를 초래할 것이고, 우리 역시 그것과 함께 추락하고 말 것이다. 그것은 성경을 가르치기 위한 싸움이 아니라, 그 가르침을 우리의 생각과 가치에 순응시키려는 우리를 위한 싸움에 지나지 않기 때문이다.

3_ 이 점은 하나님을 인지하는 개념적인 환경과 같은 인간 경험과 관련한 가장 기초적인 수준에서도 찾아볼 수 있다. 이러한 차원에서 Charles Taylor는 일종의 구조적인 변화를 강조한다. 그가 답을 얻기 위해 계속해서 다음 질문을 제기하는 방식으로 구성된 그의 대표작에서 말이다. "[기원전 500년대 서남아시아는 말할 것도 없고], 1500년대 우리 서구 사회에서는 왜 하나님을 믿지 않는 것이 실제적으로 불가능했던 것일까? 2000년대를 살아가는 우리에게는 그것이 너무나 쉬울뿐더러 피할 수 없는 결과인데도 말이다"(*A Secular Age* [Cambridge, MA: Belknap Press, 2007], 25).

역으로, 우리는 거룩한 하나님의 말씀에 우리 자신을 순응시키고 복종시켜야 한다."[4] 다른 문헌들과 마찬가지로 성경도 그 자체적으로 해석을 제공하지는 않는다.[5] 앞에 소개한 다른 성현들과 더불어, 아우구스티누스는 인류가 성경에 대한 다양한 해석을 세워나가지만 그 해석들이 종종 잘못되었을 수도 있음을 깨달았다. 즉 성경에서 그 자체적인 해석을 찾아내는 것이 아니라, 성경이 말하는 바에 더욱 가깝게 우리 자신을 순응시키는 시도를 그치지 말아야 한다는 것이다.

독자들은 자신들이 수용할 수 있는 어떤 의미와 이해를 형성하는 데 주도적인 역할을 담당한다. 곧 독자들이 어느 저작물에 관해 던진 질문들과 그 저작물을 통해 최종적인 결론을 도출해내는 방식, 그리고 그들이 해석을 위해 사용한 방법론과 프레임, 심지어 정서적인 상태와 독자들 개개인이 살아온 역사까지, 독자들이 어떤 대상을 이해하고 해석하는 데 영향을 끼친다.[6] 그런데 독자들이 느끼는 감정적인 필요야말로 해석적인 결과물을 이끌어내는 일과 관련해서 가장 오랫동안 간과되어온 것들이 아닌가 싶다. 왜냐하면 감정적인 필요들은 대부분 무의식적인 차원에서 작용하기 때문이다. 그리고 로저 스크루턴(Roger Scruton)이 자세히 관찰한 것처럼, 많은 경우에 독자들이 느끼는 감정적인 필요들은 이성적인 논거나 주장보다 앞에 존재할 뿐만 아니라 사전에 신학적인 결론을 형성하기

4_ St. Augustine, *The Literal Meaning of Genesis* (trans. John Hammond Taylor, S.J.; 2 vols.; New York: Newman Press, 1982), 1:41.

5_ 성경 본문은 자체적인 해석을 제공하지 않을 뿐만 아니라 어떤 구문들은 정확성도 결여되어 있고 본질적으로 모호하기까지 하다. Bruce Fink, *A Clinical Introduction to Lacanian Psychoanalysis: Theory and Technique* (Cambridge, MA: Harvard University Press, 1997), 22-27. 다른 시대와 문화를 넘나들며 이야기할 때는 더욱 그렇다.

6_ Wolfgang Iser, *The Act of Reading: A Theory of Aesthetic Response* (Baltimore: Johns Hopkins University Press, 1978), 3-50.

도 한다.[7] 우리가 성경 본문에서 이끌어낸 결론은 우리 앞에 놓여 있는 자료보다 두려움이나 욕구와 같은 우리의 정서적인 기질과 더 깊이 관련되어 있을 때도 있다. 창세기 1-11장을 읽고 해석할 때 특히 그렇다. 그리고 기독교인들이 성경과 신학에 관련된 어떤 문제에 대해 반대하는 입장을 취하는 이유도 여기에 있다. 요컨대 우리는 각기 다른 감정적인 필요들을 가지고 이 논의에 임하고 있는 셈이다.

우리는 결코 우리의 인식론적인 자아를 감정적인 자아로부터 따로 떼어낼 수 없으며 많은 경우 우리의 감정이 논리적인 사유를 이끌어가기도 한다. 하지만 우리의 이성적인 요소들 역시 다양한 해석을 낳는 원인이다. 한 가지 예를 들자면, 우리는 과거의 그 어떤 해석가들과도 비교할 수 없을 정도로 많은 정보를 가지고 있다. 고고학적 발굴, 새롭게 발견된 관련 문헌들, 그리고 문학적 이론과 방법론, 기억 연구법 및 다양한 분야의 발달은 성경을 이해하고 접근하는 방식을 완전히 바꿔놓았다. 장르에 관한 논의들을 도식화하는 연구법이나 길가메시 서사시와 아트라하시스 서사시에 대해서 아무것도 알지 못했던 성경비평학 이전 시대에 활약했던 해석가들이 성경을 읽고 경험한 바를 그대로 복구해낼 수는 없다. 그러나 그들이 자신들의 한계와 통찰력을 가지고 그들이 처한 상황 가운데서 할 수 있는 한 최선을 다해 이 원시 역사(창 1-11장)를 읽고 이해했을 것이라는 사실은 얼마든지 추측이 가능하다. 그들과는 근본적으로 다른 문화 속에서 살고 있지만 우리 역시 그들과 똑같은 작업을 시도하고 있다. 그들보다 훨씬 더 많은 도구를 마음껏 사용하되, 그들과는 완전히 다른 철학적이고 종교적인 생태계에서 말이다.[8]

7_ Roger Scruton, *The Soul of the World* (Princeton: Princeton University Press, 2014), 1.
8_ 이 부분에 관해서는 Taylor의 저서인 *A Secular Age*의 505-36을 유심히 살펴보길 바란다.

시간이 흘러감에 따라 고대 근동 문헌들이 더 추가적으로 발굴될 것이고 역사적인 연구법도 더욱 정교하게 발전해나갈 것이다. 그리고 사람들은 또 다른 질문과 관심을 가지고 성경을 대할 것이다. 성경을 읽고 해석하는 일도 그렇게 계속 바뀌어갈 것이다. 이렇게 성경 본문에 대한 해석을 새로운 통찰력과 상황에 맞게 끊임없이 다시 탐색하고 재평가하는 과정은 기독교 신앙이 어떤 형태로든지 지성적인 일관성과 설득력을 지탱하기 위해서 반드시 필요하다. 엘리자베스 존슨(Elizabeth Johnson)이 말한 것처럼, "기독교 신앙이 모든 세대에 호소력 있게 다가가려면 당대의 세계관에 부합하는 방식들로 스스로를 표현할 수 있어야 한다."[9] 그럼 우리가 기독교 신앙을 새로운 방법으로 담아내고 성경을 새로운 자료들에 입각해서 해석한다고 할 때, 전통적인 이해와 해석에는 얼마나 큰 비중을 둘 수 있을까? 이 질문은 또 다른 결론들로 이어진다.

자애로운 사랑, 그 위대한 징표

장르와 역사성에 대한 질문들이 창세기를 연구하는 데 중요하지 않다고 말하려는 것은 결코 아니다. 장르와 역사성이라고 하는 주제들은 이 시대에 존재하는 교회에 속한 많은 이들에게 막대한 영향을 끼치는 중요한 사안들이다. 따라서 우리는 그것들에 대해 매우 진지한 자세로 다가가야

9_Elizabeth Johnson, *Ask the Beasts: Darwin and the God of Love* (London: Bloomsbury, 2014), 9. Ernst Käsemann은 이 점을 Johnson이 한 말과 비슷하면서도 좀 더 기억에 남도록 다음과 같이 표현했다. "기독교는 통조림 제품으로 연명하지 않는다. 특히 먹을 수도 없고 소화할 수도 없는 그런 것들 말이다"("What 'To Believe' Means in the Evangelical Sense," *On Being a Disciple of the Crucified Nazarene* [ed. Rudolf Landau; trans. Roy A. Harrisville; Grand Rapids: Eerdmans, 2010], 162).

한다. 이와 동시에 그 사안들이 기독교가 하나됨을 저해하는 방해물이 되지 않도록 각별한 주의를 기울여야 한다는 것도 너무나 중요하다. 사실 기독교인들은 창세기 1-11장을 이해하는 방식을 포함하여 여러 가지 이유 때문에 서로 분열하고 증오하며 배타적으로 대하는가 하면, 형제들에게 살인죄와 같은 누를 범하는 고난의 역사를 오랫동안 지속해왔다. 이처럼 교회들을 분열시키고, 신학교 교수들을 파면하거나, 심지어 유혈 사태까지 빚게 한 갈등과 충돌의 근원은 자애로운 사랑이 부족한 데에 있다.[10]

창세기 1-11장이 어떤 장르인지를 결정하는 일과 그 본문을 바르게 해석하는 일은 정말이지 지독하게 어려운 과제다. 이 과제를 능숙하게 완수하려면, 창세기를 히브리어와 그리스어로 읽고 해석해야 함은 물론이거니와 해석사에 대한 지식도 갖추어야 하고 비평학 이론과 그 결론들도 숙지하고 있어야 한다. 뿐만 아니라 역사 문헌을 편찬하는 일에 관한 다양한 이론과 고대 저자들이 과거에 있었던 사건들을 바탕으로 내러티브를 작성했던 방법에 대해서도 정통해야 함은 물론이고, 창세기 1-11장을 여타의 관련 문헌과 비교하는 일 등등 여러 가지 학술적인 작업에도 능통해야 한다. 그 어떤 전문학자라도 이 모든 일을 혼자 감당할 수는 없겠지만, 그(혹은 그녀) 학자는 다른 이들의 연구 결과들을 어느 한 가지 중요 결정 사안에 따라 능수능란하게 종합해낼 수 있을 만큼 철저히 탐구하고 숙지해야 한다. 이 일을 쉽게 해낼 수 있는 방법은 없다. 이 점은 너무나 자명하다. 최고의 솜씨와 역량을 자랑하는 해석가들마저도 자주 서로 다른 결론을 주장하는 것을 이미 앞에서 살펴보았듯이 말이다.

이 책에 글을 게재한 학자들은 성경 학계에서 이미 많은 존경을 받고

10_Ephraim Radner, *A Brutal Unity: The Spiritual Politics of the Christian Church* (Waco: Baylor University Press, 2012), 88.

있는 최고의 학자들이다. 이 학자들은 평생 동안 성경 연구에 매진하여 얻은 깊은 통찰력과 창의력을 바탕으로 자신들의 글을 집필했다. 또 이 학자들은 자신들의 연구가 신학적인 이해뿐만 아니라 그 결과를 교회에 실제적으로 적용하는 데 큰 유익을 줄 수 있다는 생각도 서로 공유하고 있다. 그럼에도 불구하고 이 세 명의 학자들은 창세기 1-11장의 장르에 대해서 서로 다른 의견을 제시한다. 따라서 이 책에 실린 세 편의 글을 읽고 있는 모든 독자는 해당 주제의 복잡성에 대해 어느 정도 겸손과 감사의 마음을 갖게 된다. 하지만 이 세 학자들이 최종적으로 의견 일치를 보지 못했을 정도로 이 사안은 정말 골치 아픈 문제임이 틀림없다. 그러나 이보다 더 중요한 것이 있다. 즉 이 문제가 오히려 기독교 신앙을 갖고 있는 독자들을 더욱 깊이 하나로 연결시켜준다는 사실과, 그리고 이 문제와 비슷한 사안들에 대해 서로 다른 견해를 가지고 있다고 하더라도 그리스도의 몸된 교회를 분열시키는 일과 관련해서는 우리로 하여금 더욱 잠잠하도록 종용한다는 점이다.

여러분이 받았을 법한 충격을 깜짝 놀랄 만한 주장으로 다시 표현해보자면 이렇다. 사실은 이 주장을 편 사람은 내가 아니다. 나는 그저 아우구스티누스가 한 말을 다시 인용했을 뿐이다. 오류를 피하려고 노력하는 것은 해석의 주된 과제가 아니다.[11] 즉 우리가 성경을 읽고 해석할 때, 해석상의 실수를 범하지 않으려는 것을 주된 목적으로 삼아서는 안 된다는 뜻이다. 달리 말하자면, 성경 본문을 읽고 그것을 통해 단순히 올바르게 해석하는 것 자체를 가장 전면에 내세우면 안 된다는 것이다. 오해가 없기를 바란다. 아우구스티누스는 성경을 올바르게 이해하는 것이 중요

11_Alan Jacobs, *A Theology of Reading: The Hermeneutics of Love* (Boulder, CO: Westview, 2001), 14-17.

하지 않다고 말하지 않았다. 성경 본문을 제대로 해석하는 것은 아우구스티누스에게도 매우 중요한 사안이었다. 그러나 그가 생각하기에는 기독교적인 방식으로 성경을 읽는 행위와 관련해서 그보다 더 중요한 것이 있었다. 그것은 바로 자애로운 사랑을 구축하는 방법에 대해 성경과 교감을 이루는 것이었다. 그래서 아우구스티누스는 이렇게 말했다. "만약에 성경을 읽는 어떤 독자가 계명의 완성인 자애로운 사랑을 세워나가는 일과 관련해서 해석상에 실수를 저지른 것은, 어떤 사람이 길을 이탈했다가 들판을 가로질러 결국 다시 그 길이 다다르는 곳에 도착한 것과 같은 과오를 범한 것과 다르지 않다."[12] 아우구스티누스에게서 하나님이 최우선적으로 조성하고자 하신 것은 자애로운 사랑이지 정확함을 기초로 한 믿음이 아니었던 것이다. 아우구스티누스는 자애로운 사랑을 기독교적인 헌신을 구성하는 아주 중요한 요소로 이해했기 때문에 요한1서에 대해 다음과 같이 설교했다. "자애로운 사랑을 제외하고서 하나님의 아들들을 사단의 아들들로부터 구별해낼 수 있는 것은 아무것도 없습니다. 자애로운 사랑을 갖고 있는 자들은 하나님께로부터 난 자들입니다. 그렇지 않은 자들은 하나님께로부터 난 자들이 아닙니다. 이것이 바로 그 위대한 징표요, 표지입니다."[13]

어떤 사람들은 아우구스티누스를 교회가 "한마음"(롬 15:6)으로 연합되기를 바랐던 바울과 결합시켜서, 똑같은 믿음과 올바른 성경 해석이 참된 교회의 표지이며 우리가 마땅히 추구해야 할 목표라고 주장하기도 한다. 그러나 에프라임 라드너(Ephraim Radner)는 로마서 15장에서 바

12_ St. Augustine, *On Christian Doctrine* (trans. D. W. Robertson, Jr; Indianapolis: Bobbs-Merill, 1958), 31.

13_ St. Augustine, "Fifth Homily on 1 John," *Augustine: Later Works* (ed. and trans. John Burnaby; Philadelphia: Westminster Press, 1955), 298.

울이 "한마음"을 "성도들의 쓸 것을 공급하라", "손 대접하기를 힘쓰라", "너희를 박해하는 자를 축복하라", "즐거워하는 자들과 함께 즐거워하고 우는 자들과 함께 울라", "높은 데 마음을 두지 말라"는 구절과 연결시키고 있음을 지적한다. 다시 말해서, 바울은 그리스도인들이 모두 교리를 똑같이 이해하고 성경 해석을 기초로 똑같은 하나의 마음을 가져야 한다고 말하고 있지 않다. 그와 반대로, "서로를 받아주고 용인하는 마음가짐은 **다른 이들과 함께 살아가는 삶의 방법**과 깊이 관련되어 있는 것으로서, 예수 그리스도의 심장과 삶의 형태에 깊이 뿌리내리고 있으며 타인을 향한 존중이 배어 나오는 유대관계를 모체로 하여 성장한다."[14] 그리스도인들은 예수 그리스도를 가리키고 보여주는 삶을 살아가는 방법을 통해 서로 하나를 이루기 때문이다. 물론 이런 생각은 우리가 ("예수님은 누구신가?"와 같은) 몇 가지 아주 기초적인 신념을 함께 공유함을 뜻한다. 그러나 바울은 이 한마음 됨을 통일된 믿음의 구조로 인식하기보다는 서로 연결된 삶의 방식으로 이해했다. 타인에 대한 배려를 중심으로 한 이 삶의 방식은 아우구스티누스가 가장 핵심적인 것으로 전면에 내세운 것으로서 바로 자애로운 사랑이다.

그리스도인들은 쉽게 분열해서는 안 되는 사람들이다. 특히 창세기 1-11장과 관련해서 직면하게 되는 매우 복잡한 문제들에 대해서는 더욱 그렇다. 우리 자신의 한계를 인식할 뿐만 아니라 우리와 다른 의견을 주장한다고 하더라도 서로 인내하면서, 그리스도를 향한 믿음이 갖는 기본적인 특징에 대해 한마음으로 의견을 모으고 함께 즐거워하기 위해서는, 서로 견해가 다른 부분이 있어도 자비와 사랑을 확장하는 고통을 감내하고 타인을 존중할 줄 알아야 한다. 창세기 1-11장에 등장하는 사건들이

14_Radner, *A Brutal Unity*, 175. 강조는 덧붙여진 것임.

실제로 원시 역사 시대에 있었던 일인지 아닌지(아니면 창 1-11장에 묘사된 그대로 발생했든지 아니든지) 여부와 상관없이, 창세기 1-11장은 궁극적으로 모든 기독교인이 뿌리를 내리고 흠모하며 닮아가고자 염원하는 그리스도를 가리킨다.[15] 이처럼 다른 사람들과 함께 살아가는 삶의 방식은 창세기 1-11장의 장르에 대해 이견을 갖고 있는 우리를 함께 연합시켜줄 뿐만 아니라, 어느 때에든지 그리고 어느 곳에서든지 우리를 그리스도와 하나로 묶어준다. 사실 초기 교회 시대의 기독교인들은 믿음에 대해 오늘 우리보다 훨씬 더 다양하고 상이한 관점과 세계관을 소유하고 있었다. 또 이 삶의 방식은 우리를 아우구스티누스와 찰스 웨슬리(Charles Wesley), 시에나의 카타리나(Catherine of Sienna), 그리고 콜카타의 테레사(Teresa of Calcutta)와도 연결시킨다. 게다가 이 삶의 방식은 우리를 오리게네스와도 연결시켜준다. 오리게네스는 교부인 동시에 위대한 변증학자 중 한 사람으로서 일찍이 삼위일체 교리 형성에 지대한 영향을 끼쳤지만, 육신의 부활을 인정하지 않았다는 이유로 기원후 533년에 열린 5차 세계 공의회에서 이단으로 규정되기도 했다.[16] 또 이 삶의 방식은 우리를 종종 지독스러울 정도로 반(反)-유대주의를 외친 마르틴 루터(Martin Luther)와도 연결시킨다.[17] 그리고 이 삶의 방식은 우리를 서인도 제도(West-Indies)에 위치한 코드링턴(Codrington) 플랜테이션 농장에서 직접 노예들을 소유하고 경영해서 많은 수익을 남겼던 성공회 교회와도 연합시킨다. 그곳에서는 반항적인 태도를 보인 노예를 움직이지 못하도록 땅에 고정시켜놓고

15_Richard B. Hays, *Reading Backwards: Figural Christology and the Fourfold Gospel Witness* (Waco: Baylor University Press, 2014).

16_Origen, "The Anathemas Against Origen," *Nicene and Post-Nicene Fathers*, Series 2 (ed. Philip Schaff; 14 vols.; Peabody, MA: Hendrickson, 1994), 14:1885.

17_Eric W. Gritsch, *Martin Luther's Anti-Semitism: Against His Better Judgment* (Grand Rapids: Eerdmans, 2012).

머리부터 발끝까지 천천히 불에 태워 죽이는 만행과, 경범죄를 범한 노예를 거세시키거나 발을 반으로 토막 내는 일들이 자행되기도 했다.[18] 우리 형제자매들이 창세기(의 장르)에 대해 다른 생각을 가지고 있다는 이유 때문에 자애로운 사랑을 거두기에 앞서서 우리는 과거에 오리게네스와 루터, 그리고 성공회 교회가 그렇게까지 바른 길에서 벗어났다는 사실을 사려 깊게 생각해야 한다. 그리고 다음 세대의 기독교인들도 분명히 언젠가는 우리처럼 두려움과 웃음이 뒤섞인 시선으로 오늘 우리의 윤리적 삶과 신념들을 되돌아볼 것이다. 이것이 바로 우리가 우리와 다른 입장을 가지고 있는 사람들에게 최대한 관대하게 자애로운 사랑을 베풀어야 하는 이유다. 특히 창세기 1-11장의 장르에 관한 문제와 같은 논쟁점에 대해서 말이다.

창세기 1-11장의 장르에 관한 논쟁과 유사한 여타의 문제에 대해서도 활발하게 논의하고 열띤 토론을 벌여나갔으면 하는 바람이 있다. 그러나 과거에 도덕적으로 극악무도한 죄를 저질렀던 사람들과, 왜곡된 이상한 신학을 믿는 이들이 함께 연합된 무리들이 바로 기독교인들이라고 한다면, "창세기 1-11장을 어떻게 이해해야 하는가?"라는 문제가 우리 사이의 빈틈을 비집고 들어오도록 놔둬서는 안 될 것이다. 다만 지금까지 우리가 이 책에서 다룬 주제들이 우리의 연합을 깨트리는 자극제가 되었거나, 자애로운 사랑 대신에 갈등과 다툼을 조장했다면, 하나님께서 우리 모두를 용서해주시기를 바랄 뿐이다.

18_ 코드링턴 플랜테이션에서 성공회 교회가 자행한 일에 대해 더 자세히 알고 싶으면 Noel Leo Erskine의 *Plantation Church: How African American Religion Was Born in Caribbean Slavery* (Oxford: Oxford University Press, 2014), 119를 참고하라. 서인도 제도에서 죄를 범한 노예들이 어떤 처벌을 받았는지에 관해서는 Andro Linklater가 쓴 *Owning the Earth: The Transforming History of Land Ownership* (New York: Bloomsbury, 2013), 264를 보라.

창세기 원역사 논쟁

창세기 1-11장의 장르에 대한 세 가지 견해

Copyright ⓒ 새물결플러스 2020

1쇄 발행 2020년 1월 29일
2쇄 발행 2020년 5월 8일

지은이 제임스 K. 호프마이어, 고든 J. 웬함, 켄톤 L. 스팍스
옮긴이 주현규
펴낸이 김요한
펴낸곳 새물결플러스

편 집 왕희광 정인철 노재현 한바울 정혜인
　　　　 이형일 서종원 나유영 노동래 최호연
디자인 윤민주 황진주 박인미 이지윤
마케팅 박성민 이원혁
총 무 김명화 이성순
영 상 최정호 조용석 곽상원
아카데미 차상희

홈페이지 www.holywaveplus.com
이메일 hwpbooks@hwpbooks.com
출판등록 2008년 8월 21일 제2008-24호
주 소 (우) 04118 서울시 마포구 마포대로19길 33
전 화 02) 2652-3161
팩 스 02) 2652-3191

ISBN 979-11-6129-139-0 93230

책값은 뒤표지에 있습니다.

이 도서의 국립중앙도서관 출판예정도서목록(CIP)은 서지정보유통지원시스템 홈페이지(seoji.nl.go.kr)와 국가자료공동목록시스템(nl.go.kr/kolisnet)에서 이용하실 수 있습니다. CIP2020001257